PONS

Praxis-Grammatik
ITALIENISCH

von
Beatrice Rovere-Fenati

PONS GmbH
Stuttgart

PONS

Praxis-Grammatik
ITALIENISCH

von
Beatrice Rovere-Fenati

Basiert auf ISBN 3-12-560975-5

Systemvoraussetzungen CD-ROM:
Windows 2000 (SP3) / XP (32 Bit) / Vista (32 Bit)
Pentium III 600MHz, 128MB RAM
400 MB freier Festplattenspeicher
CD-ROM Laufwerk
Grafikkarte (empfohlen: True Color)
Bildschirmauflösung ab 1024x768px
Soundkarte (16bit)
Lautsprecher und Mikro oder Headset
Internet Browser (ab Internet Explorer 5.5 oder vergleichbar)

Auflage A1 5 4 3 2 1 / 2012 2011 2010 2009

Produktinfos und Online-Shop: www.pons.de
E-Mail: info@pons.de
Online-Wörterbuch und Online-Bildwörterbuch: www.pons.eu

Redaktion: Susanne Godon
Logoentwurf: Erwin Poell, Heidelberg
Logoüberarbeitung: Sabine Redlin, Ludwigsburg
Einbandgestaltung: Schmidt & Dupont, Stuttgart
Titelfoto: Vlado Golub, Stuttgart
Layout: BÜRO CAÏRO, Stuttgart
Layoutüberarbeitung: one pm, Petra Michel, Stuttgart
Satz: Satzkasten, Stuttgart
Druck und Bindung: L.E.G.O. S.p.A., in Lavis (TN)

Printed in Italy.
ISBN: 978-3-12-561538-0

So benutzen Sie dieses Buch

Sie möchten Ihre italienischen Grammatikkenntnisse verbessern oder bereits Gelerntes wiederholen, trainieren und vertiefen – oder auch nur schnell etwas nachschlagen. Die Praxis-Grammatik Italienisch hilft Ihnen dabei: mit **einfachen Erklärungen**, einem übersichtlichen Aufbau und vielen Übungen.

Mit dieser ausführlichen Grammatik können Sie sich die Grammatikkenntnisse bis Niveau B2 des Europäischen Referenzrahmens aneignen, d. h. alle wesentlichen Themen der italienischen Grammatik kommen hier zur Sprache.

Der Aufbau eines Kapitels

In Mini-Dialogen wird Ihnen zunächst das grammatische Phänomen in einem alltäglichen Zusammenhang vorgestellt.
Klare, leicht verständliche Regeln, **übersichtliche Tabellen** und ausführliche Gebrauchskästen vermitteln Ihnen schnell sichere Kenntnisse.
Viele **praktische, realitätsnahe Beispiele** zeigen Ihnen, wie das grammatische Phänomen richtig angewendet wird.
In den zahlreichen anschließenden **Übungen** können Sie das Erlernte selbst anwenden. Dabei ist der Schwierigkeitsgrad einer Übung jeweils durch Sternchen gekennzeichnet:
* = einfache Übung; ** = mittelschwere Übung; *** = schwierige Übung.
So können Sie selbst auf einfache Weise Ihren Lernfortschritt überprüfen.

In den Randspalten finden Sie jede Menge nützlicher **Tipps** und Informationen zum richtigen Sprachgebrauch:

- einführende Erklärungen zum grammatischen Phänomen
- Lerntipps und ergänzende Hinweise
- wichtige Ausnahmen und Stolpersteine
- Verweise zu anderen Grammatik-Kapiteln
- Wortschatz- und Übersetzungshilfen

Alle in diesem Buch benutzten **Grammatikbegriffe** finden Sie in der Übersicht auf Seite 4 zusammengestellt und erklärt.
Der **Index** am Ende des Buches bringt Sie schnell zu den richtigen Stellen in der Grammatik. Wichtige Themen sind zur schnelleren Orientierung rot hervorgehoben.

Und nun viel Erfolg beim Nachschlagen, Lernen und Üben!

Grammatikbegriffe in der Übersicht

Die in diesem Buch verwendeten Begriffe sind durch Fettdruck hervorgehoben.

Lateinisch	Deutsch	Italienisch
Adjektiv	Eigenschaftswort	aggettivo
Adverb	Umstandswort	avverbio
Akkusativobjekt	**direktes Objekt**	oggetto diretto
Artikel	Geschlechtswort	articolo
Dativobjekt	**indirektes Objekt**	oggetto indiretto
Demonstrativpronomen	hinweisendes Fürwort	pronome e aggettivo dimostrativo
feminin	**weiblich**	femminile
Futur I	Zukunft	futuro
Futur II	vollendete Zukunft	futuro anteriore
Genitiv	Wesfall	genitivo
Genus	**Geschlecht**	genere
Gerundium	—	gerundio
Hilfsverb	—	ausiliare
Imperativ	Befehlsform	imperativo
Imperfekt/Präteritum	unvollendete Vergangenheit	**imperfetto**
Indikativ	Wirklichkeitsform	indicativo
Infinitiv	Grundform	infinito
Interrogativpronomen	**Fragewort**	pronome e aggettivo interrogativo
Kardinalzahl	**Grundzahl**	numero cardinale
Komparativ	Steigerung/Vergleich	comparativo
Konditional	Bedingungsform	condizionale
Konditionalsatz	**Bedingungssatz, se-Satz**	frase ipotetica
Konjugation	Beugung des Tätigkeitswortes	coniugazione
Konjunktion	Bindewort	congiunzione
Konjunktiv	Möglichkeitsform	**congiuntivo**
Konsonant	Mitlaut	consonante
maskulin	**männlich**	maschile
Negation	**Verneinung**	negazione
Numerus	**Zahl**	numero
Objekt	**Ergänzung**	argomento
Objektpronomen	Fürwort, das ein Objekt ersetzt	pronome personale complemento
Ordinalzahl	**Ordnungszahl**	numero ordinale
Partizip Perfekt	Mittelwort der Vergangenheit	participio passato
Passiv	Leideform	passivo
Perfekt	vollendete Gegenwart	**passato prossimo**
—	historische Vergangenheit	**passato remoto**
Personalpronomen	persönliches Fürwort	pronome personale
Plural	**Mehrzahl**	plurale
Plusquamperfekt	vollendete Vergangenheit	**trapassato prossimo**
Possessivpronomen	besitzanzeigendes Fürwort	pronome e aggettivo possessivo
Prädikat	Satzaussage	predicato
Präfix	**Vorsilbe**	prefisso
Präposition	Verhältniswort	preposizione
Präsens	Gegenwart	presente
Pronomen	Fürwort	pronome
reflexives Verb	rückbezügliches Tätigkeitswort	verbo riflessivo
Reflexivpronomen	rückbezügliches Fürwort	pronome riflessivo
Relativpronomen	bezügliches Fürwort	pronome relativo
Singular	**Einzahl**	singolare
stare + Gerundium	Verlaufsform	stare + gerundio
Subjekt	Satzgegenstand	soggetto
Subjektpronomen	Fürwort als Satzgegenstand	pronome personale soggetto
Substantiv	Hauptwort	sostantivo/nome
Suffix	**Nachsilbe**	suffisso
Superlativ	höchster Grad des Vergleichs	superlativo
Tempus	**Zeit**	tempo
unbestimmtes Pronomen	unbestimmtes Fürwort	pronome e aggettivo indefinito
Verb	Tätigkeitswort	verbo
Vokal	Selbstlaut	vocale

Inhaltsverzeichnis

Der Artikel

Der bestimmte Artikel

Ho comprato **il** pane, **lo** zucchero, **l'**acqua e **la** carne al supermercato; **i** peperoni, **gli** spinaci e **le** melanzane invece al mercato.

Das Brot, den Zucker, das Wasser und das Fleisch habe ich im Supermarkt gekauft; die Paprikaschoten, den Spinat und die Auberginen hingegen auf dem Markt.

Il, **lo**, **l'** oder **la**?
I, **gli** oder **le**?
Welche Form Sie nehmen müssen, hängt vom Geschlecht des Substantivs (männlich, weiblich) und von seinem Anfangsbuchstaben ab.

Formen

1. Vor männlichen Substantiven

▸ **männliche Substantive,** S. 18

Einzahl		Mehrzahl		Bei männlichen Substantiven:
il	mese cane tè	**i**	mesi cani tè	verwenden Sie **il** in der Einzahl und **i** in der Mehrzahl, wenn die Substantive mit einem Konsonanten beginnen.
lo	studio specchio zio	**gli**	studi specchi zii	nehmen Sie **lo** in der Einzahl und **gli** in der Mehrzahl, wenn sie mit **s** + Konsonant oder mit **z** beginnen.
l'	amico elefante ufficio	**gli**	amici elefanti uffici	steht **l'** in der Einzahl und **gli** in der Mehrzahl bei **a**, **e**, **i**, **o** oder **u** als Anfangsbuchstaben des Substantivs.

lo specchio – *der Spiegel*
lo zio – *der Onkel*
l'ufficio – *das Büro*
lo xenofobo – *der Fremdenfeind*

Die Formen **lo** bzw. **gli** finden Sie auch bei Wörtern wie **lo ps**icologo, **lo y**acht, **lo x**enofobo, **gli gn**occhi, also bei männlichen Substantiven, die mit **ps**, **y**, **x** oder **gn** beginnen. Oft werden Sie auf solche Wörter allerdings nicht stoßen.

▸ **weibliche Substantive,** S. 19

2. Vor weiblichen Substantiven

Einzahl		Mehrzahl		Bei weiblichen Substantiven:
la	casa madre bambina	**le**	case madri bambine	verwenden Sie in der Einzahl **la**, wenn das Substantiv mit einem Konsonanten beginnt und
l'	amica idea ora	**le**	amiche idee ore	**l'**, wenn es mit einem Vokal (**a**, **e**, **i**, **o**, **u**) anfängt. In der Mehrzahl steht immer **le**!

Wenn zwischen Artikel und Substantiv ein Adjektiv tritt, richtet sich die Form des Artikels nach dem Geschlecht des Substantivs und nach dem Anfangsbuchstaben des Adjektivs:

il film – **lo st**esso film – **l'u**ltimo film
l'idea – **la s**tessa idea

Gebrauch

Es gibt Fälle, in denen im Italienischen der bestimmte Artikel steht und im Deutschen nicht:

Ieri ho visto **il** signor Busi e **la** signora Merli.
Sai dove abita **la** professoressa Marello?

Der Artikel steht vor **signor, signora**, **signorina** + Name sowie vor Titel + Name, wenn Sie über die Person sprechen.

! Lassen Sie den Artikel weg, wenn Sie die Person ansprechen: Buongiorno **professor Costa**, come sta?

La mia macchina è rossa.
Stasera vado al cinema con **i** miei amici.

Anders als im Deutschen verwendet man den Artikel auch in Verbindung mit dem Possessivpronomen.

▸ **Possessivpronomen,** S. 47

Normalmente **la** domenica vado dai miei genitori.
Domenica prossima però vado al mare con alcuni amici.
La sera torno a casa tardi. **Ieri sera** invece ero a casa alle sette.

Wenn Sie sagen wollen, dass Sie zu bestimmten Tageszeiten und Wochentagen immer etwas tun, setzen Sie den bestimmten Artikel. Ansonsten lassen Sie ihn weg.

~ Che ora è? + Sono **le** quattro.
Se partiamo verso **l'**una arriviamo dopo **mezzanotte.**

Wenn Sie die Uhrzeit angeben, benutzen Sie den bestimmten Artikel. Nur bei **mezzanotte** und **mezzogiorno** müssen Sie ihn weglassen!

Mi piacerebbe vedere **l'**America.
~ Ti piace **l'**Italia? + Sì, soprattutto **la** Toscana e **la** Sicilia.

Der bestimmte Artikel steht bei Kontinenten, Ländern, Regionen und größeren Inseln.

Der Artikel fällt weg, wenn **in** vor dem Substantiv steht: Quando andate **in** Francia? **!**

Lea ha **i** capelli corti, **gli** occhi chiari e porta **gli** occhiali.
Fausto ha **le** spalle larghe e **le** braccia muscolose.

Sie benutzen den bestimmten Artikel bei der Beschreibung von Körperteilen und sonstigen äußeren Merkmalen einer Person …

Lea non porta mai **i** jeans.
Se vai dal direttore devi mettere **la** cravatta.

… sowie bei Kleidungsstücken, wenn damit eine Kleidungsart gemeint ist.

i capelli – *die Haare*
gli occhi – *die Augen*
gli occhiali – *die Brille*
le spalle – *die Schultern*
largo – *breit*
le braccia – *die Arme*
il raffreddore – *der Schnupfen*
la tosse – *der Husten*
l'influenza – *die Grippe*

La frutta e **la** verdura fanno bene.
Ascolto volentieri **il** jazz e **la** musica leggera.
~ A te piace **l'**opera? + Sì, ma preferisco **l'**operetta.

Ferner steht der bestimmte Artikel bei verallgemeinernden Aussagen und wenn mit einem Substantiv eine ganze Gattung gemeint ist …

Il rosso mi piace, **il** giallo no.
Leo sa **il** tedesco, **il** russo e **l'**inglese.
Chiara ha **il** raffreddore e **la** tosse; forse ha **l'**influenza.

… sowie bei Farben, Sprachen, Krankheiten …

Il 1968 e **il** 1969 sono stati anni importanti.

… und bei Jahreszahlen.

▸ Präpositionen, S. 218

Präpositionen und bestimmter Artikel

1 Dove sono le foto?

2 **Nell'**armadio o **nel** cassetto **della** scrivania.

1. Wo sind die Fotos? 2. Im Schrank oder in der Schublade des Schreibtisches.

Formen

Wenn vor dem bestimmten Artikel die Präposition **a**, **da**, **di**, **in** oder **su** steht, verbinden sich die beiden zu einem einzigen Wort.

+	il	lo	l'	la
a	al	allo	all'	alla
da	dal	dallo	dall'	dalla
di	del	dello	dell'	della
in	nel	nello	nell'	nella
su	sul	sullo	sull'	sulla

Das gilt auch dann, wenn der Artikel in der Mehrzahl steht.

+	i	gli	le
a	ai	agli	alle
da	dai	dagli	dalle
di	dei	degli	delle
in	nei	negli	nelle
su	sui	sugli	sulle

Es kann vorkommen, dass auch die Präposition **con** mit dem nachfolgenden bestimmten Artikel verbunden wird. Meist zieht man jedoch die getrennte Variante vor, also zum Beispiel **con il treno**, **con i miei genitori** anstatt **col treno** und **coi miei genitori**.

il giornale – *die Zeitung*
la cartella – *die Aktentasche*

Gebrauch

Il treno parte **alle** nove e arriva **all'**una.
~ Dov'è il giornale? + **Sul** tavolo o **nella** cartella.
~ Vieni anche tu **al** cinema stasera?
+ No, devo andare **dai** miei genitori.

Die Verbindung Präpositionen + bestimmter Artikel kommt im Italienischen sehr oft vor.

Der unbestimmte Artikel

Einen Kaffee, ein Bier, ein Mineralwasser und einen Sekt, bitte.

Beim unbestimmten Artikel müssen Sie sich nur wenige Formen einprägen: **un** und **uno** als männliche Formen sowie **un'** und **una** als weibliche Formen.

Formen

1. Vor männlichen Substantiven

un	mese cane amico	**Un** ist die männliche Form bei Substantiven, die mit einem Konsonanten oder einem Vokal (**a**, **e**, **i**, **o**, **u**) beginnen.
uno	studente sciopero zio	**Uno** nehmen Sie, wenn die Substantive mit **s** + Konsonant oder mit **z** beginnen.

Achtung! **Un** hat bei männlichen Substantiven auch vor einem Vokal keinen Apostroph!

Die Form **uno** des unbestimmten Artikels steht auch vor Substantiven, deren Anfangsbuchstaben **gn**, **ps**, **y** oder **x** lauten:
uno gnocco, **uno ps**icologo, **uno y**ogurt, **uno x**enofobo

2. Vor weiblichen Substantiven

Vergessen Sie bei **un'** den Apostroph nicht, wenn ein weibliches Substantiv mit einem Vokal anfängt!

una	casa madre storia	**Una** ist die weibliche Form bei Substantiven mit einem Konsonanten als ersten Buchstaben.
un'	amica idea ora	**Un'** verwenden Sie, wenn der erste Buchstabe ein Vokal ist.

Wie beim bestimmten Artikel kann sich auch beim unbestimmten Artikel die Form verändern, wenn ein Adjektiv vor dem Substantiv steht:
uno specchio - **un g**rande specchio
un'idea - **una b**ella idea

il dentista – *der Zahnarzt*
la bistecca – *das Steak*
il sonno – *die Müdigkeit*
Ho un sonno! – *Bin ich aber müde!*
la sfortuna – *das Pech*
l'uva – *die Trauben*

Gebrauch

Chi conosce **un** buon dentista?
Ho bevuto **un** ottimo vino e mangiato **una** bistecca eccellente.

Wie im Deutschen setzen Sie den unbestimmten Artikel wenn es um keine bestimmte Person bzw. Sache geht ...

Ho **un** sonno!

... oder um eine Aussage zu verstärken.

Che sfortuna!
Che bella giornata!

Anders als im Deutschen steht kein unbestimmter Artikel bei Ausrufen ...

Mi dia **mezzo** chilo d'uva.
Il treno arriva fra **mezz'**ora.

... und vor **mezzo.**

Der Teilungsartikel

1. Willst du Eistee? *2. Ich habe schon Wasser getrunken, danke.*

Ho comprato **del** pane.	**di + il**	**= del**
Nel dessert c'è **dello** yogurt.	**di + lo**	**= dello**
Ho bevuto **dell'**acqua.	**di + l'**	**= dell'**
Ho mangiato **della** frutta.	**di + la**	**= della**
Ho visto **dei** bei film.	**di + i**	**= dei**
Ho comprato **degli** spaghetti.	**di + gli**	**= degli**
Oggi esco con **delle** amiche.	**di + le**	**= delle**

Der Teilungsartikel setzt sich zusammen aus der Präposition **di** und dem bestimmten Artikel. Er dient dazu, eine unbestimmte Menge bzw. eine unbestimmte Anzahl anzugeben.

Lassen Sie den Teilungsartikel aber weg:

Marco <u>non</u> ha **amici.**	bei verneinten Sätzen,
Mia dia <u>un chilo di</u> **mele**, per favore.	bei Mengenangaben
Il condimento è fatto solo con **sale**, **pepe**, **olio** e **aceto**.	und bei Aufzählungen, wenn die Menge dabei unwichtig ist.

il condimento – *die Soße*
il pepe – *der Pfeffer*
il sale – *das Salz*
l'olio – *das Öl*
l'aceto – *der Essig*

Der bestimmte und der unbestimmte Artikel

1. Wo müssen die Substantive eingetragen werden? Achten Sie jeweils auf den Artikel.*

un caffè · le uova · l'aceto · un'aranciata · la città · il gelato · lo zucchero · l'uva · i panini · un'insalata · una birra · le mele · gli spaghetti · uno spumante

	Männlich	Weiblich
Einzahl	un caffè	un'aranciata
	l'aceto	la città
	il gelato	un'insalata
	lo zucchero	una birra
	uno spumante	l'uva (Plural-form!)
Mehrzahl	i panini	le uova
	gli spaghetti	le mele

2. Schreiben Sie die Präpositionen mit bestimmtem Artikel auf und entschlüsseln Sie sie dann.*

a) Oggi vado al lavoro in bicicletta. — al — a + il
b) Alle dieci incontro dei clienti. — alle — a + le
c) Vado a pranzo con delle colleghe. — delle — di + le
d) Forse prendo il risotto alle vongole. — alle — a + le
e) All'una devo tornare in ufficio. — alla — a + la
f) Nel pomeriggio vado dal medico. — nel — in + il
g) Prima compro della frutta. — della — di + la
h) Forse compro anche del vino. — del — di + il
i) Stasera vado dalla mia amica Eva. — dalla — da + la

agenda – Terminkalender

3. Schreiben Sie die Substantive mit dem jeweils dazugehörigen unbestimmten Artikel auf und geben Sie dann den passenden bestimmten Artikel an.*

A Natale ho ricevuto un libro, uno scialle, una borsetta e un'agenda. Carlo invece ha ricevuto un pigiama, un abbonamento per il teatro, una sciarpa e una camicia.

un libro - il libro, uno scialle - lo scialle, una borsetta - la borsetta, un'agenda - l'agenda, una pigiama - la pigiama, un abbonamento - l'abbonamento, una sciarpa - la sciarpa, una camicia - la camicia

Natale – *Weihnachten*
ricevere – *erhalten*
uno scialle – *ein Schultertuch*
una borsetta – *eine Handtasche*
una sciarpa – *ein Schal*
una camicia – *ein Hemd*

4. Entscheiden Sie, wo Sie den bestimmten Artikel ergänzen müssen und wo kein Artikel benötigt wird.**

a) • Buonasera, ____ signora Cesari.
○ Buonasera.

b) • Che ore sono?
○ Sono le undici e mezza.

c) • Pronto?!
○ Buongiorno. Sono la signora Cecchi. Vorrei parlare con il signor Vilardo.
• Mi dispiace, ma il signor Vilardo non c'è.

d) • Conosci Carlo Cesari?
○ Certo, è il nuovo ragazzo di Angela. È un bel ragazzo alto con i capelli neri e gli occhi azzurri.

e) • Dov'è Simona?
○ È a letto con la tosse e il raffreddore.
• Ha anche la febbre?
○ Certo.

la tosse – Husten

f) • Tu sai se il direttore sa l' inglese?
○ Ma certo! Sa anche il tedesco e lo spagnolo.

Das Substantiv

1. il tavolo

2. la sedia

3. il piatto

4. il formaggio

Im Italienischen sind die Substantive männlich oder weiblich. Sächliche Substantive wie im Deutschen gibt es nicht.

5. il topo

6. la finestra

7. il vaso

8. i fiori

9. il gatto

1. der Tisch 2. der Stuhl 3. der Teller 4. der Käse 5. die Maus 6. das Fenster 7. die Vase 8. die Blumen 9. die Katze

Das Geschlecht der Substantive

Tipp! Lernen Sie Substantive am besten gleich mit dem zugehörigen Artikel!

Das Geschlecht eines Substantivs erkennen Sie in der Regel an seiner Endung. Sollte dies nicht der Fall sein, dann ist meistens der Artikel ein Hinweis für sein Geschlecht. So z. B. bei: **il bar** und **la notte**. Treffen Sie hingegen auf Fälle wie **l'estate**, bei denen weder die Endung noch der Artikel auf das Geschlecht des Substantivs schließen lassen, hilft Ihnen das Wörterbuch weiter.

1. Männliche Substantive

lo specchio – *der Spiegel*
l'armadio – *der Schrank*
il cane – *der Hund*
il tram – *die Straßenbahn*

il lett**o**, lo specchi**o**, l'armadi**o**, il tavol**o**, il piatt**o**, il gatt**o**	Die meisten männlichen Substantive enden auf -**o**,
il mes**e**, il bicchier**e**, il nom**e**, il can**e**, il padr**e**, lo student**e**	viele enden auf -**e**,
il ba**r**, il fil**m**, il fa**x**, lo spor**t**, l'autobu**s**, il compute**r**, il tra**m**	einige enden auf einem Konsonanten,
il programm**a**, il cinem**a**, il sof**à**, il problem**a**, il dramm**a**	und einige wenige haben die Endung -**a**.

2. Weibliche Substantive

la cas**a**, l'or**a**, l'aranci**a**, la port**a**, la mod**a**, la pizz**a**	Die weiblichen Substantive enden meistens auf **-a**,
la nott**e**, l'estat**e**, la chiav**e**	viele enden auf **-e**,
la radi**o**, la fot**o**, la man**o**	manche enden auf **-o**
l'analis**i**, la cris**i**, la metropol**i**	und ganz wenige auf **-i**.

l'estate – *der Sommer*
la chiave – *der Schlüssel*
la mano – *die Hand*

3. Gleich lautende Substantive mit verschiedenem Geschlecht

Es gibt einige Substantive, die zwar fast identisch sind, sich in ihrer Bedeutung jedoch unterscheiden, je nachdem ob sie männlich oder weiblich sind.

männlich		**weiblich**	
il banc**o**	*die Sitzbank, die Theke*	**la** banc**a**	*die Bank*
il capitale	*das Kapital*	**la** capitale	*die Hauptstadt*
il fine	*das Ziel*	**la** fine	*das Ende*
il fogli**o**	*das Blatt (Papier)*	**la** fogli**a**	*das Blatt (Pflanze)*
il port**o**	*der Hafen*	**la** port**a**	*die Tür*

Das Geschlecht bei Personen- und Berufsbezeichnungen

1 Mio **figlio** vuole diventare **avvocato**, mia **figlia** invece **traduttrice**.

2 Il **signor** Merlo è il nostro nuovo **vicino**. È **professore** di filosofia. Sua **moglie** è una **signora** molto gentile. Lei è **casalinga**.

Substantive, die eine Person oder einen Beruf bezeichnen, sind in der Regel männlich, wenn sie sich auf einen Mann beziehen und weiblich, wenn sie eine Frau bezeichnen.

1. *Mein Sohn will Rechtsanwalt werden, meine Tochter hingegen Übersetzerin.*
2. *Herr Merlo ist unser neuer Nachbar. Er ist Philosophieprofessor. Seine Frau ist eine sehr freundliche Dame. Sie ist Hausfrau.*

il **ragazzo** il **vicino** il **traduttore** il **dottore** il **signore**	la **ragazza** la **vicina** la **traduttrice** la **dottoressa** la **signora**	Im Allgemeinen hat eine männliche Personen- oder Berufsbezeichnung eine weibliche Entsprechung, die von der männlichen Form abgeleitet wird.
il figli**o** l'impiegat**o** l'opera**io** l'amic**o** lo zi**o**	la figli**a** l'impiegat**a** l'opera**ia** l'amic**a** la zi**a**	Zahlreiche männliche Personen- oder Berufsbezeichnungen, die auf -**o** enden, bilden die weibliche Form auf -**a**.
il camer**iere** l'inferm**iere** il parrucch**iere** il signor**e**	la camer**iera** l'inferm**iera** la parrucch**iera** la signor**a**	Auch männliche Substantive auf -**iere** und einige auf -**e** haben eine weibliche Entsprechung auf -**a**.
il dottor**e** il professor**e** lo student**e**	la dottor**essa** la professor**essa** la student**essa**	Einige Berufsbezeichnungen auf -**e** bilden die weibliche Form auf -**essa**.
l'at**tore** il diret**tore** il lavora**tore** il pit**tore**	l'at**trice** la diret**trice** la lavora**trice** la pit**trice**	Endet hingegen die männliche Form auf -**tore**, lautet die weibliche Endung meist -**trice**.
l'insegn**ante** il cli**ente** il franc**ese** il giornal**ista** il farmac**ista**	l'insegn**ante** la cli**ente** la franc**ese** la giornal**ista** la farmac**ista**	Viele Bezeichnungen haben für beide Geschlechter nur eine Form. Meist enden sie auf -**ante**, -**ente**, -**ese** oder -**ista**.
l'**uomo** il **padre** il **marito** il **genero**	la **donna** la **madre** la **moglie** la **nuora**	Es gibt auch Fälle, bei denen für die weibliche Bezeichnung ein anderes Wort verwendet wird.

l'impiegato – *der Angestellte*
l'operaio – *der Arbeiter*
l'infermiere – *der Krankenpfleger*
il parrucchiere – *der Friseur*
l'attore – *der Schauspieler*
il lavoratore – *der Berufstätige*
il pittore – *der Kunstmaler*
il genero – *der Schwiegersohn*
la nuora – *die Schwiegertochter*

Bei einer Reihe von Berufsbezeichnungen gibt es nur die männliche Bezeichnung, die dann auch bei einer Frau angewendet werden muss.

il medico   l'ingegnere   l'avvocato   il ministro   l'architetto

Es heißt also **ho un buon medico**, egal ob ein Mann oder eine Frau damit gemeint ist.

! Die weiblichen Bezeichnungen **l'avvocatessa** und **l'architetta** kommen in seltenen Fällen auch vor.

Den umgekehrten Fall, d.h. dass eine weibliche Form für beide Geschlechter verwendet wird, gibt es ebenfalls.

la guida   la guardia   la recluta

La guida è brava sagt man auch, wenn es sich um einen Mann handelt.

la guida – *der Führer, der Leiter*
la guardia – *der Wächter*
la recluta – *der Rekrut, der Neuling*

Einzahl und Mehrzahl der Substantive

1 Nel centro ci sono poche **abitazioni**. Ci sono soprattutto **negozi** e **uffici**.

2 Alcuni **bar** vendono anche **giornali** e **riviste**.

1. In der Innenstadt gibt es wenige Wohnhäuser. Es gibt vor allem Geschäfte und Büros.
2. Einige Bars verkaufen auch Zeitungen und Zeitschriften.

1. Regelmäßige Bildung der Mehrzahl

Einzahl	Mehrzahl	
il lett**o** il mes**e**	i lett**i** i mes**i**	In der Regel bilden **männliche** Substantive, die in der Einzahl auf -**o** oder -**e** enden, die Mehrzahl auf -**i**.
la ser**a** la nott**e**	le ser**e** le nott**i**	**Weibliche** Substantive auf -**a** erhalten in der Mehrzahl ein -**e**. Enden sie auf -**e**, erhalten sie ein -**i**.

2. Besonderheiten bei der Mehrzahlbildung

Substantive auf -co oder -go

il tedes**co** il par**co** il dialo**go** il catalo**go**	i tedes**chi** i par**chi** i dialo**ghi** i catalo**ghi**	Endet ein Substantiv auf -**co** oder -**go**, lautet in der Mehrzahl die Endung -**chi** bzw. -**ghi**.
il medi**co** lo psicolo**go** l'austria**co**	i medi**ci** gli psicolo**gi** gli austria**ci**	Eine Reihe von Substantiven, die auf der drittletzten Silbe betont werden, befolgen diese Regel allerdings nicht.

l'austriaco – *der Österreicher*

il nemico – *der Feind*
il greco – *der Grieche*

l'ami**co**	gli ami**ci**	So auch manche Substantive mit Betonung auf der zweitletzten Silbe.
il nemi**co**	i nemi**ci**	
il gre**co**	i gre**ci**	

Substantive auf -ca oder -ga

Bei Substantiven auf -**ca** bzw. -**ga** ist die Pluralbildung einfacher.

l'ami**ca**	le ami**che**	Substantive, die in der Einzahl auf -**ca** bzw. -**ga** enden, bilden die Mehrzahl auf -**che** bzw. -**ghe**, wenn sie weiblich sind.
la tede**sca**	le tede**sche**	
la psicolo**ga**	le psicolo**ghe**	
la colle**ga**	le colle**ghe**	
il colle**ga**	i colle**ghi**	Sind sie männlich, lautet in der Mehrzahl ihre Endung meistens -**chi** bzw. -**ghi**.
il patriar**ca**	i patriar**chi**	
il monar**ca**	i monar**chi**	

Substantive auf -cia oder -gia

la ciliegia – *die Kirsche*
la provincia – *die Provinz*
il pendio – *der Abhang*

la cam**icia**	le cam**icie**	Substantive mit einem Vokal vor der Endung -**cia** oder -**gia** bilden die Mehrzahl meist auf -**cie** bzw. -**gie**.
la cil**iegia**	le cil**iegie**	
la farm**acia**	le farm**acie**	
la spi**aggia**	le spi**agge**	
l'ar**ancia**	le ar**ance**	Steht vor -**cia** oder -**gia** ein Konsonant, bilden sie die Mehrzahl auf -**ce** bzw. -**ge**.
la prov**incia**	le prov**ince**	

Substantive auf -io

il fig**lio**	i fig**li**	Endet ein Substantiv auf -**io**, verliert es in der Mehrzahl einfach das -**o**.
il nego**zio**	i nego**zi**	
lo z**io**	gli z**ii**	Die Mehrzahl lautet -**ii**, wenn in der Einzahl die Betonung auf das -**i**- der Endung fällt.
il pend**io**	i pend**ii**	

Männliche Substantive auf -a

il problem**a**	i problem**i**	Viele männliche Substantive, die in der Einzahl auf -**a** enden, haben in der Mehrzahl die Endung -**i**.
il programm**a**	i programm**i**	
il farmacist**a**	i farmacist**i**	

Unveränderliche Substantive

		Unveränderlich sind:
il caff**è** la citt**à** l'analis**i**	i caff**è** le citt**à** le analis**i**	Substantive, die mit betontem Vokal oder auf **-i** enden,
il fil**m** il fa**x**	i fil**m** i fa**x**	Substantive, die auf einem Konsonanten enden und
il cinem**a** la fot**o** la radi**o** la mot**o** l'aut**o**	i cinem**a** le fot**o** le radi**o** le mot**o** le aut**o**	Substantive, die eigentlich Kurzformen sind, z. B. **cinema** von **cinematografo**. Meist sind es weibliche Substantive auf **-o**.

Ob ein unveränderliches Substantiv in der Einzahl oder Mehrzahl steht, erkennen Sie am Artikel.

Tipp! Es empfiehlt sich, diese Substantive als Einzelfälle auswendig zu lernen.

3. Substantive mit unregelmäßiger Mehrzahl

l'uomo la mano	gli uomini le mani	Einige Substantive haben eine unregelmäßige Mehrzahl.
il paio (m) il dito (m) l'uovo (m)	le paia (w) le dita (w) le uova (w)	Manche Substantive ändern in der Mehrzahl sogar ihr Geschlecht.

4. Substantive, die anders verwendet werden als im Deutschen

		i dintorni	*die Umgebung*
la gente	*die Leute*	le mutande	*die Unterhose*
la roba	*die Sachen*	gli occhiali	*die Brille*
l'uva	*die Trauben*	i pantaloni	*die Hose*
		i soldi	*das Geld*
		gli spiccioli	*das Kleingeld*

Diese Substantive sollten Sie sich merken. Sie werden anders als im Deutschen nur in der Einzahl bzw. in der Mehrzahl verwendet.

Zusammengesetzte Substantive und ihre Mehrzahl

1 I **francobolli** si comprano dal tabaccaio.

2 Ho bisogno di una **camicia da notte**.

3 Con Internet si ha accesso a un'infinità di **banche dati**.

1. Briefmarken kauft man beim Tabakhändler. 2. Ich brauche ein Nachthemd.
3. Mit dem Internet hat man zu unendlich vielen Datenbanken Zugang.

Es gibt im Italienischen verschiedene Möglichkeiten zusammengesetzte Substantive zu bilden:
- in einem Wort
- mit einer Präposition
- oder mit zwei getrennt geschriebenen Substantiven.

1. Zusammengeschriebene Substantive

il passaport**o** il pianofort**e** il marciapied**e** il capolavor**o**	i passaport**i** i pianofort**i** i marciapied**i** i capolavor**i**	Werden die Substantive in einem Wort geschrieben, bilden sie die Mehrzahl oft wie einfache Substantive.

il marciapiede – *der Gehweg*
il capolavoro – *das Meisterwerk*
il cavatappi – *der Korkenzieher*
l'aspirapolvere – *der Staubsauger*
il saliscendi – *das Auf und Ab*
il senzatetto – *der Obdachlose*
l'asciugamano – *das Handtuch*

Einige zusammengeschriebene Substantive bleiben in der Mehrzahl jedoch unverändert. Es handelt sich dabei meist um Substantive, die sich zusammensetzen aus:

il cavatappi	i cavatappi	Verb + Substantiv in der Mehrzahl
l'aspirapolvere	gli aspirapolvere	Verb + weibliches Substantiv in der Einzahl
il saliscendi	i saliscendi	Verb + Verb
il senzatetto	i senzatetto	Präposition + Substantiv

Zusammensetzungen aus Verb + **mano** hingegen bilden die Mehrzahl auf -**i**:
l'asciugaman**o** gli asciugaman**i**

2. Zwei getrennt geschriebene Substantive

il **vagone** letto	i **vagoni** letto
il **vagone** ristorante	i **vagoni** ristorante
lo **studente** modello	gli **studenti** modello
la **banca** dati	le **banche** dati
la **zona** disco	le **zone** disco
l'**anno** record	gli **anni** record

! **il fine settimana** *(das Wochenende)* bleibt jedoch in der Mehrzahl unverändert: **i fine settimana**

Im modernen Italienisch bestehen zahlreiche zusammengesetzte Substantive aus zwei getrennt geschriebenen Substantiven. Hier wird im Allgemeinen nur das erste Substantiv in die Mehrzahl gesetzt.

3. Substantiv + Präposition + Substantiv

la **barca** a vela	le **barche** a vela
il **lavoro** a mano	i **lavori** a mano
il **succo** di frutta	i **succhi** di frutta
il **pacchetto** di sigarette	i **pacchetti** di sigarette
il **costume** da bagno	i **costumi** da bagno
la **sala** da pranzo	le **sale** da pranzo

Viele Zusammensetzungen werden mit den Präpositionen **a**, **da** oder **di** gebildet. Bei diesen Wortbildungen wird in der Regel nur das erste Substantiv in die Mehrzahl gesetzt.

il vagone letto – *der Schlafwagen*
lo studente modello – *der Musterschüler*
la zona disco – *die Zone, in der man nur mit Parkscheibe parken darf*
la barca a vela – *das Segelboot*
il lavoro a mano – *die Handarbeit*
il succo di frutta – *der Fruchtsaft*

Das Substantiv

~~valigia~~
vestito
radio
specchio
cinema
ufficio
ristorante
zio
stazione
arancia
città
caffè
sciopero
albergo
uovo
sport

1. Ordnen Sie die Substantive dem passenden Artikel zu und setzen Sie sie dann in die Mehrzahl. Geben Sie dabei auch jeweils den Artikel an.*

il		lo	
il vestito	i vestiti	lo specchio	gli specchi
il cinema	i cinema	lo zio	gli zii
il ristorante	i ristoranti	lo sciopero	gli scioperi
il caffè	i caffè	lo sport	gli sport

l'		la	
l'ufficio	gli uffici	la valigia –	le valigie
l'arancia	le arance	la radio	le radio
l'albergo	gli alberghi	la stazione	le stazioni
l'uovo	le uova	la città	le città

2. Ergänzen Sie den Text auf der rechten Seite mit der weiblichen Form der hervorgehobenen Substantive und dem passenden Artikel aus dem Text auf der linken Seite.*

a) Il mio nuovo **collega** si chiama Busi.	a) La mia nuova collega si chiama Busi.
b) È sposato e ha due **figli,** Martino e Francesco.	b) È sposata e ha due figlie, Martina e Francesca.
c) Francesco è **un ragazzo** simpatico, ha molti **amici** e vuole diventare **medico** come suo **padre.**	c) Francesca è una ragazza simpatica, ha molte amiche e vuole diventare medico come sua madre.
d) Martino è ancora **un bambino.**	d) Martina è ancora una bambina.
e) Lui da grande vuole fare **l'attore.**	e) Lei da grande vuole fare l'attrice.

3. Wie lauten diese zusammengesetzten Substantive in der Mehrzahl?***

a) l'ufficio informazioni — gli uffici informazioni

b) il marciapiede — i marciapiedi

c) la madre modello — le madri modello

d) il libro di cucina — i libri di cucina

e) la camera da letto — le camere da letto

f) il pianoforte — i pianoforti

g) l'asciugamano — gli asciugamani

h) l'anno record — gli anni record

4. Übersetzen Sie bitte.**

a) das Blatt (Papier) — il foglio

b) die Bank — la banca

c) das Ende — la fine

d) die Hauptstadt — la capitale

e) die Türe — la porta

f) das Kapital — il capitale

5. Wie lautet die weibliche Form folgender Personen- und Berufsbezeichnungen?*

a) il professore

b) l'autore

c) l'insegnante

d) il marito

e) l'uomo

f) il lavoratore

g) l'impiegato

h) il farmacista

i) il tedesco

j) lo studente

k) lo psicologo

l) il parrucchiere

a) la professoressa

b) l'autrice

c) l'insegnante

d) la moglie

e) ~~gli uomini~~ la donna

f) la lavoratrice

g) l'impiegata

h) la farmacista

i) la tedesca

j) la studentessa

k) la psicologa

l) la parrucchiera

Das Adjektiv

1 Nora è una **bella** donna **alta** e **snella**. È ancora abbastanza **giovane**.

2 Suo marito invece non è più tanto **giovane**. È anche piuttosto **piccolo** e **grassottello**.

1. Nora ist eine schöne, große und schlanke Frau. 2. Ihr Mann hingegen ist nicht mehr ganz so jung. Er ist eher klein und dicklich.

Die Endungen der Adjektive

Denken Sie daran, dass das Adjektiv trotz Angleichung eine andere Endung haben kann als das Substantiv:
un lavor**o** semplic**e**,
un paes**e** turistic**o**,
lingu**e** facil**i**

Ho comprato un paio di pantaloni **larghi** e una gonna **lunga.** I pantaloni sono molto **comodi,** la gonna purtroppo è un po' **stretta.**	Das Adjektiv richtet sich in Geschlecht und Zahl nach dem Substantiv, auf das es sich bezieht.
La birra e il vino sono **cari.** Ho conosciuto un uomo e una donna **meravigliosi.** Emma e Mario sono molto **vivaci.**	Wenn ein Adjektiv sich auf ein männliches und ein weibliches Substantiv bezieht, steht es in der Mehrzahl und ist männlichen Geschlechts.

1. Adjektive mit der Endung -o

	männlich	weiblich
Einzahl	un museo modern**o**	una casa modern**a**
Mehrzahl	i musei modern**i**	le case modern**e**

Adjektive, die in der männlichen Einzahl auf -**o** enden, haben in der Einzahl eine weibliche Form auf -**a**.
In der Mehrzahl wird die männliche Endung -**o** zu -**i** und die weibliche Endung -**a** zu -**e**.

2. Adjektive mit der Endung -e

	männlich	weiblich
Einzahl	un uomo gentil**e**	una donna gentil**e**
Mehrzahl	gli uomini gentil**i**	le donne gentil**i**

Adjektive, die in der Einzahl auf **-e** enden, haben für beide Geschlechter nur eine Form: **-e** in der Einzahl und **-i** in der Mehrzahl.

Besonderheiten bei der Bildung der Mehrzahl

Bei der Bildung der Mehrzahl gelten für die Adjektive dieselben Regeln wie für die Substantive mit den entsprechenden Endungen.

1 Luciana ha i capelli **lunghi**, **grigi**.

2 In Sardegna ci sono dei posti **fantastici**.

3 Ci sono tante persone **egoiste** e non molto **simpatiche**.

1. Luciana hat langes graues Haar. 2. Auf Sardinien gibt es fantastische Orte.
3. Es gibt viele egoistische und nicht sehr sympathische Leute.

				Adjektive auf **-co** bzw. **-ca** bilden die Mehrzahl meistens:
bi<u>a</u>n**co**:	i	capelli	bian**chi**	auf **-chi** bzw. **-che**, wenn sie auf der zweitletzten Silbe betont sind.
bi<u>a</u>n**ca**:	le	scarpe	bian**che**	
pr<u>a</u>ti**co**:	gli	stivali	prati**ci**	auf **-ci** bzw. **-che**, wenn die Betonung auf der drittletzten Silbe liegt.
pr<u>a</u>ti**ca**:	le	borse	prati**che**	
lun**go**:	i	capelli	lun**ghi**	Bei Adjektiven auf **-go** bzw. **-ga** lautet die Endung in der Mehrzahl **-ghi** bzw. **-ghe**.
lun**ga**:	le	gonne	lun**ghe**	
grig**io**:	i	capelli	grig**i**	Adjektive, die in der Einzahl auf **-io** enden, haben in der Mehrzahl nur ein **-i**.
vecch**io**:	i	vestiti	vecch**i**	

			Adjektive auf **-ista** bilden die Mehrzahl:
real**ista**:	gli uomini	realist**i**	der männlichen Form auf -**i**,
real**ista**:	le donne	realist**e**	der weiblichen Form auf -**e**.

Die Adjektive bello und buono

Wenn **bello** und **buono** vor einem Substantiv stehen, erhalten sie zum Teil andere Formen, als wenn sie hinter einem Substantiv stehen.

1 Basilea ha un **bel** centro con dei **begli** edifici storici e dei **bei** negozi.

2 Ho comprato un **buon** vino bianco per il pesce e un **buono** spumante per il dolce.

1. Basel hat ein schönes Stadtzentrum mit schönen historischen Gebäuden und schönen Geschäften. 2. Ich habe einen guten Weißwein für den Fisch gekauft und einen guten Sekt für den Kuchen.

1. Bello vor männlichen Substantiven

Das Adjektiv **bello** verhält sich vor männlichen Substantiven wie der bestimmte Artikel. Seine Form hängt also vom Anfangsbuchstaben des nachfolgenden Wortes ab.

Einzahl

		Vor einem männlichen Substantiv in der Einzahl steht:
il regalo	un **bel** regalo	**bel,** wenn es mit einem Konsonanten beginnt,
lo stile **lo z**oo	un **bello st**ile un **bello z**oo	**bello,** wenn es mit **s** + Konsonant, **z**, **gn**, **ps**, **x** oder **y** beginnt,
l'uomo	un **bell'u**omo	**bell',** wenn der erste Buchstabe ein Vokal ist.

Mehrzahl

		In der Mehrzahl steht vor männlichen Substantiven:
i regali	**bei** regali	**bei,** wenn sie mit einem Konsonanten beginnen,
gli specchi **gli z**oo **gli u**omini	**begli sp**ecchi **begli z**oo **begli u**omini	**begli,** wenn sie mit **s** + Konsonant, **z**, **gn**, **ps**, **x**, **y** oder mit einem Vokal beginnen.

2. Bello vor weiblichen Substantiven

Einzahl	Mehrzahl
una **bella** mela	**belle** mele
una **bella** storia	**belle** storie
una **bella** opera	**belle** opere
una **bella** idea	**belle** idee

Vor weiblichen Substantiven können Sie **bello** wie ein normales Adjektiv behandeln. In der Einzahl verwenden Sie also **bella** und in der Mehrzahl **belle.** Wenn das Substantiv mit **a, e, i, o** oder **u** beginnt, können Sie in der Einzahl auch die apostrophierte Form von **bella** wählen: una **bell'**idea.

3. Buono vor männlichen Substantiven

Einzahl

un film **un a**ttore	un **buon f**ilm un **buon a**ttore	Vor einem Konsonanten oder vor einem Vokal, steht **buon.**
uno sport **uno z**io	un **buono sp**ort un **buono z**io	Vor **s** + Konsonant, **z**, **gn**, **ps**, **x** oder **y** nimmt man **buono.**

Das Adjektiv **buono** verhält sich vor männlichen Substantiven in der Einzahl wie der unbestimmte Artikel.

Mehrzahl

buoni film **buoni** attori **buoni** gnocchi **buoni** zucchini	**buoni** libri **buoni** amici **buoni** sport **buoni** zii	Die Mehrzahl lautet immer **buoni**, unabhängig vom Anfangsbuchstaben des nachfolgenden Substantivs.

Vor männlichen Substantiven in der Mehrzahl weist **buono** keine Besonderheiten auf.

4. Buono vor weiblichen Substantiven

Einzahl	Mehrzahl
una **buona** famiglia	**buone** famiglie
una **buona** amica	**buone** amiche

Vor weiblichen Substantiven können Sie **buono** wie ein normales Adjektiv behandeln und in der Einzahl die Form **buona** und in der Mehrzahl die Form **buone** benutzen. Beginnt das weibliche Substantiv mit einem Vokal und steht es in der Einzahl, können Sie **buona** auch apostrophieren: una **buon'**amica.

Unveränderliche Adjektive

1 Hai visto Marco con i pantaloni **viola** e la camicia **blu**?

2 Sì, ieri portava anche delle scarpe **verde chiaro** e una giacca **rosso fuoco**.

1. Hast du Marco gesehen mit der violetten Hose und dem blauen Hemd? 2. Ja, gestern hatte er auch hellgrüne Schuhe und eine feuerrote Jacke an.

giallo chiaro – *hellgelb*
verde scuro – *dunkelgrün*
grigio ferro – *eisengrau*

Die meisten unveränderlichen Adjektive bezeichnen eine Farbe:

gli asciugamani **blu** i pantaloni **beige** il cappotto **lilla** il vestito **rosa** le camicette **turchese** le scarpe **viola**	**blu**, **beige**, **lilla**, **rosa**, **turchese** und **viola**,
una camicetta **giallo chiaro** una gonna **verde scuro**	zusammengesetzte Farbbezeichnungen bestehend aus Farbe + Adjektiv sowie
una macchina **grigio ferro** una borsetta **rosso fuoco**	Farbbezeichnungen bestehend aus Farbe + Substantiv.

Die Stellung der Adjektive

A Stefano piacciono le macchine **veloci**, i mobili **moderni**, l'arte **astratta** il **buon** vino e le **belle** donne.

Stefano liebt schnelle Autos, moderne Möbel, abstrakte Kunst, guten Wein und schöne Frauen.

Im Italienischen steht das Adjektiv vor oder nach dem Substantiv. Die meisten Adjektive werden jedoch im Gegensatz zum Deutschen nachgestellt.
Es gibt auch einige Adjektive, die meistens vorangestellt werden und manche, die je nach Stellung sogar ihre Bedeutung ändern.

Der größte Teil der Adjektive steht nach dem Substantiv. Merken Sie sich also vor allem jene, die auch vorangestellt werden können.

1. Häufig vorangestellte Adjektive

Vor allem vorangestellt werden:

una **bella** / **brutta** giornata un **piccolo** / **grande** regalo	– **bello** und **brutto**, – **grande** und **piccolo**,

un **buon / cattivo** esempio un **vecchio / giovane** amico un **lungo / breve** viaggio il **primo / l'ultimo** giorno	– **buono** und **cattivo**, – **vecchio** und **giovane**, – **lungo** und **breve**, – **primo** und **ultimo**.

▶ **Stellung der Ordnungszahlen beim Substantiv**, S. 228

Stehen diese Adjektive nach dem Substantiv, erhalten Sie besonderes Gewicht und heben sich dadurch ganz besonders von ihrem Gegenteil ab:

Ho una macchina **vecchia.**	**(= non è nuova)**
Ho una casa **piccola.**	**(= non è grande)**
Ho conosciuto una donna **giovane.**	**(= non è vecchia)**

2. Bedeutungsänderung der Adjektive je nach Stellung

Adjektive, die je nach Stellung ihre Bedeutung ändern können, sind z. B.:

grande:	un **grande** uomo	*ein bedeutender Mann*
	un uomo **grande**	*ein großer Mann*
caro:	un **caro** amico	*ein lieber Freund*
	un paese **caro**	*ein teures Land*
povero:	un **povero** ragazzo	*ein armer (= bemitleidenswerter) Junge*
	un ragazzo **povero**	*ein armer (= mittelloser) Junge*
vecchio:	un **vecchio** amico	*ein alter (= langjähriger) Freund*
	un amico **vecchio**	*ein nicht mehr junger Freund*
solo:	una **sola** persona	*eine einzige Person*
	una persona **sola**	*ein einsamer Mensch*

3. Stellung der Kombination Adverb + Adjektiv

un film **molto buono** un paese **proprio povero** una macchina **troppo vecchia** un viaggio **incredibilmente lungo**	Ist ein Adjektiv durch ein Adverb näher bestimmt, z. B. durch **molto**, **abbastanza**, **proprio**, **davvero**, **troppo** oder **incredibilmente**, steht es immer hinter dem Substantiv und nach dem Adverb.

abbastanza – *ziemlich*
proprio – *wirklich, echt*
davvero – *wirklich, echt, tatsächlich*
troppo vecchio – *zu alt*
incredibilmente – *unglaublich*

Die Steigerung der Adjektive

1 La bicicletta è **più ecologica** della macchina, ma è anche **meno comoda**.	2 Parigi è una **bellissima** città. Per me è **la** città **più bella** del mondo. Secondo mio marito invece Roma è **bella quanto** Parigi.

1. Das Fahrrad ist umweltfreundlicher als das Auto, aber es ist auch weniger bequem. 2. Paris ist eine sehr schöne Stadt. Für mich ist es die schönste Stadt der Welt. Mein Mann hingegen findet Rom ebenso schön wie Paris.

1. Der Komparativ

Carlo è **più gentile** di Sandro.
L'espresso è **più forte** del caffè tedesco.
Rosa è **meno sportiva** di Maria.
Torino è **meno grande** di Roma.

più gentile – *höflicher*
più forte – *stärker*
meno sportivo – *weniger sportlich*
meno grande – *kleiner*
il motoscafo – *das Motorboot*
meno veloce – *langsamer*

Im Italienischen kann ein Adjektiv mit **più** zum Positiven gesteigert werden und mit **meno** zum Negativen. Die Adjektive passen sich dabei in Geschlecht und Zahl dem Substantiv, auf das sie sich beziehen, an.

Tua sorella è più gentile **di te.**
La gondola è meno veloce **del motoscafo.**

Wenn zwei Personen bzw. Sachen eine gemeinsame Eigenschaft haben und in Bezug auf diese Eigenschaft verglichen werden, verwendet man für das deutsche *als* im Italienischen **di.** Grammatikalisch gesehen folgt in diesem Fall dem Komparativ ein Substantiv oder ein Pronomen.

In den meisten übrigen Fällen wird *als* mit **che** wiedergegeben, so z. B. wenn dem Komparativ folgende Wortarten folgen:

a piedi – *zu Fuß*

- ein Adjektiv: Questo vino è più caro **che buono.**
- ein Verb im Infinitiv: È più comodo prendere la macchina **che andare** a piedi.
- ein Adverb: È più bello mangiare fuori **che dentro.**
- eine Präposition: Da noi ci sono più turisti in estate **che in** inverno.

Die Wiedergabe von *ebenso/so ... wie*

Das deutsche *ebenso/so ... wie* hat die italienischen Entsprechungen:

Oggi fa (**tanto**) caldo **quanto** ieri.	(**tanto**) ... **quanto** (**tanto** kann entfallen) oder
Il film non era (**così**) divertente **come** pensavo.	(**così**) ... **come** (**così** kann entfallen).

2. Der relative Superlativ

I Gotti sono **la** famiglia **più ricca** (**della** città).
Carlo è **il** collega **meno curioso.**
Chi è **il** ragazzo **più simpatico** (**della** classe)?
Questo è **l'**articolo **meno interessante** (**di** tutti).

Mit dem relativen Superlativ drücken Sie aus, wer bzw. was innerhalb einer Gruppe von Personen bzw. Dingen eine bestimmte Eigenschaft im höchsten Maße besitzt.
Gebildet wird er mit dem bestimmten Artikel + **più** bzw. **meno.**
Wird ein Vergleich hergestellt, geschieht dies mit **di.**

ricco – *reich*
curioso – *neugierig*

3. Der absolute Superlativ

Il viaggio è stato faticosissim**o.**
Abbiamo passato **una** bellissim**a giornata.**
Gli spaghetti sono buonissim**i.**
Le pizzette sono caldissim**e.**

Mit dem absoluten Superlativ wird kein Vergleich gezogen. Er drückt lediglich einen sehr hohen Grad einer Eigenschaft aus.
Diese Adjektive auf **-issimo** werden ebenfalls in Geschlecht und Zahl dem Substantiv, auf das sie sich beziehen, angeglichen.

faticoso – *anstrengend*
la pizzetta – *die kleine Pizza*

Die Bildung des absoluten Superlativs

car**o, -a:** veloc**e:**	car**issimo, -a** veloc**issimo, -a**	Anstelle des Endvokals wird die Endung **-issimo** bzw. **-issima** angehängt.
ric**co, -a:** bian**co, -a:** lun**go, -a:**	ric**chissimo, -a** bian**chissimo, -a** lun**ghissimo, -a**	Bei Adjektiven auf **-co** / **-ca** und **-go** / **-ga** fügen Sie vor der Superlativendung ein **-h-** ein.
pr<u>a</u>ti**co, -a:** simp<u>a</u>ti**co, -a:**	prati**cissimo, -a** simpati**cissimo, -a**	Lassen Sie dieses **-h-** aber weg, wenn das Adjektiv auf der drittletzten Silbe betont wird.

Einen sehr hohen Grad einer Eigenschaft können Sie auch ausdrücken mit:
- dem Adverb **molto:** una macchina **molto veloce**
- Adverbien wie **incredibilmente, terribilmente** und **enormemente:** un uomo **incredibilmente attivo,** sono **terribilmente stanco**

terribilmente – *wahnsinnig*
enormemente – *außerordentlich*

Einige Adjektive haben neben den regelmäßigen auch unregelmäßige Steigerungsformen, die zum Teil eine übertragene Bedeutung haben.

4. Die Adjektive mit zwei Steigerungsformen

1 La disoccupazione è un **grande** problema, forse **il maggiore** della nostra società.

2 Carla è la mia sorella **maggiore**, ma è **più piccola** di me.

1. Die Arbeitslosigkeit ist ein großes Problem, vielleicht das größte unserer Gesellschaft. 2. Carla ist meine ältere/älteste Schwester, aber sie ist kleiner als ich.

Die Adjektive buono und cattivo

Grundstufe	Komparativ	relativer Superlativ	absoluter Superlativ
buono	**più buono** **migliore**	**il più buono** **il migliore**	**buonissimo** **ottimo**
cattivo	**più cattivo** **peggiore**	**il più cattivo** **il peggiore**	**cattivissimo** **pessimo**

Werden die regelmäßigen Steigerungsformen von **buono** und **cattivo** bei einer Person angewendet, bezeichnen sie deren Charakter.
„Carlo è **il più buono** di tutti" besagt, dass er „der liebste von allen" ist.
Wollen Sie sich jedoch über die Leistungsfähigkeit einer Person äußern, müssen Sie die unregelmäßigen Steigerungsformen benutzen.
„Die beste Studentin" heißt also „**la migliore** studentessa" und „ein sehr guter Lehrer" ist „un **ottimo** insegnante".

Die Adjektive grande und piccolo

Grundstufe	Komparativ	relativer Superlativ	absoluter Superlativ
grande	**più grande** **maggiore**	**il più grande** **il maggiore**	**grandissimo** **massimo**
piccolo	**più piccolo** **minore**	**il più piccolo** **il minore**	**piccolissimo** **minimo**

Die unregelmäßigen Steigerungsformen von **grande** und **piccolo** haben im Allgemeinen eine übertragene Bedeutung, z. B.:

un problema **minore**	*ein geringeres Problem*
una **minima** differenza	*ein sehr geringer Unterschied*
il fratello **maggiore**	*der ältere/älteste Bruder*

1. Ergänzen Sie die Fragen mit den jeweils passenden Endungen der Adjektive.*

Lei che cosa preferisce,

a) … i capelli lung___ o i capelli cort___?
b) … la cucina italian___ o quella frances___?
c) … le vacanze tranquill___ o le vacanze attiv___?
d) … il vino bianc___ o quello ross___?
e) … i mobili modern___ o i mobili antic___?
f) … i pantaloni strett___ o quelli larg___?
g) … gli stivali ross___ o quelli viol___?
h) … gli asparagi bianc___ o gli asparagi verd___?

la cucina – *die Küche*
gli asparagi – *Spargel*

2. Setzen Sie die jeweils passende Form von **bello** bzw. **buono** ein.*

bello	**buono**
a) una ___ donna	a) un ___ romanzo
b) delle ___ vacanze	b) una ___ cena
c) dei ___ bambini	c) un ___ scrittore
d) un ___ film	d) dei ___ sci
e) un ___ albero	e) delle ___ scarpe
f) un ___ zoo	f) una ___ amica
g) dei ___ stivali	g) dei ___ gnocchi

il romanzo – *der Roman*
la cena – *das Abendessen*
le scarpe – *die Schuhe*

3. Ergänzen Sie folgende Vergleiche mit **che** oder mit der passenden Form von **di**.**

a) Mio padre è più giovane ___ mia madre.
b) Preferisco uscire in gruppo ___ da solo.
c) È più sano finire un pasto con della frutta ___ con un dolce.
d) Luigi è più largo ___ alto.
e) Il fitwalking è più sano ___ jogging.
f) Preferisco andare al cinema ___ vedere un film alla televisione.

preferire – *bevorzugen*
sano – *gesund*
il pasto – *die Mahlzeit*
la frutta – *das Obst*
il dolce – *die Süßspeise*

ho conosciuto – *ich habe kennen gelernt*
ho visto – *ich habe gesehen*
ho rotto – *ich habe zerbrochen*
ho passato – *ich habe verbracht*
la telefonata – *der Anruf*
l'amico d'infanzia – *der Jugendfreund*
il bosco – *der Wald*
il motorino – *das Moped*

4. Wo sollten in folgenden Sätzen die Adjektive stehen? Achten Sie auf die Endungen und verändern Sie evtl. die Artikel.**

a) Ho conosciuto un ragazzo. (simpaticissimo)

Ho conosciuto un ragazzo simpaticissimo.

b) Ho incontrato alcune persone. (molto interessante)

Ho incontrato alcune persone molto interessanti.

c) Ho visto un film. (ottimo, francese)

Ho visto un ottimo film francese.

d) Ho rotto il vaso di mia nonna. (bello, antico)

Ho rotto il bello vaso antico di mia nonna.

e) Ho passato una serata con alcuni amici. (molto divertente, vecchio)

Ho passato una serata molto divertente con alcuni vecchi amici.

f) Ho fatto una telefonata con un amico d'infanzia. (lungo, caro)

Ho fatto una lunga telefonata ~~lunga~~ con un caro amico d'infanzia.

g) Ho fatto una passeggiata nel bosco. (breve)

Ho fatto una breve passeggiata nel bosco.

h) Ho comprato un motorino. (blu)

Ho comprato un motorino blu.

5. Übersetzen Sie.***

a) Emma ist meine beste Freundin.

Emma è la mia migliore amica.

b) Sie ist jünger als ich und sehr hübsch.

È più giovane di me e molto carina.

c) Sie ist eine sehr gute Übersetzerin.

È un'ottima traduttrice.

d) Sie hat drei ältere Schwestern, Rita, Maria und Lucia.

Ha tre sorelle maggiori, Rita, Maria e Lucia.

e) Emma ist aber die größte von allen.

Emma però è la più grande di tutte.

Das Adverb

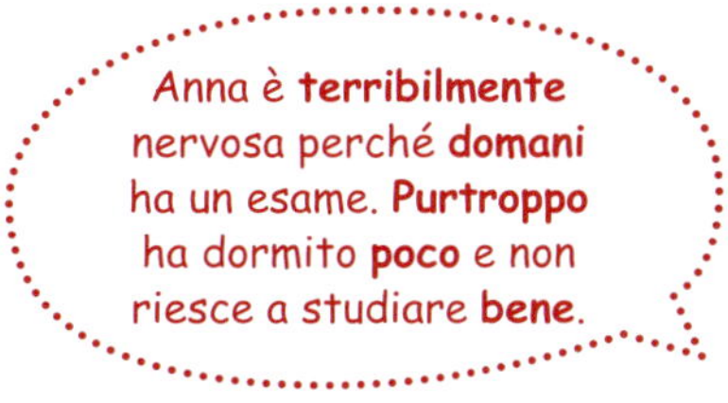

Anna ist schrecklich müde, weil sie morgen eine Prüfung hat. Leider hat sie wenig geschlafen und kann nicht gut lernen.

Die ursprünglichen und die abgeleiteten Adverbien

1 Sai **già** cosa farai a Pasqua?

2 **Forse** vado a Parigi.

1. Weißt du schon, was du an Ostern machen wirst? 2. Vielleicht fahre ich nach Paris.

Im Italienischen gibt es **ursprüngliche Adverbien**. Ihrer Form nach sind sie nicht als solche zu erkennen. Zu den ursprünglichen Adverbien gehören:

adesso, ieri, spesso, tardi, già	Adverbien der Zeit,
qui, lì, davanti, fuori, sopra	Adverbien des Ortes,
poco, molto, abbastanza, niente	Adverbien der Menge,
certo, forse, purtroppo, sì, no	Adverbien des Urteils.

1 Carlo è **assolutamente** geniale.

2 Sono **perfettamente** d'accordo con te

1. Carlo ist absolut genial. 2. Ich bin ganz und gar mit dir einverstanden.

Außerdem gibt es die von Adjektiven abgeleiteten Adverbien auf **-mente**, so genannte **abgeleitete Adverbien**. Die meisten sind Adverbien der Art und Weise und sind unveränderlich.

Deutschsprachigen fällt es in der Regel nicht leicht zu entscheiden, wann man ein Adjektiv und wann ein Adverb benützt, da diese im Deutschen der Form nach oft identisch sind, z. B.:

Luisa parla **bene** il tedesco. La pizza è **buona.**	Luisa spricht **gut** Deutsch. Die Pizza ist **gut.**

Fehler in der Anwendung der italienischen Adverbien können Sie vermeiden, wenn Sie wissen, dass Sie mit einem Adverb Folgendes näher bestimmen können:

Heidrun parla **bene** l'italiano.	ein Verb,
Questo dolce è **incredibilmente** buono.	ein Adjektiv,
Pietro sta **veramente** male.	ein Adverb,
Non è successo niente, **naturalmente.**	einen ganzen Satz.

Die Bildung der abgeleiteten Adverbien

Die abgeleiteten Adverbien werden gebildet, indem Sie:

tipico ▸ tipic**a** ▸ tipica**mente** lento ▸ lent**a** ▸ lenta**mente** vero ▸ ver**a** ▸ vera**mente**	die Endung -**mente** an die weibliche Form der Adjektive auf -**o** anhängen.
veloce ▸ veloce**mente** evidente ▸ evidente**mente** enorme ▸ enorme**mente**	die Endung -**mente** an die unveränderte Form der Adjektive auf -**e** anhängen.
regolare ▸ regolar**mente** familiare ▸ familiar**mente** reale ▸ real**mente** facile ▸ facil**mente**	bei den Adjektiven auf -**re** und -**le** das -**e** entfernen und die Endung **-mente** hinzufügen.

Auch hier gibt es leider Ausnahmen, so z. B.:

leggero	▸	legger	▸	**leggermente**
violento	▸	violente	▸	**violentemente**
folle	▸	folle	▸	**follemente**

Buono und **cattivo** haben sogar unregelmäßige Adverbien:

buono	▸	**bene**	cattivo	▸	**male**

Die Stellung der Adverbien

Die Adverbien stehen bei dem Wort bzw. dem Satzteil, auf den sie sich beziehen.

▸ **Die Satzstellung**, S. 193

Adverbien der Art und Weise, Adverbien der Menge sowie die Adverbien der Zeit **adesso, presto, spesso, subito** und **tardi** stehen:

Fa **incredibilmente** freddo. Dormo **poco.** **Arriviamo** subito.	nach dem Verb.
La Juve ha giocato **meravigliosamente.** Ci siamo divertiti **molto.** Sono tornato **adesso.**	nach dem Partizip Perfekt bei zusammengesetzten Zeiten.
Sa spiegare **bene** la grammatica. Dobbiamo alzarci **presto.** Cercate di non bere **troppo.**	nach dem Infinitiv bei der Gruppe konjugiertes Verb + Infinitiv.

La Juve – *Juventus Turin (Fußballclub)*
divertirsi – *sich amüsieren*
spiegare – *erklären*

Die Adverbien **appena**, **ancora**, **già**, **mai** und **sempre** stehen:

Siamo **appena** usciti. Ho **ancora** pensato a te. Il concerto è **già** cominciato.	bei den zusammengesetzten Zeiten zwischen Hilfsverb und Partizip Perfekt.
Non vuole **mai** lavare i piatti. Cerca **sempre** di non arrabbiarsi. Volete **già** partire?	bei der Gruppe konjugiertes Verb + Infinitiv nach dem konjugierten Verb.

appena – *soeben*
arrabbiarsi – *sich ärgern*
suonare – *spielen (Instrument)*
purtroppo – *leider*

Anche tu suoni la chitarra? Suoni **anche la chitarra?**	**Anche** steht vor dem Wort, das hervorgehoben wird.
Purtroppo non ho visto Franco. Non ho visto Franco, **purtroppo.**	Adverbien, die sich auf einen ganzen Satz beziehen, stehen am Satzanfang oder am Satzende.

Gut zu wissen: Adverbien werden ähnlich wie Adjektive gesteigert.

Die Steigerung der Adverbien

1. Der Komparativ

1 La domenica mangiamo **più tardi**. 2 Il lavoro avanza **meno rapidamente** del solito. 3 Pia ci telefona **tanto spesso quanto** Paolo.

1. Sonntags essen wir später. 2. Die Arbeit geht langsamer voran als sonst. 3. Pia ruft uns ebenso oft an wie Paolo.

vestirsi – *sich anziehen*
prontamente – *schnell, schlagfertig*
alzarsi – *aufstehen*

Oggi la posta è arrivata **più tardi** di ieri.	Mit **più** steigern Sie ein Adverb zum Positiven,
Mi vesto **meno rapidamente** del solito.	mit **meno** zum Negativen.
Carlo ha risposto (**così**) **prontamente come** te. Oggi ci siamo alzati (**tanto**) **presto quanto** ieri.	Das deutsche *ebenso/so ... wie,* wird mit (**così**) **... come** oder (**tanto**) **... quanto** übersetzt, wobei der erste Teil auch wegfallen kann.

2. Der relative Superlativ

Tu hai reagito **più velocemente di tutti**.

Du hast am schnellsten von allen reagiert.

Pia lavora **più rapidamente di tutti** (gli altri / gli impiegati). Pia mangia **più velocemente di tutte** (le altre / le sue colleghe).	Der relative Superlativ wird mit dem Komparativ + **di tutti / tutte** gebildet. Wer mit **tutti / tutte** gemeint ist, kann auch angegeben werden.

3. Der absolute Superlativ

1 Oggi sono tornato a casa **prestissimo**. 2 Il signor Rosa ci ha accolti **molto calorosamente**.

1. Heute bin ich sehr früh nach Hause gekommen. 2. Herr Rosa hat uns sehr herzlich empfangen.

tardi	▶	**tardissimo**	Den absoluten Superlativ der ursprünglichen Adverbien bilden Sie, indem Sie den Endvokal durch die Endung **-issimo** ersetzen. Er ist wie alle Adverbien unveränderlich.
presto	▶	**prestissimo**	
spesso	▶	**spessissimo**	

lentamente	▶	**molto lentamente**	Bei den Adverbien auf -**mente** bilden Sie den absoluten Superlativ mit **molto.**
gentilmente	▶	**molto gentilmente**	
rapidamente	▶	**molto rapidamente**	

4. Adverbien mit unregelmäßiger Steigerung

1 Rosa balla **bene**. Balla **meglio** di me. Elena però balla **meglio di tutte.**

2 Carlo ride **molto**, ma suo fratello ride **più** di lui.

1. Rosa tanzt gut. Sie tanzt besser als ich. Elena tanzt jedoch am besten. 2. Carlo lacht viel, aber sein Bruder lacht mehr als er.

Die Adverbien **bene, male**, **poco** und **molto** haben eine unregelmäßige Steigerung:

	Komparativ	relativer Superlativ
bene	**meglio**	**meglio di tutti / tutte**
male	**peggio**	**peggio di tutti / tutte**
poco	**meno**	**meno di tutti / tutte**
molto	**più**	**più di tutti / tutte**

Den absoluten Superlativ bilden sie allerdings regelmäßig:

bene	▶	**benissimo**	poco	▶	**pochissimo**
male	▶	**malissimo**	molto	▶	**moltissimo**

Adjektive als Adverbien

1 State **zitti**, per favore!

2 Andate **piano**!

1. Seid ruhig, bitte! 2. Fahrt langsam!

stare fermo – *ruhig bleiben, sich nicht bewegen, still halten*
la giacca – *die Jacke*
l'errore – *der Fehler*
parlar chiaro – *deutlich, offen reden*
parlar forte – *laut reden*

! Allerdings heißt es **parlare lentamente** und **andare lentamente.**

Nach einigen Verben wird anstelle eines Adverbs ein Adjektiv verwendet. So z. B. nach:

Com'è **diventata grande** tua figlia!	**diventare**,
Dovete **restare calmi.**	**restare**,
Le difficoltà **sembrano enormi**.	**sembrare**,
Stai fermo, per favore!	**stare**.
La giacca **è costata cara.** I propri errori si **pagano cari.**	**costare**, **pagare**, **comprare** und **vendere** in Verbindung mit dem Adjektiv **caro**.
Andate piano, per favore! Con me dovete **parlar chiaro.** Maria**, parla più forte**, non ti sento!	**andare** und **parlare.** Ihnen folgt ein Adjektiv, das jedoch unverändert bleibt.

sto bene – *es geht mir gut*
il caldo – *die Hitze*
stare buono – *brav sein*

Stare wird sowohl mit dem Adjektiv **buono** als auch mit dem Adverb **bene** bzw. **male** kombiniert.

Ieri la nonna **stava bene.** Oggi con questo caldo **sta male.**	**Bene** und **male** beziehen sich auf die Gesundheit oder die Psyche.
Cercate di **stare buoni** quando noi non ci siamo!	Mit dem Ausdruck **stare** + **buono** hingegen ist das Benehmen gemeint.

1. Wie lautet das Adverb zu folgenden Adjektiven?*

a) normale
normalmente

b) raro
raramente

c) leggero
leggerment

d) felice
felicemente

e) folle
follemente

f) cattivo
camale

g) violento
violentamente

h) diretto
direttamente

2. Entscheiden Sie, ob jeweils das Adjektiv oder das Adverb zu ergänzen ist. Achten Sie bei den Adjektiven auch auf die passende Form.**

a) Mario non è una persona (facile) facile .

b) È uno che si irrita (facile) facilmente .

c) Vivere con lui è abbastanza (difficile) difficile .

d) Ha anche delle qualità, (naturale) naturalmente : sa cucinare molto (buono) bene , è un (buono) buon padre ed è (puntuale) puntuale ; non è come tante altre persone che agli appuntamenti arrivano (regolare) regolarmente in ritardo.

irritarsi – *sich ärgern*
la qualità – *die Tugend*
cucinare – *kochen*
puntuale – *pünktlich*
in ritardo – *mit Verspätung*

3. Wohin gehört jeweils das Adverb?**

a) I clienti sono arrivati. (appena)
I clienti sono appena arrivati

b) Il film non è cominciato. (ancora)
Il film non è ancora cominciato.

c) Carlo suona il pianoforte. (anche)
Carlo suona anche il pianoforte.

d) Non riesco a finire il lavoro per venerdì. (purtroppo)
~~Purtroppo~~ Non riesco a finire il lavoro per venerdì, purtroppo.

il cliente – *der Kunde*
riuscire a fare qc – *es schaffen etw zu tun*

stancarsi – *müde werden, ermüden*

e) Sandra è uscita. (tardi)

Sandra è uscita tardi.

f) Cerca di non stancarti. (tanto)

Cerca di non stancarti tanto.

g) Sono partiti gli ospiti? (già)

Sono già partiti gli ospiti?

h) Dovresti rispondere. (subito)

Dovresti rispondere subito.

i) Ines non vuole uscire il sabato sera. (mai)

Ines non vuole uscire mai il sabato sera.

4. Ergänzen Sie jeweils den ersten Satz mit dem Komparativ und den zweiten mit dem absoluten Superlativ des angegebenen Adverbs.**

a) Luigi canta male.

Carlo canta ~~pi~~ peggio di Luigi.

Carlo canta ~~il~~ malissimo.

b) Oggi sto bene.

Oggi sto ~~m~~ meglio ~~re~~ di ieri.

Oggi sto benissimo.

c) Emilio beve poco.

Emilio beve meno di me.

Emilio beve ~~pocis~~ pochissimo.

d) Ieri ci siamo divertiti molto.

Ci siamo divertiti più di sabato scorso.

Ci siamo divertiti moltissimo.

e) Stasera torno a casa tardi.

Torno più tardi del solito.

Torno a casa tardissimo.

f) Mi preparo rapidamente.

Mi preparo più rapidamente di mio marito.

Mi preparo molto rapidamente.

Das Possessivpronomen

1. Darf ich dein Fahrrad nehmen? 2. Aber siehst du denn nicht, dass meins kaputt ist?

Mit dem Possessivpronomen, auch besitzanzeigendes Fürwort genannt, gibt man an, wem etwas gehört.

Gebrauch

+ Non c'è più **il mio** impermeabile, l'ha preso qualcuno!
~ Si calmi, signora. **Il suo** impermeabile lo troveremo.

In der Regel steht das Possessivpronomen vor dem Substantiv, dessen Besitz es bezeichnet. Man spricht in diesem Fall von adjektivischem Gebrauch.

+ Signora, è questo **il suo** impermeabile?
~ No, **il mio** è più chiaro.

Es kann aber auch alleine stehen. Dann handelt es sich um pronominalen Gebrauch.
Bei den Possessivpronomen gelten für den pronominalen Gebrauch dieselben Regeln wie für den adjektivischen Gebrauch.

l'impermeabile – *der Regenmantel*
si calmi – *beruhigen Sie sich*
trovare – *finden*
chiaro – *hell*

Formen

1. Besitz in der Einzahl

Achtung! Anders als im Deutschen werden die Possessivpronomen meistens vom bestimmten Artikel begleitet.

Besitzer \ Besitz	Einzahl männlich	Einzahl weiblich
io	**il mio** amico	**la mia** amica
tu	**il tuo** amico	**la tua** amica
lui / lei	**il suo** amico	**la sua** amica
Lei	**il Suo** amico	**la Sua** amica
noi	**il nostro** amico	**la nostra** amica
voi	**il vostro** amico	**la vostra** amica
Voi	**il Vostro** amico	**la Vostra** amica
loro	**il loro** amico	**la loro** amica

Das Possessivpronomen wird außer bei Verwandtschaftsbezeichnungen zusammen mit dem bestimmten Artikel verwendet.
Dabei richtet sich sowohl der bestimmte Artikel als auch das Possessivpronomen selbst in Geschlecht und Zahl nach dem Besitz.
Nur **loro** bleibt unverändert.

2. Besitz in der Mehrzahl

Besitzer \ Besitz	Mehrzahl männlich	Mehrzahl weiblich
io	**i miei** amici	**le mie** amiche
tu	**i tuoi** amici	**le tue** amiche
lui / lei	**i suoi** amici	**le sue** amiche
Lei	**i Suoi** amici	**le Sue** amiche
noi	**i nostri** amici	**le nostre** amiche
voi	**i vostri** amici	**le vostre** amiche
Voi	**i Vostri** amici	**le Vostre** amiche
loro	**i loro** amici	**le loro** amiche

Auch wenn der Besitz in der Mehrzahl steht, richtet sich sowohl der bestimmte Artikel als auch das Possessivpronomen in Geschlecht und Zahl nach dem Besitz. Nur **loro** bleibt immer unverändert.

3. Ein Besitz unter mehreren

Il signor Vinti è **un mio** conoscente, la signora Vinti è **una mia** cliente.

Herr Vinti ist einer meiner Bekannten, Frau Vinti ist eine meiner Kundinnen.

Carlo è **un nostro** cugino. Cinzia è **una mia** amica. È **una tua** allieva, Simona? Emilio è **un vostro** vicino, vero? Il signor Ruffo è **un Suo** paziente?	Wenn nicht ein bestimmter Besitz, sondern einer von mehreren bezeichnet wird, dann steht das Possessivpronomen mit dem unbestimmten Artikel.

il cugino – *der Cousin*
l'allieva – *die Schülerin*
il paziente – *der Patient*

4. Unterschiede zwischen italienischen und deutschen Possessivpronomen

1 Emilio ha perso **il suo libro di tedesco** e Sandra **il suo libro d'inglese**.

2 Sandra ha venduto **la sua bicicletta**.

3 Rosa e Rocco hanno venduto **la loro casa**.

1. Emilio hat sein Deutschbuch verloren und Sandra ihr Englischbuch. 2. Sandra hat ihr Fahrrad verkauft. 3. Rosa und Rocco haben ihr Haus verkauft.

Emilio ha ritrovato **il suo libro**. Anche Sandra ha ritrovato **il suo libro**.	Die Formen **suo**, **sua**, **suoi** und **sue** werden sowohl bei einem Besitzer als auch bei einer Besitzerin verwendet, z. B. kann **il suo libro** *sein Buch* aber auch *ihr Buch* heißen.
Emilio ha perso il **suo** portafoglio con la più bella foto **di lei.** *Emilio hat **seine** Brieftasche mit **ihrem** schönsten Foto verloren.* Sandra ha perso il **suo** portafoglio con la più bella foto **di lui.** *Sandra hat **ihre** Brieftasche mit **seinem** schönsten Foto verloren.*	Statt des Possessivpronomens kann zur Verdeutlichung die Präposition **di** zusammen mit dem entsprechenden betonten Personalpronomen verwendet werden.

ritrovare – *wieder finden*

Was im Deutschen mit *ihr* bzw. *Ihr* ausgedrückt wird, müssen Sie im Italienischen auf unterschiedliche Weise wiedergeben:

*Pia hat **ihr** Auto verkauft.* Pia ha venduto **la sua** macchina.	mit den Formen von **suo**, wenn Sie über eine Besitzerin sprechen.
*Rosa und Rocco haben **ihr** Haus verkauft.* Rosa e Rocco hanno venduto **la loro** casa.	mit **loro,** wenn Sie über mehrere Besitzer sprechen.
*Hier ist **Ihr** Schlüssel, Frau Grassi.* Ecco **la Sua** chiave, signora Grassi. *Hier ist **Ihr** Schlüssel, Herr Grassi.* Ecco **la Sua** chiave, signor Grassi.	mit den Formen von **Suo,** wenn Sie einen Besitzer oder eine Besitzerin höflich ansprechen bzw. siezen.
*Wie geht es **Ihrem** Sohn?* Come sta **Vostro** figlio? *Hier ist **Ihr** Zimmer.* Ecco **la loro** camera.	mit den Formen von **Vostro,** wenn Sie mehrere Personen höflich ansprechen. In einer sehr formellen Situation mit **loro.**

Das Possessivpronomen bei Verwandtschaftsbezeichnungen

Al mio matrimonio c'erano quasi tutti i miei parenti. Mancavano solo **mio** fratello, **i miei** cugini e **la mia** vecchia zia.

An meiner Hochzeit waren fast alle meine Verwandten da. Es fehlten nur mein Bruder, meine Cousins und meine alte Tante.

Mia sorella ha 20 anni. Cosa fa **tuo** padre? **Nostro** figlio è in Inghilterra. I signori Gallo sono venuti con **la loro** figlia.	Der bestimmte Artikel fällt bei Verwandtschaftsbezeichnungen in der Einzahl in der Regel weg. Nur bei **loro** müssen Sie den bestimmten Artikel immer setzen.

Ebenso müssen Sie den bestimmten Artikel verwenden, wenn die Verwandtschaftsbezeichnung:

I miei nonni vivono a Roma.	in der Mehrzahl steht,
Come sta **la tua sorellina?** **La mia mamma** sta bene.	eine Verkleinerungsform oder eine Koseform ist,
Il nostro vecchio zio è andato a vivere da sua figlia.	durch ein Adjektiv näher bestimmt wird
+ Mio figlio quest'anno va in Germania. ~ **Il mio** invece vuole andare in Francia.	oder, wenn das Possessivpronomen pronominal gebraucht wird.

i nonni – *die Großeltern*
la sorellina – *die kleine Schwester*
lo zio – *der Onkel*

Sonderfälle

Es gibt weitere Fälle, bei denen man das Possessivpronomen ohne den bestimmten Artikel benutzt:

Vieni **a casa mia** dopo il cinema? Saluta tua madre **da parte mia!** Sandro è sempre **in camera sua.** **È colpa vostra** se arriviamo tardi.	Bei einigen Wendungen mit nachgestelltem Possessivpronomen.
+ **È tua** questa borsa? ~ No, non **è mia,** è di Chiara.	Oft bei der Verbindung **essere +** Possessivpronomen, die mit *gehören* übersetzt wird.

a casa mia – *zu mir (nach Hause), bei mir (zu Hause)*
da parte mia – *meinerseits*
la colpa – *die Schuld*
la borsa – *die Tasche*

Das Possessivpronomen

1. Formen Sie die angegebenen Possessivpronomen in die Einzahl bzw. Mehrzahl um.*

	Einzahl	**Mehrzahl**
a)	il mio disco	i miei dischi
b)	la tua foto	le tue foto
c)	il suo biglietto	i suoi biglietti
d)	il nostro problema	i nostri problemi
e)	la vostra difficoltà	le vostre difficoltà
f)	il loro cane	i loro cani

2. Massimo zeigt einem Freund alte Familienfotos. Ergänzen Sie seine Kommentare mit **suo** und **loro**.**

il fidanzato – *der Verlobte*
il partner – *der Partner*
il suocero – *der Schwiegervater*
il cane – *der Hund*

a) Questa è mia sorella Luisa con il suo fidanzato. (Tochter von beiden?)

b) Qui Luisa è con suo marito e Sara, la loro figlia.

c) Questi sono i miei zii di Imola con le loro figlie Maria e Pia.

d) Questa invece è mia madre al mare con le sue cugine.

e) Qui vedi i miei genitori con Gino e Rosa, i loro migliori amici.

f) E qui vedi i miei nonni con la loro prima macchina. Accanto c'è Socrate, il loro cane.

3. Setzen Sie das angegebene Possessivpronomen vor die Substantive. Schreiben Sie den bestimmten Artikel eventuell auch dazu.**

mio

mio padre, la mia famiglia, mia moglie, la mia vecchia zia i miei nonni, la mia ragazza, mio zio

tuo

i tuoi genitori, la tua fidanzata, ~~il mio~~ il tuo amico la tua sorellina, le tue colleghe, la tua mamma

suo

suo fratello, la sua cara cugina, i suoi nonni suo suocero, le sue sorelle, il suo partner

4. Ergänzen Sie die Dialoge mit den passenden Possessiva.**

Zwei Mütter:

a) + Mia figlia quest'anno va in Inghilterra.

~ La mia invece vuole andare in Francia.

b) + I nostri figli aiutano molto in casa. Anche i vostri, signora?

~ Eh, i nostri purtroppo no.

c) + Mio figlio vuole sempre uscire la sera.

~ Il mio per fortuna preferisce rimanere a casa.

d) + Quest'anno mia figlia vuole andare al mare con il suo ragazzo.

~ Ma quanti anni ha sua figlia?

+ Diciassette.

~ Beh, a diciassette anni anche la mia è andata in vacanza con il suo ragazzo.

Zwei Mädchen:

e) + I miei genitori litigano spesso. Anche i tuoi ?

~ No, i miei no.

f) + Mio fratello ha 18 anni e il tuo quanti anni ha?

~ Il mio ha già 25 anni.

5. Entscheiden Sie, wo das Possessivpronomen stehen muss.**

a) Chi viene a ________ casa mia dopo il cinema? (mia)

b) Saluta i nonni da ________ parte nostra e anche da parte di mio padre ________. (nostra, mio)

c) Se arriviamo in ritardo è ________ colpa tua. (tua)

d) Roberto è in ________ camera sua con suo cugino ________. (sua, suo)

Das Demonstrativpronomen

1. Welches Kleid bevorzugst du, dieses oder das schwarze? 2. Das schwarze; es ist eleganter.

Mit dem Demonstrativpronomen lenkt man die Aufmerksamkeit des Gesprächspartners auf eine bestimmte Person oder Sache.

Gebrauch

Questa marmellata è di ciliegie.
Quei pantaloni e **questa** camicetta sono vecchi.

la marmellata – *die Marmelade*
la camicetta – *die Bluse*
maturo – *reif*
la pera – *die Birne*

Das Demonstrativpronomen kann beim Substantiv stehen, auf das es sich bezieht. Man spricht in diesem Fall von adjektivischem Gebrauch.

+ Sono mature le pere? ~ **Queste** sì, **quelle** non ancora.

Es kann aber auch alleine stehen und man spricht dann von pronominalem Gebrauch.

Scusi, è **questo** il treno per Napoli?
Quest'inverno fa proprio freddo.

Sie nehmen **questo**, wenn die Sache bzw. Person Ihnen räumlich oder zeitlich nahe steht.

È carina **quella** ragazza seduta in fondo al corridoio.
Vi ricordate **quella** sera di tanti anni fa quando papà ritornò dal Canada?

in fondo a – *hinten*
il corridoio – *der Gang*
tanti anni fa – *vor vielen Jahren*

Mit **quello** drücken Sie hingegen eine räumliche oder zeitliche Entfernung aus.

Mi piacciono molto **i romanzi** dei giovani scrittori italiani;
quelli di Baricco, per esempio, o **quelli** di De Carlo.
+ Quale **vino** preferisci, **quello** bianco o **quello** rosso? ~ **Quello** rosso.

Ohne jeglichen Bezug auf räumliche oder zeitliche Entfernungen kann **quello** ein Substantiv ersetzen, das zuvor genannt wurde.

il romanzo – *der Roman*

Formen

1. Questo

	Einzahl	Mehrzahl
männlich	**questo** vino	**questi** vini
weiblich	**questa** borsa	**queste** borse

Questo verhält sich wie ein Adjektiv auf **-o**, auch wenn man es pronominal anwendet.

Die Formen **questo** und **questa** werden vor einem Substantiv, das in der Einzahl steht und mit einem Vokal anfängt, meistens apostrophiert: **quest'a**nno, **quest'e**state, **quest'i**nverno, **quest'o**ra, **quest'u**va

2. Quello

Männliche Formen

Einzahl		Bei männlichen Substantiven in der Einzahl nehmen Sie:
il **tr**eno	**quel** **tr**eno	**quel** vor Konsonant,
lo **sc**ialle	**quello** **sc**ialle	**quello** vor **s** + Konsonant, vor
lo **z**aino	**quello** **z**aino	**z** oder vor **gn, ps, x** und **y**,
l' **a**nno	**quell'** **a**nno	**quell'** vor Vokal.

Mehrzahl		In der Mehrzahl nehmen Sie:
i **tr**eni	**quei** **tr**eni	**quei** vor Konsonant,
gli **sc**ialli	**quegli** **sc**ialli	**quegli** vor **s** + Konsonant, vor
gli **z**aini	**quegli** **z**aini	**z** oder vor **gn, ps, x** und **y**
gli **a**nni	**quegli** **a**nni	sowie vor Vokal.

Das Demonstrativpronomen richtet sich in Geschlecht und Zahl nach seinem Bezugswort.

Wenn Sie **quello** adjektivisch benutzen, verhält es sich wie der bestimmte Artikel.

Weibliche Formen

Einzahl		Vor weiblichen Substantiven in der Einzahl nimmt man:
la **c**asa	**quella** **c**asa	**quella** vor Konsonant,
l' **a**mica	**quell'** **a**mica	**quell'** vor Vokal.

Mehrzahl		
le **c**ase	**quelle** **c**ase	In der Mehrzahl nimmt man
le **a**miche	**quelle** **a**miche	immer **quelle.**

Die Formen von quello beim pronominalen Gebrauch

Wenn **quello** alleine steht, sind seine Formen viel einfacher.

Preferisci lo yogurt alle fragole o **quello** al limone?
Vi piacciono di più i mobili moderni o **quelli** antichi?

Quale camicia metto, questa o **quella?**
+ Quali scarpe metto per la passeggiata? ~ Metti **quelle** più comode.

Wie Sie an den Beispielen erkennen können, verhält sich **quello** beim pronominalen Gebrauch wie ein Adjektiv auf **-o.**

1. Ergänzen Sie die Sätze mit der jeweils passenden Form von **quello.***

Ti ricordi ...

a) __Quell'__ anno in cui siamo andati in Irlanda per la prima volta?

b) __Quella__ famiglia greca che abbiamo conosciuto al mare, anni fa?

c) __Quei__ ragazzi che non avevano i soldi per tornare a casa?

d) __Quell'__ estate caldissima in cui dormivamo in terrazza?

e) __Quello__ studente che aveva attraversato l'Italia in bicicletta?

f) __Quel__ giorno in cui ci hanno rubato la macchina?

g) __Quegei__ spaghetti che preparammo di notte sulla spiaggia?

2. Entscheiden Sie, ob Sie die Dialoge mit **questo** oder mit **quello** ergänzen müssen und welches die jeweils passende Form des gewählten Demonstrativpronomens ist.**

a) + Senti, quale gonna metto stasera __questa__ o __quella__ blu?

~ Mah, non so, metti __quella__ più comoda.

b) + Scusi, dov'è il ristorante «Le tre sorelle»?

~ Allora, vede __quello__ semaforo là in fondo? Ecco, è lì a destra.

c) + Senti, sai chi sono __questi__ signori là accanto alla porta?

~ Certo, __quello__ più piccolo è il professor Minelli, l'altro è l'avvocato Pastrani.

d) + Sai che __quest'__ estate non andiamo in vacanza?

~ Ma come, rimanete in città tutta l'estate?

+ Eh sì, purtroppo è così.

e) + Quali pantaloni preferisci, __questi__ qui o __quelli__ neri?

~ Mah, secondo me ti stanno meglio __quelli__ rossi.

f) + Scusi, quanto costano __questi__ stivali, là a destra?

~ Quali, __quelli__ neri?

+ No, __quelli__ beige.

~ __Quelli__ costano 150 euro.

comodo – *bequem*
il semaforo – *die Ampel*
là in fondo – *dort hinten*
a destra – *rechts*
accanto a – *neben*
rimanere – *bleiben*
qui – *hier*

Die unbestimmten Pronomen

Per il suo matrimonio, mia figlia ha voluto fare una grande festa. Ha invitato **tutti i** suoi amici e colleghi e persino **qualche** vicino. Non sono venuti **tutti**. **Alcuni** purtroppo quel giorno non potevano venire, ma c'era lo stesso **tanta** gente.

An ihrer Hochzeit wollte meine Tochter ein großes Fest machen. Sie hat alle ihre Freunde und Kollegen eingeladen und sogar einige Nachbarn. Es sind nicht alle gekommen. Einige konnten an dem Tag leider nicht kommen, aber es waren trotzdem viele Leute da.

Gebrauch

Man unterscheidet zwischen unbestimmten Pronomen, die ...

Ho fatto **tante foto.** Purtroppo **tante** non sono venute bene.
Alla televisione ci sono **tanti film, tanti** purtroppo non sono buoni.

... sowohl beim Substantiv als auch alleine stehen können.
Im ersten Fall spricht man von adjektivischem, im zweiten von pronominalem Gebrauch.

venire bene – *(gut) gelingen*
succedere – *geschehen*

Ha telefonato **qualcuno?**
È successo **qualcosa**?

... sich nur pronominal gebrauchen lassen, d. h. alleine stehen.

Ho invitato **qualche** amico.
Ogni mattina faccio ginnastica.

... nur adjektivisch benutzt werden können, d. h. sie stehen bei einem Substantiv.

Unbestimmte Pronomen mit adjektivischem und pronominalem Gebrauch

Tutti sanno che faccio jogging **tutti i** giorni.

Alle wissen, dass ich jeden Tag jogge.

Die unbestimmten Pronomen, die zu dieser Gruppe gehören, richten sich in Geschlecht und Zahl nach dem Substantiv, auf das sie sich beziehen:

Ho scritto a **molte** amiche,	sowohl beim adjektivischen Gebrauch
poche mi hanno risposto.	als auch beim pronominalen.

1. Poco, molto, tanto, troppo

Tutti sanno chi è la nuova direttrice, ma **pochi** l'hanno vista.

Alle wissen wer die neue Leiterin ist, wenige jedoch haben sie gesehen.

Wenn **poco, molto, tanto** und **troppo** Adverb sind, bleiben sie aber unverändert: Ho mangiato **poco** e bevuto **molto.**

Poco, **molto**, **tanto** und **troppo** haben in der Regel folgende deutsche Bedeutungen:

C'è **poco** spazio per ballare.	**poco, -a:**	*wenig*
Claudia ha **poche** amiche.	**pochi, -e:**	*wenige*
C'è ancora **molto** pane.	**molto, -a:**	*viel*
Molti giovani sono disoccupati.	**molti, -e:**	*viele*
C'era **tanta** gente.	**tanto, -a:**	*(so) viel*
Ho comprato **tanti** grissini.	**tanti, -e:**	*(so) viele*
Nella minestra c'è **troppo** sale.	**troppo, -a:**	*zu viel*
Ci sono **troppe** macchine.	**troppi, -e:**	*zu viele*

lo spazio – *der Platz*
ballare – *tanzen*
disoccupato – *arbeitslos*
la minestra – *die Suppe*

2. Tutto

Oggi ho dormito **tutta la** mattina. Ma di solito mi alzo **tutti i** giorni alle sette.

Heute habe ich den ganzen Morgen geschlafen. Aber normalerweise stehe ich jeden Tag um sieben auf.

Steht **tutto** bei einem Substantiv, wird dieses immer mit dem bestimmten Artikel verwendet!

	Steht **tutto** vor einem Substantiv, bedeutet es:
Non ho visto **tutto il** film.	in der Einzahl *ganz* und
Ho visto **tutti i** film di Antonioni.	in der Mehrzahl *alle* bzw. *jeder*.

+ Che cosa vedete? ~ **Tutto.** + Hai mangiato **tutto il** riso? ~ Sì, **tutto.**	Steht **tutto** alleine, entspricht die Einzahl meist dem deutschen *alles* bzw. *ganz*.
+ Hai salutato **tutti**? ~ Sì, **tutti.**	Die Mehrzahl wird mit *alle* wiedergegeben.
Ho i vestiti **tutti bagnati**. Claudia è diventata **tutta rossa**. Anna e Sara erano **tutte felici** di andare al concerto di Zucchero. Enzo è **tutto coperto**.	Vor einem Adjektiv wird **tutto** meist mit *ganz (und gar)* wiedergegeben. Es richtet sich in Geschlecht und Zahl nach dem Substantiv, auf das es sich bezieht, auch wenn es die Funktion eines Adverbs hat.

bagnato – *nass*
felice – *glücklich*
coperto – *zugedeckt*

3. Alcuno

Ho ricevuto **alcuni** fax e **alcune** lettere.

Ich habe einige Faxe und einige Briefe erhalten.

+ Hanno risposto le tue amiche? ~ **Alcune** sì.	**Alcuno** wird vor allem in der Mehrzahl verwendet und heißt *einige*.
Non ho **alcuna** voglia di partire. Sabrina si è arrabbiata **senza alcun** motivo.	In der Einzahl gebraucht man es in Sätzen, die mit **non** oder **senza** verneint werden, und bedeutet *kein(e) einzige(r, s)* bzw. *ohne jegliche(n, s)*.

aver voglia – *Lust haben*
arrabbiarsi – *sich ärgern*
il motivo – *der Grund*

Wenn **alcuno** beim Substantiv steht und in der Einzahl ist, bildet es die Formen nach den Regeln des unbestimmten Artikels:

Männliche Formen:	**un** motivo	**alcun** motivo
	uno sbaglio	**alcuno** sbaglio
	un aiuto	**alcun** aiuto
Weibliche Formen:	**una** lettera	**alcuna** lettera
	un' idea	**alcun'** idea

lo sbaglio – *der Fehler*
l'aiuto – *die Hilfe*

4. Nessuno

Oggi non c'è stata **nessuna** telefonata e non ho visto **nessuno**.

Heute gab es keinen Anruf und ich habe niemanden gesehen.

Nessuno können Sie nur in der Einzahl benutzen.

Non ho **nessun** problema. Non ho fatto **nessuno** sbaglio.	Im adjektivischen Gebrauch heißt es *kein (einzige(r, s))*.
Qui non conosciamo **nessuno.** Non ha scritto **nessuno.**	Pronominal verwendet heißt **nessuno** *niemand.*

▶ **Die Verneinung**, S. 187

Wenn **nessuno** beim Substantiv steht und in der Einzahl ist, bildet es die Formen nach den Regeln des unbestimmten Artikels:

Männliche Formen:	**un** motivo	**nessun** motivo
	uno sbaglio	**nessuno** sbaglio
	un aiuto	**nessun** aiuto
Weibliche Formen:	**una** lettera	**nessuna** lettera
	un' idea	**nessun'** idea

Unbestimmte Pronomen mit pronominalem Gebrauch

1 Hai trovato **qualcosa** per Nadia? Sabato è il suo compleanno.

2 No, non ho trovato ancora **niente**.

1. Hast du etwas für Nadia gefunden? Am Samstag ist ihr Geburtstag. 2. Nein, ich habe noch nichts gefunden.

Zu den unbestimmten Pronomen, die Sie nur pronominal, also alleine, benutzen können, gehören **qualcuno, ognuno, qualcosa**, **niente** und **nulla.**

1. Qualcuno, ognuno

Qualcuno und **ognuno** können Sie nur in der Einzahl gebrauchen.

C'è **qualcuno**? Conosci **qualcuna** di quelle ragazze?	**Qualcuno** heißt *jemand.* Die weibliche Form ist seltener und bedeutet *(irgend)eine.*

Ognuno vuole aver ragione. **Ognuna** di noi ha dei problemi.	**Ognuno** bedeutet *jeder (einzelne)* und **ognuna** *jede (einzelne)*.

aver ragione – *Recht haben*
dimmelo – *sag es mir*
sentire – *hören*

2. Chiunque, qualcosa

Chiunque und **qualcosa** sind unveränderlich.

Chiunque può fare questo lavoro. Se sai **qualcosa** dimmelo.	**Chiunque** heißt *jeder (beliebige)*. **Qualcosa** bedeutet *etwas*.

▸ **Die Verneinung**, S. 187

3. Niente, nulla

Non si vede **niente**. Non ho sentito **niente**. Non è successo **nulla**.	**Niente** und die etwas gehobenere Form **nulla** sind unveränderlich und heißen auf Deutsch *nichts*.

Etwas und *nichts* kommen außerdem oft in Ausdrücken wie z. B. *etwas/ nichts Schönes* oder *etwas/ nichts zu tun* vor. Auf Italienisch drücken Sie solche Wendungen mit Hilfe der Präpositionen **di** bzw. **da** folgendermaßen aus:

Deutsch	Italienisch
etwas/nichts + substantiviertes Adjektiv: *etwas/nichts Gutes*	**qualcosa/niente + di +** Adjektiv: **qualcosa/niente di** buono
etwas/nichts + *zu* + Verb: *etwas/nichts zu sehen*	**qualcosa/niente** + Verb: **qualcosa/niente da** vedere

Unbestimmte Pronomen mit adjektivischem Gebrauch

1 Mario è qui da **qualche** giorno.   2 In estate vado **ogni** giorno in piscina.

1. Mario ist seit einigen Tagen hier. 2. Im Sommer gehe ich jeden Tag ins Schwimmbad.

Unbestimmte Pronomen, die man nur adjektivisch verwenden kann, sind z. B. **qualche, ogni, qualsiasi** und **qualunque**. Sie sind unveränderlich und kommen nur in der Einzahl vor.

1. Qualche

Ho invitato **qualche** amica. Ho **qualche** giorno di vacanza.	**Qualche** heißt *einige* und ist gleichbedeutend mit **alcuni, -e**.

Achten Sie auf den grammatischen Unterschied zwischen **qualche** und **alcuni, -e**:

Mario è partito **qualche** giorno fa. **Qualche studente** non ha capito niente.	Mario è partito **alcuni** giorni fa. **Alcuni studenti** non hanno capito niente.

Bei **qualche** steht das nachfolgende Substantiv in der Einzahl, bei **alcuni, -e** hingegen in der Mehrzahl.

C'è qualche persona **importante.** Qualche cliente non **paga.**	**Ci sono** alcune persone **importanti**. Alcuni clienti non **pagano.**

Bei **qualche** + Substantiv stehen auch Verben und Adjektive, die sich auf dieses Substantiv beziehen, in der Einzahl.

2. Ogni

Enzo ed io ci vediamo **ogni** giorno.	**Ogni** bedeutet *jede(r, s)*.

3. Qualunque, qualsiasi

Potete venire a **qualsiasi** ora. Va a sciare con **qualunque** tempo.	**Qualunque** und **qualsiasi** entsprechen dem deutschen *jede(r, s) (beliebige)*.

Die unbestimmten Pronomen

1. Welches der angegebenen unbestimmten Pronomen passt jeweils? Setzen Sie es, falls nötig, in die richtige Form.**

a) **tutto, ogni, ognuno**

ogni anno a Natale, faccio i tortellini.

b) **qualcosa, alcuno, ognuno**

ognuno di noi può sbagliare.

c) **tutto, qualche, alcuno**

Qualche giorno fa è successo un incidente grave davanti a casa nostra.

d) **qualsiasi, tutto, ognuno**

Per guadagnare un po' durante le vacanze farei qualsiasi lavoro.

e) **qualunque, qualche, tutto**

Tutti gli anni, per il mio compleanno, i miei colleghi mi regalano un enorme mazzo di fiori.

f) **niente, troppo, qualcosa**

Quando vado al mercato compro sempre troppa roba.

g) **qualcuno, nessuno, alcuno**

Marco quando ha mal di testa non vuole vedere nessuno.

h) **niente, qualunque, ogni**

Stasera alla televisione non c'è niente di interessante.

sbagliare – *sich irren, einen Fehler machen*
un incidente grave – *ein schwerer Unfall*
guadagnare – *verdienen*
il mazzo di fiori – *der Blumenstrauß*
la roba – *das Zeug, die Sachen*
il mal di testa – *die Kopfschmerzen*

2. Tragen Sie die passende Form von **nessuno** ein.*

a) nessun errore
b) nessun film
c) nessuno scrittore
d) nessuno yogurt
e) nessuna macchina
f) nessuna foto
g) nessuno zoo
h) nessun' idea
i) nessun amico
j) nessun' amica
k) nessuno psicologo
l) nessuna città

Die Personalpronomen

Mit den Personalpronomen kann man bereits Erwähntes anders und in verkürzter Form wiedergeben.

1 + **Noi** rimaniamo a casa; **voi** cosa fate?
~ **Noi** andiamo al cinema.

2 + Quando fai i compiti?
~ **Li** faccio subito.

1. + Wir bleiben zu Hause; was macht ihr? ~ Wir gehen ins Kino 2. + Wann machst du die Hausaufgaben? ~ Ich mache sie sofort.

Das Subjektpronomen

1. Wer macht heute den Abwasch, du oder ich? 2. Du.

Formen

In der Einzahl lauten die Formen des Subjektpronomens:

Das Subjektpronomen steht für das Subjekt. Im Italienischen gibt es **nur betonte** Formen!

Io ho fame, anche	**io** *(ich)* für die 1. Person,
tu hai fame?	**tu** *(du)* für die 2. Person,
Lui vuole andare al lago,	**lui** *(er)* für die 3. Person männlichen Geschlechts,
lei al mare.	**lei** *(sie)* für die 3. Person weiblichen Geschlechts,
Lei, signor Masu, che cosa prende da bere? **Lei,** signora, prende un'acqua minerale?	**Lei** *(Sie)* bei der höflichen Anrede einer Person männlichen oder weiblichen Geschlechts.

In sehr formellen Situationen verwendet man bei der höflichen Anrede mehrerer Personen **Loro** anstatt **Voi**. In Briefen schreibt man **Voi** und **Loro** meistens groß.

In der Mehrzahl lauten sie:

Noi andiamo al cinema,	**noi** *(wir)* für die 1. Person,
voi cosa fate?	**voi** *(ihr)* für die 2. Person,
Anche **Voi**, signori, prendete un caffè?	**Voi** *(Sie)* bei der höflichen Anrede mehrerer Personen,
Loro sono tedeschi, io sono italiano.	**loro** *(sie)* für die 3. Person.

Gebrauch

+ Hai visto i Masu alla festa? ~ **Lei** sì, **lui** no.

Das Subjektpronomen kann alleine, d. h. ohne Verb stehen, …

Io sono italiana, **lui** è svizzero.

… oder es wird mit einem Verb verwendet.

Benutzen Sie das Subjektpronomen nur:

+ Chi va al mare quest'estate? ~ **Noi.**

– um die Person bzw. die Personen gegenüber anderen hervorzuheben,

Noi torniamo a casa in macchina, **loro** preferiscono tornare a piedi.

– bei Gegenüberstellungen,

Lei, signora, che cosa prende?

– bei der höflichen Anrede häufig,

Venite **anche voi** in discoteca?

– nach **anche.**

!

Anders als im Deutschen lässt man das Subjektpronomen meistens weg.
Die entsprechende Person erkennt man an der Verbform:
Mangio – *Ich esse.*
Fumi? – *Rauchst du?*
Siamo stanchi. – *Wir sind müde.*

Die Formen **lui**, **lei** und **loro** können Sie nicht verwenden, wenn es sich um Gegenstände handelt. Bei Gegenständen benutzen Sie das Verb jeweils ohne Subjektpronomen oder Sie nehmen das entsprechende Substantiv wieder auf, z. B.:

I Nardelli hanno comprato <u>una casa</u> . **È** bella e molto spaziosa.

Nardellis haben ein Haus gekauft. Es ist schön und sehr geräumig.

Vi do <u>i compiti</u> . Non **sono** difficili, ma **sono** utili.
Ich gebe euch Hausaufgaben. Sie sind nicht schwierig, aber sie sind nützlich.

Die Objektpronomen

1 **Ti** amo.

2 **Ti** ha scritto Lucia?

1. Ich liebe dich. 2. Hat dir Lucia geschrieben?

Im Italienischen gibt es wie im Deutschen direkte und indirekte Objektpronomen.

+ Hai fatto **la spesa?** ~ Non ancora, **la** faccio più tardi.	Die direkten Objektpronomen stehen für ein direktes Objekt / Akkusativobjekt.
La sera guardo volentieri **la tivù**. Oggi non ho visto **Carlo.** Dove comperi **la carne**?	Das direkte Objekt erkennen Sie am Fehlen der Präposition **a** vor dem jeweiligen Substantiv.
+ Hai scritto **alla nonna?** ~ Certo, **le** ho scritto stamattina.	Mit den indirekten Objektpronomen ersetzen Sie ein indirektes Objekt / Dativobjekt.
Che cosa regali **a tuo marito?** Hai risposto **ai tuoi genitori**? Telefono **al dottor Renzi.**	Das indirekte Objekt erkennen Sie am Vorhandensein der Präposition **a** beim jeweiligen Substantiv.

fare la spesa – *einkaufen*
guardare la tivù – *fernsehen*
la carne – *das Fleisch*
rispondere – *antworten*

Perché hai invitato **me** e non **lei**? **A me** la cucina giapponese piace, piace anche **a te**?	Es gibt **betonte** Formen sowohl für das direkte als auch für das indirekte Objektpronomen.
Perché **mi** hai invitato? La cucina giapponese **mi piace.** **Ti** piace la cucina francese?	Und es gibt **unbetonte** Formen für beide Objektpronomen.

invitare – *einladen*
giapponese – *japanisch*

Formen und Gebrauch der betonten Objektpronomen

Die betonten Formen des indirekten und des direkten Objektpronomens unterscheiden sich lediglich durch das Vorhandensein oder Fehlen der Präposition **a**. Diese steht:

A te piace sciare?	bei den indirekten Objektpronomen …
Voglio vedere solo **te**.	… und fehlt bei den direkten.

A **Lei** und **Lei** nimmt man bei der höflichen Anrede einer Person.

A **Voi** und **Voi** nimmt man bei der höflichen Anrede mehrerer Personen. In sehr formellen Situationen bevorzugt man stattdessen **a Loro** und **loro**.

Indirekte Objektpronomen			Direkte Objektpronomen		
Pia scrive … *(Pia schreibt…)*			**Pia conosce solo …** *(Pia kennt nur…)*		
a me.	*(mir.)*	mi	**me.**	*(mich.)*	mi
a te.	*(dir.)*	ti	**te.**	*(dich.)*	ti
a lui.	*(ihm.)*	gli	**lui.**	*(ihn.)*	lo
a lei.	*(ihr.)*	le	**lei.**	*(sie.)*	la
a Lei.	*(Ihnen.)*	Le	**Lei.**	*(Sie.)*	La
a noi.	*(uns.)*	ci	**noi.**	*(uns.)*	ci
a voi.	*(euch.)*	vi	**voi.**	*(euch.)*	vi
a Voi.	*(Ihnen.)*	Vi	**Voi.**	*(Sie.)*	Vi
a loro.	*(ihnen.)*	gli	**loro.**	*(sie.)*	li / le
a Loro.	*(Ihnen.)*		**Loro.**	*(Sie.)*	
Pia pensa **a sé.** *(Pia denkt an sich.)*			Pia ama solo **sé** stessa. *(Pia liebt nur sich selbst.)*		

A sé und **sé** stehen für das Reflexivpronomen. Vor **stesso** kann **sé** auch ohne Akzent geschrieben werden: **Vede solo se stessa.**

l'aglio – *der Knoblauch*

Die betonten Objektpronomen werden gebraucht:

Flavio guarda solo **te**.
A noi l'aglio piace molto.

- wenn die Person bzw. die Personen hervorgehoben werden.

Conosco **lui, lei** no.

- bei Gegenüberstellungen.

Io vado al mare, chi viene **con me?**
C'è una lettera **per te**.
Abbiamo parlato **di lui.**
Possiamo venire **da voi** stasera?
Carla è **fuori di sé**.
Secondo me Franca ha ragione.

nach Präpositionen, wie z. B. **con, per, di, da, fuori di, sotto di, dopo di, senza di, secondo.**

Mio fratello è più alto **di me.**
Mia sorella è alta **come me.**

bei Vergleichen nach **di, come** und **quanto**.

Anche a te piace la rucola?

nach **anche.**

fuori di sé – *außer sich*
secondo me – *meiner Meinung nach*
aver ragione – *Recht haben*
alto – *groß, hoch*

Formen und Gebrauch der unbetonten Objektpronomen

1 + Che cosa regali **a Marco?**
~ Forse **gli** regalo un libro.

2 + Da quando conosci **Marco?**
~ **Lo** conosco da due anni circa.

1. + Was schenkst du Marco? ~ Vielleicht schenke ich ihm ein Buch. 2. + Seit wann kennst du Marco? ~ Ich kenne ihn seit ungefähr zwei Jahren.

In der 1. und 2. Person Einzahl und Mehrzahl unterscheiden sich die unbetonten Formen des indirekten und des direkten Objektpronomens nicht. Achten Sie aber bei der 3. Person Einzahl und Mehrzahl auf die unterschiedlichen Formen der Objektpronomen für das männliche und das weibliche Objekt!

Indirekte Objektpronomen		Direkte Objektpronomen	
Pia ...	*(Pia schreibt...)*	**Pia ...**	*(Pia grüßt ...)*
mi scrive.	*(mir.)*	**mi** saluta.	*(mich.)*
ti scrive.	*(dir.)*	**ti** saluta.	*(dich.)*
gli scrive.	*(ihm.)*	**lo** saluta.	*(ihn.)*
le scrive.	*(ihr.)*	**la** saluta.	*(sie.)*
Le scrive.	*(Ihnen.)*	**La** saluta.	*(Sie.)*

Le und **La** nimmt man bei der höflichen Anrede einer Person.

Bei der höflichen Anrede mehrerer Personen nimmt man **Vi**. In sehr formellen Situationen **Loro** bzw. **Li** oder **Le**.

ci scrive.	*(uns.)*	**ci** saluta.	*(uns.)*
vi scrive.	*(euch.)*	**vi** saluta.	*(euch.)*
Vi scrive.	*(Ihnen.)*	**Vi** saluta.	*(Sie.)*
gli scrive.	*(ihnen.)*	**li** saluta.	*(sie.)* (männlich)
gli scrive.	*(ihnen.)*	**le** saluta.	*(sie.)* (weiblich)
scrive **Loro**.	*(Ihnen.)*	**Li** saluta?	*(Sie.)* (männlich)
scrive **Loro**.	*(Ihnen.)*	**Le** saluta?	*(Sie.)* (weiblich)

▸ **Die reflexiven Verben**, S. 161

Perché **si** fa un tè? *(Warum macht er/sie sich einen Tee?/Warum machen Sie sich einen Tee?)*	Perché **si** scusa? *(Warum entschuldigt er/sie sich?/ Warum entschuldigen Sie sich?)*
Perché **si** fanno un tè? *(Warum machen sie sich einen Tee?)*	Perché **si** scusano? *(Warum entschuldigen sie sich?)*

Die Reflexivpronomen haben außer in der 3. Person Einzahl und Mehrzahl dieselben Formen wie die direkten und indirekten Objektpronomen.

Die unbetonten Objektpronomen können nicht alleine stehen. Sie werden immer zusammen mit einem Verb verwendet:

appena – *sobald*
pregare – *bitten*
subito – *sofort*

+ **Mi** telefoni? ~ Certo, appena arrivo **ti** telefono.
  Vi prego di ascoltar**mi.**
+ Quando fai i compiti? ~ **Li** faccio subito.

Merken Sie sich zu **lo, la, li** und **le** Folgendes:

+ Hai già letto l'ultimo libro di Baricco? ~ No, non **l'h**o ancora letto.
+ Potresti aiutare **Carla?** ~ Certo, **l'a**iuto subito.

Vor **h** und oft auch vor einem Vokal werden **lo** und **la** apostrophiert.

! **Li** und **le** werden nie apostrophiert!

+ Conoscete **i film di Visconti**? ~ Certo, **li** abbiamo vist**i** tutti.
+ Hai preso **la medicina?** ~ **L'**ho pres**a** stamattina.

Wenn **lo, la, li** oder **le** vor einem Partizip Perfekt stehen, das in einer zusammengesetzten Zeit mit **avere** konjugiert wird, richtet sich das Partizip Perfekt in Geschlecht und Zahl nach dem vorausgehenden direkten Objektpronomen.

+ Chi ha telefonato? ~ Non **lo** so.

Die Form **lo** kann sich auch auf einen Sachverhalt beziehen und *es* bedeuten.

Die Stellung der unbetonten Objektpronomen

+ **Vi** disturba se fumo? ~ No, non **ci** disturba affatto.	Die unbetonten Objektpronomen stehen in der Regel vor dem konjugierten Verb.
Perché non sei venuto? **Ti** abbiamo aspettato tutta la sera.	Bei zusammengesetzten Zeiten stehen sie vor dem Hilfsverb.
Signori, posso offrire **Loro** un aperitivo?	Nur das sehr formelle **Loro**, das bei der höflichen Anrede mehrerer Personen verwendet wird, steht nach dem Verb.

disturbare – *stören*
fumare – *rauchen*
offrire – *anbieten*

In gewissen Fällen werden die unbetonten Pronomen jedoch angehängt, so z. B.:

Ho cercato di telefonar**ti**. Siamo felici di veder**vi**.	an den Infinitiv, der dabei den Endvokal verliert.
Vedendo**mi** è diventato tutto rosso.	an das Gerundium.
Guarda**mi!** Che bella frutta, prendiamo**la**! Riposate**vi,** se siete stanchi!	an den Imperativ,
Signora, questo prosciutto è ottimo, **lo** prenda!	nicht aber an den höflichen Imperativ.
+ Ma dove siete? ~ Ecco**ci**. + Mi dai le chiavi? ~ Ecco**le**.	an **ecco**.

▸ **Der Imperativ**, S. 138

eccoci – *hier sind wir*
eccole – *hier sind sie*

Es gibt auch Fälle, in denen Sie das unbetonte Objektpronomen vor das konjugierte Verb stellen oder an das Verb anhängen können. Dies gilt:

Vi devo parlare./Devo parlar**vi**. **Li** ho potuti vedere./Ho potuto veder**li**.	wenn auf **dovere**, **potere**, **volere** oder **sapere** ein Verb im Infinitiv folgt.
Ti vengo a prendere. Vengo a prender**ti**.	wenn bei **andare** oder **venire** ein Verb im Infinitiv folgt.

venire a prendere – *abholen*

▶ **Der Imperativ,** S. 138

Non far**lo**!/Non **lo** fare! Non fate**lo**!/Non **lo** fate!	beim verneinten Imperativ,
Signora, non **lo** faccia!	aber nicht beim höflichen Imperativ. Hier kann es nur vor dem Verb stehen.

Verben mit unterschiedlichem Objekt im Deutschen und im Italienischen

Tipp! Um Fehler zu vermeiden, lernen Sie ein Verb am besten immer gleich zusammen mit seinem Objekt!

Es gibt Verben, die im Italienischen ein direktes Objekt verlangen, im Deutschen hingegen ein indirektes Objekt bzw. ein präpositionales Objekt.

aiutare qu	*jdm helfen*
ascoltare qu	*jdm zuhören*
aspettare qu	*auf jdn warten*
ringraziare qu	*jdm danken*
seguire qu	*jdm folgen*

Der umgekehrte Fall, bei dem nach einem italienischen Verb ein indirektes Objekt folgt, das entsprechende deutsche Verb hingegen ein direktes Objekt bzw. ein präpositionales Objekt verlangt, kommt natürlich auch vor.

domandare a qu	*jdn fragen*
chiedere a qu	*jdn fragen*
pensare a qu	*an jdn denken*
telefonare a qu	*jdn anrufen*

Die Pronominaladverbien ci und ne

1. Gehst du oft ins Restaurant? 2. Ja, ich gehe ziemlich oft dorthin. 3. Nimmst du Zucker? 4. Ich habe schon welchen genommen, danke.

Die Pronominaladverbien **ci** und **ne** erfüllen mehrere Funktionen.

1. ci

+ Andate spesso **a Monaco?** ~ **Ci** andiamo ogni anno in autunno. + Quando vai **dal parrucchiere?** ~ **Ci** vado sabato.	Das Pronominaladverb **ci** steht für Ortsangaben und wird im Deutschen mit *(da)hin*, *(dort)hin*, *da* oder mit *dort* wiedergegeben.
+ Credi **a quello che scrivono i giornali?** ~ No, non **ci** credo. + Pensi ancora **all'esame?** ~ No, adesso non **ci** penso più.	**Ci** steht auch für Ergänzungen mit **a**, die sich auf Sachen oder Sachverhalte beziehen. Es entspricht dem deutschen *daran*.

l'autunno – *der Herbst*
il parrucchiere – *der Friseur*
il giornale – *die Zeitung*
l'esame – *die Prüfung*

2. ne

+ Ho comprato **troppe ciliegie**, **ne** vuoi un po'? ~ Grazie, ma **ne** ho comprate anch'io. + Hai **dei colleghi stranieri**? ~ Sì, **ne** ho due.	**Ne** kann sich auf zuvor genannte Personen oder Sachen beziehen und eine Teilmenge davon bezeichnen. In solchen Fällen bleibt **ne** im Deutschen meist unübersetzt.
+ Hai fatto **delle foto?** ~ Sì, **ne** ho fatte tante. + **Quanti biglietti** hai preso? ~ **Ne** ho presi quattro. + Vuoi **una birra**? ~ Grazie, ma **ne** ho bevuta già abbastanza.	Bezeichnet **ne** eine Teilmenge und steht es bei einer zusammengesetzten Zeit vor einem mit **avere** verbundenen Partizip Perfekt, richtet sich dieses in Geschlecht und Zahl nach dem durch **ne** ersetzten Begriff.
+ Sei convinto **di quello che** dici? ~ **Ne** sono convinto, sì. + Hai voglia **di uscire** stasera? ~ No, stasera non **ne** ho tanta voglia. + Hai bisogno **del dizionario?** ~ No, adesso non **ne** ho bisogno.	**Ne** kann auch für Ergänzungen mit **di** stehen. Im Deutschen wird es meist mit *davon*, *dazu* oder *darüber* wiedergegeben. In Einzelfällen kann es auch unübersetzt bleiben.
Il gatto è salito sul tetto, ma non **ne** è più sceso. **(ne = dal tetto)** Ho visto il tuo quadro. **Ne** sono affascinato. **(ne = dal quadro)**	**Ne** ersetzt überdies Ergänzungen mit **da** und bedeutet *von dort* oder *davon*.

▶ **Die Stellung der unbetonten Objektpronomen**, S. 71

3. Die Stellung von ci und ne

+ Quando vai al corso di italiano? ~ **Ci** vado il martedì sera. + Hai tanti compiti? ~ **Ne** ho sempre tanti.	Wie die unbetonten Objektpronomen stehen **ci** und **ne** in der Regel vor dem konjugierten Verb.
+ È vero che hai abitato a Parigi? ~ Certo, **ci** ho abitato per tre anni. + Carla ha fatto un ottimo tiramisù. ~ Sì, **ne** ho mangiato la metà.	Bei zusammengesetzten Zeiten stehen **ci** und **ne** vor dem Hilfsverb.

ottimo – *sehr gut*
la metà – *die Hälfte*

Die Doppelpronomen

1 + Mi dai il giornale, per favore?
~ Aspetta, finisco di leggere un articolo e **te lo** do.

2 + Ci sono ancora delle uova?
~ No, non **ce ne** sono più.

1. + Gibst du mir die Zeitung, bitte? ~ Warte, ich lese einen Artikel zu Ende und gebe sie dir.
2. + Gibt es noch Eier? ~ Nein, es gibt keine mehr.

Oft trifft ein unbetontes indirektes Objektpronomen auf ein unbetontes direktes Objektpronomen.

Ci date **il vostro indirizzo**? ▶ **Ce lo** date? Pia **si** fa **un caffè**. ▶ Pia **se lo** fa. **Ti** do **la mia giacca**. ▶ **Te la** do.	In der Kombination, die dann zustande kommt, steht das indirekte Objektpronomen immer vor dem direkten, wobei das **-i** des indirekten Objektpronomens zu **-e** wird.
Darò **i libri a Gianni**. ▶ **Glieli** darò. Presto **la macchina a Rosa**. ▶ **Gliela** presto. Signora, **Le** do **il mio libro**. ▶ **Glielo** do.	Die unbetonten Dativpronomen **gli**, **le** und **Le** werden in der Kombination mit einem direkten Objektpronomen zu **glie** und verschmelzen mit diesem zu einem einzigen Wort.
Potresti dar**mi il tuo dizionario**? ▶ Potresti dar**melo?** Dam**mi la lettera**! ▶ Dam**mela!**	Die anderen Kombinationen verschmelzen nur dann zu einem Wort, wenn sie an das Verb angehängt werden.

Kombinationsmöglichkeiten

+	**lo**	**la**	**li**	**le**	**ne**
mi *(mir)*	me lo	me la	me li	me le	me ne
ti *(dir)*	te lo	te la	te li	te le	te ne
gli *(ihm)* **le** *(ihr)* **Le** *(Ihnen)*	glielo	gliela	glieli	gliele	gliene
ci *(uns)*	ce lo	ce la	ce li	ce le	ce ne
vi *(euch/ Ihnen)*	ve lo	ve la	ve li	ve le	ve ne
gli *(ihnen)*	glielo	gliela	glieli	gliele	gliene
si *(sich)*	se lo	se la	se li	se le	se ne
ci *(da/ dort)*	ce lo	ce la	ce li	ce le	ce ne

Für die Doppelpronomen gelten dieselben Regeln wie für die unbetonten Pronomen. Achten Sie also auf ihre Stellung beim Verb:

Che bello scialle! **Me lo** dai? **Me lo** devi dare. Devi dar**melo.**	Sie stehen vor dem konjugierten Verb oder werden an den Infinitiv angehängt.
Che buono questo dolce! **Dam**mene un pezzo! **Me ne** dia un pezzo!	Sie werden an den Imperativ angehängt, außer an den Imperativ der Höflichkeitsform.

Achten Sie außerdem auf:

+ I vicini sanno già che mi sposo. ~ Ah sì, e chi **gliel'h**a detto?	das Apostrophieren von **lo** und **la** vor **h** und oft auch vor Vokal.
Che **bei fiori!** Chi **te li** ha portat**i?** Ho conosciuto **la fidanzata** di Marco. **Me l'**ha presentat**a** ieri.	die Angleichung in Geschlecht und Zahl des mit **avere** verbundenen Partizip Perfekts in den zusammengesetzten Zeiten bei **lo, la, li, le** oder **ne,** wenn diese vor dem Partizip Perfekt stehen.

il pezzo – *das Stück*
il vicino – *der Nachbar*
sposarsi – *heiraten*
il fiore – *die Blume*
la fidanzata – *die Verlobte*
presentare qu – *jdn vorstellen*

Die Personalpronomen

1. Lesen Sie den Dialog und ergänzen Sie ihn mit den passenden Subjektpronomen und betonten Objektpronomen sowie mit dem Pronominaladverb **ci.** **

prima – *zuerst*
poi – *dann*
siccome – *da, weil*
andare d'accordo – *sich mit jdm (gut) verstehen*

\+ Ragazzi, __io__ quest'estate vado in Germania, __voi__ che cosa fate?

~ Mah, __io__ vado prima in montagna con i miei genitori, sto due settimane con __loro__ e poi vado in Inghilterra. __Ci__ vado con Sandro. __Ci__ siamo già stati l'anno scorso, e ci siamo divertiti moltissimo. Poi non so, forse andrò al mare.

\+ E __tu__ Elena, vai a Savignano Mare come ogni anno?

~ Sì, ma non __ci__ sto tutta l'estate. Quest'anno __ci__ sarà anche mia cugina Graziella e siccome __lei__ e __io__ non andiamo molto d'accordo, preferisco non starci troppo a lungo.

2. Die Sätze in der linken Spalte richten sich an eine Person, die man duzt. In der rechten Spalte richten sich dieselben Sätze an jemanden, den man siezt. Ergänzen Sie die Sätze mit dem jeweils passenden Pronomen.**

TU	**LEI**
a) Ti piace la musica classica?	a) Signora Rota, __Le__ piace la musica classica?
b) Ti ringrazio per il bel regalo.	b) Signora, __La__ ringrazio per il bel regalo.
c) Ti dovrei chiedere qualcosa, posso?	c) Signor Valli, __Le__ dovrei chiedere qualcosa, posso?
d) Cosa ti posso offrire?	d) Professore, cosa __Le__ posso offrire?
e) Ti vorrei invitare a cena.	e) Signorina, __La__ vorrei invitare a cena.
f) A che ora ti posso telefonare?	f) Ingegnere, a che ora __Le__ posso telefonare?

3. Verbinden Sie die Sätze in der linken Spalte mit dem jeweils passenden Teil in der rechten Spalte. Die Pronomen in der rechten Spalte helfen Ihnen dabei.*

a)	Ottimo questo pesce! 3	1)	Te l'ha regalata Mario?
b)	Che buoni questi cioccolatini! 5	2)	No, faccela vedere!
c)	Abbiamo sentito che cambiate casa. 4	3)	Ce n'è ancora un po'?
d)	Sai che ho un nuovo computer? 8	4)	Chi ve l'ha detto?
e)	Avete visto la mia nuova bicicletta? 2	5)	Me ne dai ancora uno?
f)	Buongiorno, sono Carla Franchi, c'è il professor Carli? 7	6)	Me li hai presi tu, forse?
g)	Che bella borsetta! 1	7)	Glielo passo subito.
h)	Non trovo i miei occhiali. 6	8)	Ah sì, e te lo sei comprato tu?

a) b) c) d) e) f) g) h)

il pesce – *der Fisch*
il cioccolatino – *die Praline*
cambiar casa – *umziehen*
la borsetta – *die Handtasche*
passare qu a qu – *jdn mit jdm verbinden*

4. Markieren Sie das jeweils passende Pronomen.*

a) + Siete già stati a Los Angeles? ~ Sì, ci / ne siamo stati due anni fa.

b) + Anche tu porti gli occhiali? ~ Eh sì, per leggere gli / li devo mettere.

c) + Guardate spesso la televisione? ~ Ne / La guardiamo spesso, sì.

d) + Che cosa hai portato a Gino? ~ Gli / Le ho portato del vino.

e) + È ottima la tua carne! ~ La / Ne vuoi ancora una fetta?

f) + Hai scritto alla nonna? ~ Senti, le / la scriverò.

g) + Incontri le tue amiche, oggi? ~ No, gli / le incontro domani.

h) + È pratico questo vestito, vero? ~ Sì, lo / ne metto spesso.

i) + Vuoi un po' d'uva? ~ Ci / Ne ho già presa, grazie.

j) + Cosa mangiano i bambini? ~ Se vuoi li / gli puoi preparare della pasta.

k) + Hai trovato qualcosa per Anna? ~ Sì, gli / le ho comprato un foulard.

l) + Andiamo al cinema stasera? ~ No, guarda, non ci / ne ho voglia.

la carne – *das Fleisch*
la fetta – *die Scheibe, das Stück*
il foulard – *das Halstuch*
vero? – *nicht wahr?*

Die Personalpronomen

5. Geben Sie jeweils die Alternative zum unterstrichenen Satzteil an.*

assaggiare – *probieren, kosten*
trasferirsi – *(um)ziehen*
spiegare – *erklären*
presentare – *vorstellen*

a) Quando ci vieni a prendere? — Quando vieni a prenderci?
b) Le posso telefonare stasera? — Posso telefonarle stasera?
c) Ne posso assaggiare...? — Posso assaggiarne un po'?
d) Ci dobbiamo vedere stasera. — Dobbiamo vederci stasera.
e) C. si deve trasferire a R. — Carlo deve trasferirsi a Roma.
f) Mi vorrei scusare per ieri sera. — Vorrei scusarmi...
g) Al cinema non ci voglio andare. — Non voglio andarci.
h) Vi vorrei presentare... — Vorrei presentarvi un mio collega.
i) Non ti so spiegare niente. — Purtroppo non so spiegarti niente.

6. Übersetzen Sie, bitte.***

a) Ich entschuldige mich.
Mi scuso.

b) Kann ich Ihnen helfen, Frau Nuti?
Posso aiutarLa...

c) Ich rufe ihn morgen an.
Gli telefono domani.

d) Ich schicke euch eine Mail.
Vi mando un e-mail

e) Ich danke Ihnen, Herr Carli.
La ringrazio...

f) Ich warte auf Sie, Frau Lanzi.
L'aspetto, s. Lanzi

7. Ergänzen Sie die Dialoge mit den passenden Doppelpronomen.*

ve lo
me li
glieli
glielo
ce lo

a) + Hai detto a Mario che partiamo tra una settimana?
~ No, glielo dirò stasera.

b) + Ho comprato dei bellissimi stivali.
~ Ah sì? Me li fai vedere?

c) + Mamma, non ci prepari mai il tiramisù, quando ce lo prepari ? ~ Se volete ve lo faccio sabato.

d) + Signora, sono arrivati dei bellissimi vestiti estivi; glieli faccio vedere? ~ Sì, volentieri.

Das Präsens

1. Was machst du heute Abend? Schaust du das Fußballspiel an? 2. Nein, ich gehe ins Theater; ich habe eine Eintrittskarte für die Vorstellung von Dario Fo.

Die italienischen Verben lassen sich auf Grund der Endung ihres Infinitivs in drei Konjugationen einteilen:

Infinitiv	
guard**are**	1. Konjugation oder Verben auf **-are**,
prend**ere**	2. Konjugation oder Verben auf **-ere**,
dorm**ire**	3. Konjugation oder Verben auf **-ire**.

Die meisten Verben auf **-are** und **-ire** sind regelmäßig.

Man unterscheidet dabei zwischen regelmäßigen und unregelmäßigen Verben.

Infinitiv	**(io)**	
guardare **prend**ere **dorm**ire	**guard**o **prend**o **dorm**o	Beim Konjugieren bleibt der Verbstamm, z. B. **guard-**, **prend-**, **dorm-**, der regelmäßigen Verben unverändert.
andare **usc**ire	**vad**o **esc**o	Bei den unregelmäßigen Verben hingegen verändert er sich.

guardare – *schauen*
prendere – *nehmen*
dormire – *schlafen*
andare – *gehen*
uscire – *(hin)ausgehen*

Das Präsens der regelmäßigen Verben

La domenica **guardo** la televisione, **leggo** un po' e **pulisco** la casa.

Sonntags sehe ich fern, lese ein bisschen und putze die Wohnung.

Tipp! Die Betonung der 3. Person Mehrzahl ist nicht einfach! Üben Sie diese, indem Sie jeweils zuerst die 1. Person Einzahl aussprechen und gleich darauf die 3. Person Mehrzahl.

guardo ▶ guardano
prendo ▶ prendono
dormo ▶ dormono

1. Verben auf -are, -ere und -ire

Verben auf -are

	guard**are**
(io)	guard**o**
(tu)	guard**i**
(lui/lei/Lei)	guard**a**
(noi)	guard**iamo**
(voi)	guard**ate**
(loro)	guard**ano**

Das Präsens der regelmäßigen Verben auf -**are** bilden Sie, indem Sie die Endungen der einzelnen Personen -**o**, -**i**, -**a**,-**iamo**, -**ate** und -**ano** an den jeweiligen Verbstamm, z. B. **guard**-, anhängen.

Verben auf -ere

	prend**ere**
(io)	prend**o**
(tu)	prend**i**
(lui/lei/Lei)	prend**e**
(noi)	prend**iamo**
(voi)	prend**ete**
(loro)	prend**ono**

Bei den regelmäßigen Verben auf -**ere** lauten die Endungen der einzelnen Personen -**o**, -**i**, -**e**, -**iamo**, -**ete** und -**ono**. Sie werden an den jeweiligen Verbstamm, z. B. **prend**-, angehängt.

Haben Sie bemerkt, dass die Verbformen der drei Konjugationen sich nur in der 3. Person Einzahl und in der 2. und 3. Person Mehrzahl voneinander unterscheiden?

Verben auf -ire ohne Stammerweiterung

	dorm**ire**
(io)	dorm**o**
(tu)	dorm**i**
(lui/lei/Lei)	dorm**e**
(noi)	dorm**iamo**
(voi)	dorm**ite**
(loro)	dorm**ono**

Die regelmäßigen Verben auf -**ire** konjugieren Sie, indem Sie die Endungen der einzelnen Personen -**o**, -**i**, -**e**, -**iamo**, -**ite** und -**ono** an den entsprechenden Verbstamm, z. B. **dorm**-, anhängen.

Verben auf -ire mit Stammerweiterung

	capi**re**
(io)	capi**sc**o
(tu)	capi**sc**i
(lui/lei/Lei)	capi**sc**e
(noi)	capiamo
(voi)	capite
(loro)	capi**sc**ono

Bei nahezu 500 Verben auf **-ire** werden die Endungen des Präsens an den erweiterten Verbstamm **-isc-**, z. B. **cap-** + **-isc-** ▸ **capisc-** angehängt. Nur die 1. und 2. Person Mehrzahl, d. h. **noi** und **voi**, sind davon ausgenommen.

Tipp! Welche Verben zu dieser Gruppe gehören, müssen Sie auswendig lernen. Merken Sie sich deshalb neben dem Infinitiv immer auch die 1. Person Einzahl (**io**)!

Die wichtigsten Verben auf **-ire** mit Stammerweiterung sind:

abolire	*(abschaffen)*	impedire	*(hindern)*
abortire	*(abtreiben)*	preferire	*(vorziehen)*
agire	*(handeln)*	proibire	*(verbieten)*
capire	*(verstehen)*	pulire	*(putzen)*
chiarire	*(klarstellen)*	punire	*(bestrafen)*
colpire	*(treffen)*	reagire	*(reagieren)*
contribuire	*(beitragen)*	restituire	*(zurückgeben)*
costruire	*(bauen)*	riferire	*(berichten)*
definire	*(definieren)*	smentire	*(widerrufen)*
digerire	*(verdauen)*	sostituire	*(ersetzen)*
distribuire	*(verteilen)*	sparire	*(verschwinden)*
fallire	*(scheitern)*	spedire	*(schicken)*
favorire	*(begünstigen)*	subire	*(erleiden)*
ferire	*(verletzen)*	suggerire	*(einflüstern)*
finire	*(beenden)*	tossire	*(husten)*
fornire	*(liefern)*	tradire	*(verraten)*
gestire	*(leiten, führen)*	ubbidire	*(gehorchen)*
guarire	*(heilen)*	unire	*(verbinden)*

2. Besonderheiten

Verben auf -care und -gare

	gio**care**	pa**gare**
(io)	gioco	pago
(tu)	gio**ch**i	pa**gh**i
(lui/lei/Lei)	gioca	paga
(noi)	gio**ch**iamo	pa**gh**iamo
(voi)	giocate	pagate
(loro)	giocano	pagano

Damit die Aussprache von **-c-** bzw. von **-g-** durch alle Personen hindurch [k] bzw. [g] bleibt, haben die Verben auf **-care** bzw. **-gare** ein **-h-** vor der 2. Person Einzahl (**tu**) und vor der 1. Person Mehrzahl (**noi**).

giocare – *spielen*
pagare – *bezahlen*

Verben auf -iare

	stud**iare**
(io)	studio
(tu)	st<u>u</u>d**i**
(lui/lei/Lei)	studia
(noi)	stud**i**amo
(voi)	studiate
(loro)	studiano

Die Verben auf -**iare** haben in der Regel in der 2. Person Einzahl (**tu**) und in der 1. Person Mehrzahl (**noi**) nur ein -**i**.

studiare – *studieren*
sciare – *Ski laufen*

	sc**iare**
(io)	scio
(tu)	sc**ii**
(lui/lei/Lei)	scia
(noi)	sc**i**amo
(voi)	sciate
(loro)	sciano

Nur wenige Verben auf -**iare** haben wie **sciare** in der 2. Person Einzahl zwei -**i**. Sie behalten das betonte -**i**- des Verbstammes bei.

Folgende Verben werden wie **sciare** konjugiert:
avviare *(in Gang setzen, beginnen)*, **deviare** *(abweichen, ablenken)*, **espiare** *(sühnen)*, **inviare** *(schicken)*, **rinviare** *(zurückschicken)* und **spiare** *(spionieren)*.

Verben auf -(s)cere und -gere

conoscere – *kennen*
leggere – *lesen*
vincere – *gewinnen*

	cono**scere**	leg**gere**
(io)	conosco [k]	leggo [g]
(tu)	conosci	leggi
(lui/lei/Lei)	conosce	legge
(noi)	conosciamo	leggiamo
(voi)	conoscete	leggete
(loro)	conoscono [k]	leggono [g]

Bei den Verben auf -**(s)cere**, z. B. **conoscere** oder **vincere**, und -**gere**, z. B. **leggere**, wird die Aussprache von -**c**- und -**g**- durch den nachfolgenden Vokal bestimmt. Sie ändert sich also bei der 1. Person Einzahl (**io**) sowie bei der 3. Person Mehrzahl (**loro**) und lautet [k] bzw. [g].

Das Präsens der unregelmäßigen Verben

1 Io **vado** al cinema, tu cosa **fai?**

2 Io **rimango** a casa, non **ho** voglia di uscire.

1. Ich gehe ins Kino, was machst du? 2. Ich bleibe zu Hause, ich habe keine Lust auszugehen.

Es gibt eine ganze Reihe unregelmäßiger Verben. Viele davon gehören zum Grundwortschatz und lassen sich in Gruppen zusammenfassen.

1. Sehr häufig benutzte Verben

Einige unregelmäßige Verben werden sehr oft gebraucht. Dazu gehören:

	essere	**avere**
(io)	sono	ho
(tu)	sei	hai
(lui/lei/Lei)	è	ha
(noi)	siamo	abbiamo
(voi)	siete	avete
(loro)	sono	hanno

Verwechseln Sie nicht **è** (mit Akzent) und **e** (ohne Akzent).
è = *er/sie/es ist*
e = *und*

Essere ist durch alle Personen hindurch unregelmäßig.
Bei **avere** ist nur die Verbform **avete** regelmäßig.

	dovere	**potere**	**volere**	**sapere**
(io)	devo	posso	voglio	so
(tu)	devi	puoi	vuoi	sai
(lui/lei/Lei)	deve	può	vuole	sa
(noi)	dobbiamo	possiamo	vogliamo	sappiamo
(voi)	dovete	potete	volete	sapete
(loro)	devono	possono	vogliono	sanno

dovere – *müssen, sollen*
potere – *können*
volere – *wollen*
sapere – *wissen, können*

Die 2. Person Mehrzahl ist bei allen vier Verben regelmäßig.

! Verwechseln Sie bitte nicht die Verbform **dà** (mit Akzent) mit der Präposition **da** (ohne Akzent).

	andare	**dare**	**fare**	**stare**
(io)	vado	do	faccio	sto
(tu)	vai	dai	fai	stai
(lui/lei/Lei)	va	dà	fa	sta
(noi)	andiamo	diamo	facciamo	stiamo
(voi)	andate	date	fate	state
(loro)	vanno	danno	fanno	stanno

Andare, dare, fare und **stare** sind die einzigen unregelmäßigen Verben auf **-are.**

	dire	**uscire**	**venire**
(io)	dico	esco	vengo
(tu)	dici	esci	vieni
(lui/lei/Lei)	dice	esce	viene
(noi)	diciamo	usciamo	veniamo
(voi)	dite	uscite	venite
(loro)	dicono	escono	vengono

contraddire – *widersprechen*
disdire – *absagen*
ridire – *wieder sagen*
riuscire – *gelingen*
avvenire – *geschehen*
convenire – *sich lohnen, sich einigen*
prevenire – *Bescheid sagen*
svenire – *ohnmächtig werden*
trarre – *hervornehmen, entnehmen*

Dire, **uscire** und **venire** gehören zu den wenigen Verben auf **-ire,** die unregelmäßig konjugiert werden. Eine ganze Reihe von Verben, die mit ihnen verwandt sind, haben dasselbe Konjugationsmuster:

dire ▸ **contraddire, disdire** und **ridire**
uscire ▸ **riuscire**
venire ▸ **avvenire, convenire, intervenire, prevenire** und **svenire**

2. Verben auf -arre, -urre und -orre

	trarre
(io)	traggo
(tu)	trai
(lui/lei/Lei)	trae
(noi)	traiamo
(voi)	traete
(loro)	traggono

Ebenso wie **trarre** werden konjugiert:

attrarre *(verlocken)*, **contrarre** *(zusammenziehen)*, **distrarre** *(ablenken)*, **protrarre** *(hinausziehen)*.

	produrre	Wie **produrre** werden behandelt:
(io)	produco	**condurre** *(führen)*,
(tu)	produci	**introdurre** *(einführen)*,
(lui/lei/Lei)	produce	**sedurre** *(verführen)* und
(noi)	produciamo	**tradurre** *(übersetzen)*.
(voi)	producete	
(loro)	producono	

produrre – *produzieren*

	porre	Nach dem Muster von **porre** werden konjugiert:
(io)	pongo	**esporre** *(ausstellen)*,
(tu)	poni	**imporre** *(aufzwingen)*,
(lui/lei/Lei)	pone	**opporre** *(entgegensetzen)*
(noi)	poniamo	und **proporre** *(vorschlagen)*.
(voi)	ponete	
(loro)	pongono	

porre – *stellen, legen*

3. Verben auf -gliere

	scegliere	Zwei Unregelmäßigkeiten weisen diese Verben auf: In der 1. Person Einzahl (**io**) und in der 3. Person Mehrzahl (**loro**) endet der Stamm auf -**lg**-. In der 2. Person Einzahl (**tu**) und in der 1. Person Mehrzahl (**noi**) fällt das -**i**- des Stammes weg.
(io)	sce**lg**o	
(tu)	sce**gli**	
(lui/lei/Lei)	sceglie	
(noi)	sce**gl**iamo	
(voi)	scegliete	
(loro)	sce**lg**ono	

scegliere – *(aus)wählen*

Zu dieser Gruppe gehören u. a.: **accogliere** *(empfangen)*, **cogliere** *(pflücken, wahrnehmen)*, **raccogliere** *(aufheben, sammeln)*, **sciogliere** *(lösen, losmachen)* und **togliere** *(entfernen, ausziehen)*.

4. Verben mit Verdoppelung von -c-

	piacere	Dieselbe Unregelmäßigkeit weisen auf:
(io)	pia**cc**io	**compiacere** *(gefällig sein)*,
(tu)	piaci	**dispiacere** *(Leid tun, missfallen)* und **tacere** *(schweigen, verschweigen)*.
(lui/lei/Lei)	piace	
(noi)	pia**cc**iamo	
(voi)	piacete	
(loro)	pia**cc**iono	

piacere – *gefallen*

5. Verben mit Unregelmäßigkeiten bei der 1. Person Einzahl und der 3. Person Mehrzahl

Verben auf -ere

rimanere – *bleiben*
spegnere – *ausmachen, löschen*
valere – *wert sein*

	rimanere	spegnere	valere
(io)	rima**ng**o	spe**ng**o	va**lg**o
(tu)	rimani	spegni	vali
(lui/lei/Lei)	rimane	spegne	vale
(noi)	rimaniamo	spegniamo	valiamo
(voi)	rimanete	spegnete	valete
(loro)	rima**ng**ono	spe**ng**ono	va**lg**ono

Man konjugiert:
- wie **rimanere**: **permanere** *(andauern)*.
- wie **valere** u. a.: **equivalere** *(entsprechen)*, **prevalere** *(überwiegen)*.

Verben auf -ire

apparire – *erscheinen*
salire – *hinaufgehen, einsteigen*

	apparire	salire
(io)	app**ai**o	sa**lg**o
(tu)	appari	sali
(lui/lei/Lei)	appare	sale
(noi)	appariamo	saliamo
(voi)	apparite	salite
(loro)	app**ai**ono	sa**lg**ono

Man konjugiert:
- wie **apparire**, z. B.: **comparire** *(erscheinen)*, **disparire** *(verschwinden)*, **scomparire** *(verschwinden)*, **trasparire** *(durchscheinen, durchschimmern)*.
- wie **salire**: **assalire** *(überfallen)*, **risalire** *(wieder hinaufsteigen)*.

6. Weitere unregelmäßige Verben

	bere	**morire**	**sedere**	**tenere**
(io)	bevo	muoio	siedo	tengo
(tu)	bevi	muori	siedi	tieni
(lui/lei/Lei)	beve	muore	siede	tiene
(noi)	beviamo	moriamo	sediamo	teniamo
(voi)	bevete	morite	sedete	tenete
(loro)	bevono	muoiono	siedono	tengono

Wie **sedere** wird **possedere** *(besitzen)* konjugiert und wie **tenere** konjugiert man u. a.: **appartenere** *(gehören)*, **contenere** *(enthalten)*, **intrattenere** *(unterhalten)*, **mantenere** *(wahren, halten)*, **ottenere** *(erlangen)*, **trattenere** *(zurückhalten)*.

Gebrauch

Oggi **fa** molto caldo. Chi non **deve** uscire **rimane** chiuso in casa.

Wie im Deutschen verwendet man das Präsens bei Vorgängen und Zuständen, die im Moment des Sprechens aktuell sind.

A mezzogiorno **non torno mai** a casa.
Il lunedì **esco** sempre con le mie amiche.

Das Präsens wird auch bei Gewohnheiten gebraucht, ...

L'Africa **è** un continente.

... bei zeitunabhängigen Tatsachen ...

Domani devo alzarmi presto.
Fra due giorni iniziano le vacanze.
La settimana prossima è il compleanno di mio padre.

... und bei Geschehnissen, die in einer nahen Zukunft liegen, wenn die Zukunft durch eine Zeitangabe verdeutlicht wird.

fa caldo – *es ist heiß*
il lunedì – *montags*
fra due giorni – *in zwei Tagen*
la settimana prossima – *nächste Woche*

Das Präsens

1. Welche Präsensformen kommen in den Sätzen vor? Ordnen Sie sie dem passenden Personalpronomen zu.*

a) Che cosa cercate?

b) Tutti dicono che Elio è un bravo ragazzo.

c) Perché non leggi mai il giornale?

d) A tavola bevo volentieri un po' di vino.

e) Mi tieni un momento la borsetta, per favore?

f) Chi vuole ancora una fetta di dolce?

g) A che ora parte il treno?

h) La sera non mangiamo mai prima delle otto.

io	bevo	noi	mangiamo
tu	leggi, tieni	voi	cercate
lui/lei/Lei	vuole, part	loro	dicono

2. Wie lauten die anderen Formen folgender Verben?*

	avere	dare	essere	sapere
(io)	ho	do	sono	so
(tu)	hai	dai	sei	sai
(lui/lei/Lei)	ha	da	è	sa
(noi)	abbiamo	diamo	siamo	sappiamo
(voi)	avete	date	siete	sapete
(loro)	hanno	danno	sono	sanno

3. Ergänzen Sie den Text mit den Verben in der jeweils passenden Form.*

~ Noi questo fine settimana andiamo (andare) tutti via. Io vado (andare) a Bologna, Carlo va (andare) a Torino e i bambini vanno (andare) in montagna con degli amici. E voi cosa fate (fare)? andate (andare) via anche voi?

\+ No, noi rimaniamo (rimanere) qui.

4. Wenn Sie die Buchstaben in die richtige Reihenfolge setzen, erhalten Sie jeweils die Verbform eines der angegebenen Verben. Schreiben Sie auch den Infinitiv auf.**

~~rimanere~~ · produrre · spegnere · tenere · scegliere · salire · piacere · volere

a) o a i g m n r — rimango — rimanere
b) n n p g s o e o — spengono — spegere
c) o o a s l g n — salgono — salire
d) i e e n t — tiene — tenere
e) t n n g o o e — tengono — tenere
f) o i o a i c p c n — piacciono — piacere
g) i o o o l g v n — vogliono — volere
h) o o e g l c n s — scelgono — sceglicre
i) e u o c p d r — produce — piocuce

5. Vervollständigen Sie den Text mit der passenden Verbform.*

a) Io in estate vado (andare) sempre dai miei nonni.
b) stanno (loro – stare) in una vecchia casa vicino al mare.
c) La mattina dormo (io – dormire) fino a tardi, faccio (io – fare) colazione e poi vado (io – andare) in spiaggia.
d) Lì incontro (io – incontrare) i miei amici.
e) Qualche volta rimaniamo (noi – rimanere) in spiaggia e giochiamo (noi – giocare) a pallavolo, chiacchieriamo (noi – chiacchierare), andiamo (noi – andare) a fare il bagno o non facciamo (noi – fare) assolutamente niente.
f) Certe volte invece decidiamo (noi – decidere) di andare a giocare a calcetto nel bar del paese.
g) Quando sono (io – essere) stanco preferisco (io – preferire) stare a casa: leggo (io – leggere) un po', o guardo (io – guardare) la televisione.
h) La sera esco (io – uscire) sempre. Purtroppo a mezzanotte devo (io – dovere) essere di nuovo a casa.

la pallavolo – *der Volleyball*
chiacchierare – *schwatzen*
il calcetto – *der Tischfußball*

Das Passato prossimo

1. Also, wie ist es gestern Abend gelaufen? 2. Gut, es war ein schöner Abend. Zuerst sind wir ins Kino gegangen und dann in die Pizzeria. Wir haben viel geredet; ich bin spät nach Hause gekommen.

! Das **Passato prossimo** wird in vielen Fällen anders verwendet als das deutsche Perfekt.

Die Bildung des Passato Prossimo

Das **Passato prossimo** ist eine Zeit der Vergangenheit. Man bildet es mit dem Präsens von **avere** oder **essere** und dem Partizip Perfekt des jeweiligen Hauptverbs.

1. Das Passato prossimo mit avere

	lavorare		
(io)	**ho**	lavorat**o**	Wenn das **Passato prossimo** mit **avere** gebildet wird, bleibt das Partizip unverändert. Es endet dann immer auf **-o**.
(tu)	**hai**	lavorat**o**	
(lui/lei/Lei)	**ha**	lavorat**o**	
(noi)	**abbiamo**	lavorat**o**	
(voi)	**avete**	lavorat**o**	
(loro)	**hanno**	lavorat**o**	

+ Hai incontrato **Gianni,** vero? ~ Sì, **l'**ho incontrat**o** ieri. + Hai fatto **i compiti**? ~ No, non **li** ho fatt**i.** + Avete mangiato **la pizza?** ~ Sì, **l'**abbiamo mangiat**a.** + Hai visto **le tue amiche?** ~ No, non **le** ho vist**e.** + Avete fatto **delle foto**? ~ Sì, **ne** abbiamo fatt**e** molte.	Das mit **avere** gebildete **Passato prossimo** verändert sich aber, wenn ein direktes Objekt in Form der direkten Objektpronomen **lo, la, li, le** oder **ne** vor dem Hilfsverb steht. Das Partizip Perfekt richtet sich dann in Geschlecht und Zahl nach dem direkten Objekt(pronomen).

+ **Anna**, ma perché Gianni non **ti** ha salutat**o**/salutat**a**? ~ **Perché** mi ha già vist**o**/vist**a** mezz'ora fa.	Bei den direkten Objektpronomen **mi, ti, ci** und **vi** ist die Übereinstimmung fakultativ.	mezz'ora fa – *vor einer halben Stunde*

2. Das Passato prossimo mit essere

arrivare			
(io)	**sono**	arrivat**o**, **-a**	Wenn das **Passato prossimo** mit **essere** konjugiert wird, dann richtet sich das Partizip Perfekt in Geschlecht und Zahl nach dem Subjekt.
(tu)	**sei**	arrivat**o**, **-a**	
(lui/lei/Lei)	**è**	arrivat**o**, **-a**	
(noi)	**siamo**	arrivat**i**, **-e**	
(voi)	**siete**	arrivat**i**, **-e**	
(loro)	**sono**	arrivat**i**, **-e**	

	Das Partizip Perfekt endet:	
Il fax è arrivat**o**.	auf **-o** in der männlichen Einzahl,	
Rita è arrivat**a**.	auf **-a** in der weiblichen Einzahl,	
I clienti sono arrivat**i**.	auf **-i** in der männlichen Mehrzahl,	
Le cartoline sono arrivat**e**.	auf **-e** in der weiblichen Mehrzahl.	la cartolina – *die Ansichtskarte*
Fabio è andat**o** a Berlino. **Rita** è andat**a** a Berlino. **Fabio e Rita** sono andat**i** a Berlino.	Wenn das Subjekt aus mehreren Personen oder Sachen verschiedenen Geschlechts besteht, dann endet das Partizip auf **-i.**	

Die Bildung des Partizip Perfekts

1. Das regelmäßige Partizip Perfekt

Das regelmäßige Partizip Perfekt bilden Sie, indem Sie anstelle der jeweiligen Infinitivendung folgende Endungen verwenden:

and**are**	▸ and**ato**	**-ato** bei den Verben auf **-are,**
av**ere**	▸ av**uto**	**-uto** bei den Verben auf **-ere,**
dorm**ire** cap**ire**	▸ dorm**ito** ▸ cap**ito**	**-ito** bei den Verben auf **-ire.**

cono**scere** ▸ cono**sciuto** cre**scere** ▸ cre**sciuto** pia**cere** ▸ pia**ciuto**		Die Verben auf -**(s)cere**, die ein regelmäßiges Partizip haben, bilden es auf -**iuto**.
attr**arre**	▸ attr**atto**	Die Verben auf -**arre** bilden das Partizip Perfekt auf -**atto**.
prod**urre**	▸ prod**otto**	Bei den Verben auf -**urre** lautet die Endung des Partizip Perfekts -**otto**.
prop**orre**	▸ prop**osto**	Bei den Verben auf -**orre** endet das Partizip Perfekt auf -**osto**.

2. Die wichtigsten unregelmäßigen Partizipien

accendere	▸ **acceso**	nascere	▸ **nato**
accorgersi	▸ **accorto**	offrire	▸ **offerto**
apparire	▸ **apparso**	perdere	▸ **perso**
aprire	▸ **aperto**	prendere	▸ **preso**
bere	▸ **bevuto**	ridere	▸ **riso**
chiedere	▸ **chiesto**	rimanere	▸ **rimasto**
chiudere	▸ **chiuso**	risolvere	▸ **risolto**
cogliere	▸ **colto**	rispondere	▸ **risposto**
concedere	▸ **concesso**	rompere	▸ **rotto**
correre	▸ **corso**	scegliere	▸ **scelto**
decidere	▸ **deciso**	scendere	▸ **sceso**
dire	▸ **detto**	scrivere	▸ **scritto**
dirigere	▸ **diretto**	spegnere	▸ **spento**
discutere	▸ **discusso**	spendere	▸ **speso**
escludere	▸ **escluso**	succedere	▸ **successo**
essere	▸ **stato**	togliere	▸ **tolto**
fare	▸ **fatto**	valere	▸ **valso**
insistere	▸ **insistito**	vedere	▸ **visto**
leggere	▸ **letto**	venire	▸ **venuto**
mettere	▸ **messo**	vincere	▸ **vinto**
morire	▸ **morto**	vivere	▸ **vissuto**
muovere	▸ **mosso**		

Es ist wichtig zu wissen, dass Verben, die sich aus einer Vorsilbe, z. B. **ac-**, und einem Grundverb, z. B. **cogliere**, zu **accogliere** zusammensetzen, das Partizip Perfekt wie das Grundverb bilden, z. B. **cogliere** ▸ **colto**, **accogliere** ▸ **accolto**.

Einige weitere Beispiele sind:

dire	▶ **detto**	contraddire disdire	▶ **contraddetto** ▶ **disdetto**
mettere	▶ **messo**	promettere trasmettere	▶ **promesso** ▶ **trasmesso**
venire	▶ **venuto**	convenire intervenire	▶ **convenuto** ▶ **intervenuto**

Wann bildet man das Passato prossimo mit avere und wann mit essere?

Meistens entspricht der Gebrauch von **avere** und **essere** der Anwendung von *haben* und *sein* beim deutschen Perfekt.

Ieri **ho invitato** alcuni amici a cena. **Sono venuti** verso le otto. **Abbiamo preso** un aperitivo e poi **siamo andati** a tavola.

Gestern habe ich einige Freunde zum Abendessen eingeladen. Sie sind gegen acht Uhr gekommen. Wir haben einen Aperitiv genommen und dann sind wir zu Tisch gegangen.

1. Wann bildet man das Passato prossimo mit essere?

Entsprechend dem Deutschen bilden die Verben, die kein direktes Objekt haben, das **Passato prossimo** im Allgemeinen mit **essere**. Dazu gehören:

Siamo stati in montagna. Pia e Rosa **sono diventate** amiche. La risposta di Carlo mi **è** sembrata strana. I vicini **sono partiti** per gli Stati Uniti. **Siamo usciti** senza ombrello.	**apparire, essere, diventare, rimanere, sembrare, stare** und die meisten Verben der Bewegung, z. B. andare, cadere, partire, uscire

Anders als im Deutschen müssen Sie auch in folgenden Fällen das **Passato prossimo** mit **essere** bilden:

Ci siamo divertiti moltissimo.	bei reflexiven Verben.
I panini **sono bastati.** Quant'**è costata** la cena di ieri? Ci **è dispiaciuto** molto. **È durato** a lungo lo spettacolo? Il tuo consiglio non mi **è servito.**	bei den Verben **bastare**, **costare**, **dispiacere**, **durare**, **esistere**, **mancare**, **parere** **piacere**, **sembrare**, **servire**, **valere**

diventare – *werden*
sembrare – *scheinen*
strano – *seltsam*
l'ombrello – *der Schirm*
bastare – *genügen*
dispiacere – *Leid tun*
durare – *dauern*
mancare – *fehlen*
parere – *scheinen*
servire – *nützen*

Orazio musste / wollte zurückkehren + dovere + volere (wenn Infin. folgt, der das Pass. pross. mit essere gebildet wird)
O. è voluto / è dovuto tornare...

In der Umgangssprache wird allerdings oft das Hilfsverb **avere** genommen:
Ho dovuto rimanere.
Non ho potuto partire.
Ha voluto venire.

Siamo dovuti rimanere a casa. (siamo rimasti) Non **siamo potuti partire.** (siamo partiti) **È voluta venire** da sola. (è venuta) **Ho voluto invitare** i colleghi. (ho invitato)	bei **dovere, potere** und **volere,** wenn ihnen ein Verb im Infinitiv folgt, welches das **Passato prossimo** mit **essere** bildet. Ansonsten bilden Sie das **Passato prossimo** mit **avere.**
È bastato lasciare un messaggio.	bei unpersönlichen Verben.

Bei Verben, die atmosphärische Erscheinungen beschreiben, können Sie das **Passato prossimo** mit **essere** oder mit **avere** bilden, z. B.:

▸ **Unpersönliche Verben und Ausdrücke,** S. 166

È piovuto.	**Ha piovuto.**	*Es hat geregnet.*
È nevicato.	**Ha nevicato.**	*Es hat geschneit.*

Sie nehmen aber **avere** bei den atmosphärischen Erscheinungen, die mit **fare** ausgedrückt werden, z. B.:

Ha fatto molto **caldo.**	*Es ist sehr heiß gewesen.*
Stanotte **ha fatto** molto **freddo.**	*Heute Nacht ist es sehr kalt gewesen.*
Ha fatto bel tempo.	*Es ist schönes Wetter gewesen.*

2. Wann bildet man das Passato prossimo mit avere?

Entsprechend dem Deutschen bilden alle Verben, die ein direktes Objekt haben, das **Passato prossimo** mit **avere**.

Abbiamo noleggiato una macchina.
Abbiamo visitato Ferrara e Mantova.

noleggiare – *mieten*
camminare – *gehen, laufen*
nuotare – *schwimmen*
passeggiare – *spazieren*
sciare – *Skilaufen*
viaggiare – *reisen*
marciare – *marschieren*

Im Gegensatz zum Deutschen wird das **Passato prossimo** bei Verben der Bewegungsart mit **avere** gebildet. Dazu gehören:

Abbiamo camminato per due ore almeno. **Ho nuotato** nel lago. Dopo cena **ho passeggiato** lungo il fiume. **Ho sciato** tutto il pomeriggio. Mio nonno **ha viaggiato** molto.	**camminare**, **marciare**, **nuotare**, **passeggiare**, **sciare** und **viaggiare**.
Ho corso sotto la pioggia. Non **ho** ancora mai **volato.**	Die Verben **correre** und **volare** haben als Hilfsverb **avere,** wenn weder Ausgangspunkt noch Ziel der Bewegung angegeben sind.

Sono corsa a casa al più presto. **Siamo volati** ad Amburgo.	Ansonsten bilden Sie das Passato prossimo mit **essere**.

correre – *rennen*
volare – *fliegen*

Einige Verben bilden das **Passato prossimo** mit **avere**, wenn ihnen ein direktes Objekt oder die Präposition **a** bzw. **di** + Infinitiv folgt. ansonsten bilden sie es mit **essere.** Die Bedeutung des Verbs kann sich dabei ändern:

Ho cambiato dei soldi.	*wechseln*
Carla **è cambiata.**	*sich verändern*
Abbiamo cominciato una nuova lezione.	*beginnen (mit)*
Ho cominciato a dipingere.	*beginnen mit*
Il film **è** già **cominciato.**	*beginnen, anfangen*
Ho finito la traduzione.	*beenden*
Ho finito di scrivere	*fertig werden mit*
È finito lo spettacolo?	*fertig sein, zu Ende sein*

Gebrauch

Sabato scorso **siamo andati** a giocare a golf.

Das **Passato prossimo** wird verwendet um über einmalige Handlungen und Ereignisse in der Vergangenheit zu berichten, ...

sabato scorso – *letzten Samstag*
andare a prendere qu – *jdn abholen*

Dopo il lavoro **ho fatto** prima la spesa, poi **sono andata** a prendere la bambina e l'**ho portata** dal parrucchiere.

... um mehrere aufeinander folgende und jeweils abgeschlossene Handlungen und Ereignisse in der Vergangenheit wiederzugeben, ...

Ho fatto la patente tanti anni fa.
Mio padre **è andato** in pensione nel 1978.
Ho conosciuto mia moglie nell'estate del 1969.

... um über Handlungen und Ereignisse zu erzählen, deren Bedeutung in der Gegenwart anhält bzw. Auswirkungen auf die Gegenwart hat.

Neben dem **Passato prossimo** hat das Italienische eine weitere wichtige Vergangenheitszeit, das **Imperfetto.** Einiges Vergangene kann erst mit Hilfe des **Passato prossimo** und des **Imperfetto** korrekt erzählt werden.

▶ **Das Imperfetto**, S. 98

Das Passato prossimo

1. Ergänzen Sie die fehlenden Formen des **Passato prossimo**.*

lavorare	partire	capire	sapere
ho lavorato	sono partito	ho capito	ho saputo
hai lavorato	**sei partito, -a**	hai capito	hai saputo
ha lavorato	è partito	ha capito	**ha saputo**
abbiamo lavorato	siamo partiti	abbiamo capito	abbiamo saputo
avete lavorato	siete partiti	avete capito	avete saputo
hanno lavorato	sono partito	**hanno capito**	hanno saputo

2. Welches Partizip gehört zu welchem Infinitiv? Ordnen Sie zu.*

dovuto	messo	vissuto	risposto	venuto	visto
rimasto	~~proposto~~	rotto	promesso	deciso	mosso

a)	proporre	rispondere	muovere	vedere
	proposto	risposto	mosso	visto
b)	rompere	dovere	decidere	mettere
	rotto	dovuto	deciso	~~mett~~ messo
c)	venire	promettere	vivere	rimanere
	venuto	promesso	visto	rimasto

3. Vervollständigen Sie das jeweilige Partizip Perfekt mit der jeweils passenden Endung **-o**, **-a**, **-i** oder **-e**.*

il regalo – *das Geschenk*
da tempo – *seit langem*
la traduzione – *die Übersetzung*
l'errore – *der Fehler*

a) + Hai già comprat_o_ i regali di Natale?
~ Certo, li ho già comprat_i_ da tempo.

b) + Bravo, hai fatt_o_ un' ottima traduzione!
~ L'ho fatt_a_ bene veramente?
+ Come no, ho trovat_o_ solo due o tre errori.

c) + Che buone queste paste! Da chi le hai pres_e_?
~ Le ho comprat_e_ da Rossi.

4. Wie lautet bei diesen Verben die 1. Person Einzahl des **Passato prossimo**?**

a)	dire	conoscere	aprire	disdire
	ho detto	ho conosciuto	~~ho aprito~~ aperto	ho disdetto
b)	essere	produrre	bere	chiedere
	sono stato	ho prodotto	ho bevuto	ho chiesto
c)	discutere	offrire	leggere	nascere
	ho discusso	ho offerto	ho letto	~~ho nascosto~~ sono nato

5. Setzen Sie die Sätze ins **Passato prossimo**.**

	Oggi	Ieri
a)	Pia va in città.	Pia è andata in città.
b)	Pia compra un paio di scarpe.	Pia ha comprato un paio di scarpe.
c)	Le scarpe costano molto.	Le scarpe ~~hanno~~ sono costate molto.
d)	I soldi non bastano.	I soldi non sono bastati
e)	Deve pagare con la carta di credito.	Ho dovuto pagare con la carta di credito
f)	Paola e Maria escono alle 8.	Paola e Maria sono uscite alle 8.
g)	Rosa e Enzo vanno al bar.	R. e E. sono andati al bar.
h)	Gino e Elena mangiano in ufficio.	G. e E. hanno mangiato in ufficio
i)	Orazio va al cinema.	Orazio è andato al cinema
j)	Il film comincia alle 7.30 e finisce alle 8.	Il film è cominciato alle 7.30 e è finito alle 8.
k)	Il film gli piace.	Il film gli è piaciuto.
l)	Dopo il film Orazio deve tornare subito a casa.	Dopo il film O. ~~ha~~ è dovuto tornare subito a casa.
m)	Fa molto caldo.	Ha fatto molto caldo.
n)	Chiara non vuole uscire.	Chiara non ~~ha~~ è voluta a uscire.

un paio di scarpe – *ein Paar Schuhe*

Auch das **Imperfetto** ist eine Zeit der Vergangenheit.

Das Imperfetto

Als wir in Turin lebten, wohnten wir in einer Wohnung am Po. Es war eine schöne Wohnung mit einer langen Diele, in der ich gerne spielte.

Bildung

Die meisten Verben sind im **Imperfetto** regelmäßig. Sie sind leicht zu lernen.

1. Die regelmäßigen Verben

Verben auf -are

	abit**are**
(io)	abit**avo**
(tu)	abit**avi**
(lui/lei/Lei)	abit**ava**
(noi)	abit**avamo**
(voi)	abit**avate**
(loro)	abit**avano**

Das **Imperfetto** der Verben auf -**are** bilden Sie, indem Sie die **Imperfetto**-Endungen der einzelnen Personen -**avo**, -**avi**, -**ava**, -**avamo**, -**avate** und -**avano** an den Verbstamm anhängen.

Tipp! Die Betonung der 3. Person Mehrzahl können sie üben, indem sie zuerst die 1. Person Einzahl sagen und dann gleich darauf die 3. Person Mehrzahl. Die Betonung bleibt auf derselben Silbe:
abitavo ▶ abitavano
avevo ▶ avevano
dormivo ▶ dormivano

Verben auf -ere

	av**ere**
(io)	av**evo**
(tu)	av**evi**
(lui/lei/Lei)	av**eva**
(noi)	av**evamo**
(voi)	av**evate**
(loro)	av**evano**

Bei den Verben auf -**ere** lauten die **Imperfetto**-Endungen für die einzelnen Personen -**evo**, -**evi**, -**eva**, -**evamo**, -**evate** und -**evano.** Auch sie werden an den Verbstamm angehängt.

Verben auf -ire

	dormi**re**
(io)	dormi**vo**
(tu)	dormi**vi**
(lui/lei/Lei)	dormi**va**
(noi)	dormi**vamo**
(voi)	dormi**vate**
(loro)	dormi**vano**

Auch bei den Verben auf -**ire** hängen Sie die **Imperfetto**-Endungen -**ivo,** -**ivi,** -**iva,** -**ivamo,** -**ivate** und -**ivano** an den Verbstamm an.

2. Die unregelmäßigen Verben

	essere
(io)	**ero**
(tu)	**eri**
(lui/lei/Lei)	**era**
(noi)	**eravamo**
(voi)	**eravate**
(loro)	**erano**

Das Verb **essere** ist innerhalb der unregelmäßigen Verben ein Einzelfall, da es völlig unregelmäßig ist.

	dire	**fare**	**bere**
(io)	**dic**evo	**fac**evo	**bev**evo
(tu)	**dic**evi	**fac**evi	**bev**evi
(lui/lei/Lei)	**dic**eva	**fac**eva	**bev**eva
(noi)	**dic**evamo	**fac**evamo	**bev**evamo
(voi)	**dic**evate	**fac**evate	**bev**evate
(loro)	**dic**evano	**fac**evano	**bev**evano

Die restlichen Verben mit unregelmäßigem **Imperfetto** lassen sich leicht erlernen:
Sie nehmen die Imperfektendungen der Verben auf -**ere**, also -**evo,** -**evi,** -**eva,** -**evamo**, -**evate** und -**evano,** und hängen sie an den erweiterten Verbstamm an.

Trarre, porre und **produrre** dienen als Muster für die weiteren Verben auf **-arre, -orre** und **-urre.**

	trarre	porre	produrre
(io)	**tra**evo	**pon**evo	**produc**evo
(tu)	**tra**evi	**pon**evi	**produc**evi
(lui/lei/Lei)	**tra**eva	**pon**eva	**produc**eva
(noi)	**tra**evamo	**pon**evamo	**produc**evamo
(voi)	**tra**evate	**pon**evate	**produc**evate
(loro)	**tra**evano	**pon**evano	**produc**evano

Bei den Verben auf **-arre** hängen Sie die Endungen des **Imperfetto** direkt an das **-a-** des Verbstamms an. Bei **porre** und **produrre** werden die **Imperfetto**-Endungen an einen veränderten Stamm angehängt.

Gebrauch

Quando ancora non **esisteva** il telefonino, raggiungere una persona **poteva** essere difficile, e chi non **era** a casa, se **voleva** telefonare, **doveva** cercare un bar o una cabina telefonica.
Una volta **c'erano** meno divorzi.

Mit dem **Imperfetto** beschreiben Sie frühere Zustände und Situationen, ...

Ezio **era** un bell'uomo. **Era** alto e snello e **aveva** dei bellissimi capelli neri. **Era** anche molto gentile e simpatico.

... Personen und Sachen, wie sie einmal waren, ...

Quando **andavo** a scuola **mi alzavo** sempre tardi, **mi** lavavo e **mi vestivo** in fretta e **correvo** a scuola.

... ehemalige Gewohnheiten und regelmäßig sich wiederholende Handlungen in der Vergangenheit ...

Ieri sera, mentre io **studiavo,** gli altri **guardavano** la televisione.

... und zwei gleichzeitig verlaufende Handlungen in der Vergangenheit.

Scusi, **volevo** solo un'informazione.

Mit dem **Imperfetto** können Sie auch Anliegen vorbringen ...

+ Andiamo al cinema, stasera? ~ Mah, **pensavo** di rimanere a casa.

... sowie Einwände höflich ausdrücken.

il telefonino – *das Handy*
raggiungere – *erreichen*
il divorzio – *die Scheidung*
snello – *schlank*
in fretta – *schnell*

Passato prossimo oder Imperfetto?

Erano le tre di notte, **dormivamo** tutti tranquillamente, quando un tuono fortissimo ci **ha svegliati**.

Es war drei Uhr nachts, wir schliefen alle friedlich, als ein sehr lauter Donnerschlag uns weckte.

Imperfetto und **Passato prossimo** sind in ihrem Gebrauch verschieden.

Erano le tre di notte, **dormivamo** tutti tranquillamente,	Das **Imperfetto** antwortet auf die Frage: „Was war als etwas geschah?“. Es gibt die Begleitumstände eines Ereignisses in der Vergangenheit wieder.
quando un tuono fortissimo ci **ha svegliati**.	Das **Passato prossimo** hingegen erzählt das Ereignis selbst und gibt Antwort auf die Frage: „Was geschah?“. Es ist die Haupterzählzeit der Vergangenheit.

Es gibt Fälle, in denen sowohl das **Imperfetto** als auch das **Passato prossimo** verwendet werden können. Allerdings haben sie dann jeweils eine andere Bedeutung:

Quando mi **vedeva** mi **salutava**.	Das **Imperfetto** drückt aus, dass das Geschehen gewohnheitsmäßig war: **quando** = *jedesmal wenn*.
Quando mi **ha visto** mi **ha salutato**.	Das **Passato prossimo** hingegen sagt aus, dass es sich um zwei einmalige Handlungen handelte: **quando** = *als*.
	Das **Imperfetto** gibt einen Zustand in der Vergangenheit an:
Ieri **avevo** mal di testa.	Die Kopfschmerzen dauerten vielleicht den ganzen Tag.
Nel 1998 **abitavo** a Forlì.	Ich wohnte das ganze Jahr über und vielleicht auch die Jahre davor und danach in Forlì.

	Das **Passato prossimo** grenzt das vergangene Geschehen ab:
Ieri **ho avuto** mal di testa. Nel 1998 **ho abitato** a Forlì.	Die Kopfschmerzen kamen und verschwanden. Ich wohnte nur einen Teil des Jahres oder das ganze Jahr in Forlì, aber nicht davor und nicht danach.
Ieri **ho avuto** mal di testa **tutto il giorno.** **Dal** 1992 **al** 1999 **ho abitato** a Forlì. **Ho camminato per tre ore.**	Sobald Anfang und/oder Ende des Geschehens durch eine Zeitangabe genau abgegrenzt sind, z. B. **tutto il giorno, da ... a ..., per ... ore,** muss das **Passato prossimo** stehen.

per tre ore – *drei Stunden lang*

Nach **mentre** (*während*) folgt das **Imperfetto**. Bei den weiteren Handlungen kann sowohl das **Imperfetto** als auch das **Passato prossimo** stehen. Dabei kommt es zu Bedeutungsunterschieden hinsichtlich der Zeitdauer der Handlungen:

Mentre tu **dormivi**, Giulio **telefonava.** Mentre la madre **preparava** la cena, il padre **leggeva** e i bambini **giocavano.** Mentre **aspettavo** il tuo ritorno, **fumavo** una sigaretta dopo l'altra.	Wenn die weitere(n) Handlung(en) im **Imperfetto** steht/stehen, dann verlief(en) sie alle gleichzeitig. Die Dauer der verschiedenen Handlungen ist dabei unbestimmt.
Mentre tu **dormivi**, Giulio **ha** telefonato. Mentre **aspettavo** il tuo ritorno, **ho acceso** una sigaretta.	Steht/stehen die weitere(n) Handlung(en) im **Passato prossimo**, dann ging(en) diese zu Ende, bevor die erste Handlung aufhörte.

Einige Verben und Ausdrücke haben eine unterschiedliche Bedeutung, je nachdem, ob sie im **Imperfetto** oder im **Passato prossimo** stehen:

sapere:	
Non **sapevo** niente. **Ho saputo** che ti sei sposato.	***Ich wusste** nichts.* ***Ich habe erfahren**, dass du geheiratet hast.*
conoscere:	
Non **conoscevo** nessuno. **Ho conosciuto** tanta gente.	***Ich kannte** niemanden.* ***Ich habe** viele Leute **kennen gelernt**.*
aver paura:	
Avevo paura. Quando l'ho visto **ho avuto paura.**	***Ich hatte Angst**.* *Als ich ihn sah, **bekam ich Angst.***

Das Imperfetto

1. Wie lautet das **Imperfetto** folgender Verben?*

	stare	sapere	partire	capire
(io)	**stavo**	sapevo	partivo	capivo
(tu)	stavi	sapevi	partivi	capivi
(lui/lei/Lei)	stava	sapeva	partiva	capiva
(noi)	stavamo	sapevamo	partivamo	capivamo
(voi)	stavate	sapevate	partivate	capivate
(loro)	stavano	sapevano	partivano	capivano

2. Ottavio erzählt von seiner Jugend. Ergänzen Sie den Text mit den passenden Formen des **Imperfetto**.*

a) Quando avevo (io – avere) quindici anni, mi piacevano (piacere) molto i Beatles. b) compravo (comprare) tutti i loro dischi e quando tornavo (tornare) da scuola, invece di studiare ascoltavo (ascoltare) un disco dopo l'altro. c) I miei genitori naturalmente erano (essere) molto preoccupati, perché non studiavo (studiare) abbastanza e infatti non ero (essere) certamente il migliore della classe.

il disco – *die Schallplatte*
preoccupato – *besorgt*

3. Silvia erzählt von ihrer Schulzeit. Ergänzen Sie den Text mit der jeweils passenden Form des **Passato prossimo** oder des **Imperfetto**.**

a) Io a scuola non ero (essere) brava. b). Studiare proprio non mi piaceva (piacere). c) La materia che detestavo (detestare) di più era (essere) matematica. d) In 2ª liceo è arrivato (arrivare) un nuovo professore di matematica, il professor Malvasi. e) Era (essere) abbastanza severo, ma a me piaceva (piacere) molto e così ho cominciato (cominciare) a studiare e in poco tempo, in matematica, sono diventata (diventare) una delle migliori.

la materia – *das (Schul)fach*
detestare – *verabscheuen*
severo – *streng*

Das Passato remoto

Manzoni **nacque** a Milano nel 1785. Nel 1805 **si trasferì** a Parigi, dove **rimase** fino al 1810. **Morì** nel 1873.

Manzoni wurde 1785 in Mailand geboren. 1805 zog er nach Paris, wo er bis 1810 blieb. Er starb 1873.

Das **Passato remoto** ist eine Zeit der Vergangenheit, die oft in literarischen Texten, geschichtlichen Darstellungen und Biografien vorkommt. Für Sie ist es vor allem wichtig, die Formen des **Passato remoto** zu erkennen.

Bildung

1. Die regelmäßigen Verben

Verben auf -are

	and**are**
(io)	and**ai**
(tu)	and**asti**
(lui/lei/Lei)	and**ò**
(noi)	and**ammo**
(voi)	and**aste**
(loro)	and**arono**

Die meisten Verben auf -**are** haben ein regelmäßiges **Passato remoto.** Sie bilden es, indem Sie die Endungen der einzelnen Personen **-ai, -asti**, -**ò**, -**ammo**, -**aste** und -**arono** an den Verbstamm anhängen.

Verben auf -ere

	cred**ere**
(io)	cred**ei/etti**
(tu)	cred**esti**
(lui/lei/Lei)	cred**é/ette**
(noi)	cred**emmo**
(voi)	cred**este**
(loro)	cred**erono/ettero**

Bei der regelmäßigen Bildung hängt man die Endungen der einzelnen Personen -**ei**, -**esti**, -**é**, -**emmo**, -**este** und -**erono** an den Verbstamm an. Die 1. und 3. Person Einzahl haben neben der Kurzform eine Langform: -**etti**, -**ette** und -**ettero**.

Es gibt nur wenige Verben auf -**ere** mit regelmäßigem **Passato remoto**!

Verben auf -ire

	fin**ire**
(io)	fin**ii**
(tu)	fin**isti**
(lui/lei/Lei)	fin**ì**
(noi)	fin**immo**
(voi)	fin**iste**
(loro)	fin**irono**

Die meisten Verben auf -**ire** haben ein regelmäßiges **Passato remoto**. Die Endungen der einzelnen Personen -**ii**, -**isti**, -**ì**, -**immo**, -**iste** und -**irono** werden an den Verbstamm angehängt.

2. Die unregelmäßigen Verben

Verben mit drei unregelmäßigen Formen

Tipp! Bei den Verben mit drei unregelmäßigen Formen genügt es, wenn Sie sich die 3. Person Einzahl merken. Die anderen Formen können Sie ableiten, z. B.:
(lui/lei/Lei) acces**e**
▶ (io) acces**i**
▶ (loro) acces**ero**

	avere	venire
(io)	**ebbi**	**venni**
(tu)	avesti	venisti
(lui/lei/Lei)	**ebbe**	**venne**
(noi)	avemmo	venimmo
(voi)	aveste	veniste
(loro)	**ebbero**	**vennero**

Für fast alle Verben mit unregelmäßigem **Passato remoto** gilt: Unregelmäßig sind nur die 1. und 3. Person Einzahl sowie die 3. Person Mehrzahl. Bei diesen Personen ist jeweils nur der Stamm, z. B. **ebb**- oder **venn-**, unregelmäßig. Die 1. Person Einzahl endet dann immer auf -**i**, die 3. Person Einzahl auf -**e** und die 3. Person Mehrzahl auf -**ero**.

Die wichtigsten Verben mit drei unregelmäßigen Formen

Infinitiv	lui/lei/Lei	Infinitiv	lui/lei/Lei
accendere	**accese**	piovere	**piovve**
accorgersi	**si accorse**	prendere	**prese**
bere	**bevve**	ridere	**rise**
cadere	**cadde**	rimanere	**rimase**
chiedere	**chiese**	risolvere	**risolse**
chiudere	**chiuse**	rispondere	**rispose**
cogliere	**colse**	rompere	**ruppe**
concedere	**concesse**	sapere	**seppe**
conoscere	**conobbe**	scegliere	**scelse**
correre	**corse**	scendere	**scese**
crescere	**crebbe**	scrivere	**scrisse**
decidere	**decise**	spegnere	**spense**
dirigere	**diresse**	spendere	**spese**
discutere	**discusse**	succedere	**successe**
escludere	**escluse**	tacere	**tacque**
leggere	**lesse**	tenere	**tenne**
mettere	**mise**	togliere	**tolse**
muovere	**mosse**	vedere	**vide**
nascere	**nacque**	vincere	**vinse**
perdere	**perse**	vivere	**visse**
piacere	**piacque**	volere	**volle**

Verben mit ganz unregelmäßigem Passato remoto

Zu den Verben mit ganz unregelmäßigem **Passato remoto** gehören die sehr häufig verwendeten Verben **dare**, **fare**, **stare**, **essere** und **dire**.

	dare	fare	stare
(io)	diedi/detti	feci	stetti
(tu)	desti	facesti	stesti
(lui/lei/Lei)	diede/dette	fece	stette
(noi)	demmo	facemmo	stemmo
(voi)	deste	faceste	steste
(loro)	diedero/dettero	fecero	stettero

Verwandte Verben werden gleich konjugiert, so bildet z. B. **rifare** das **Passato remoto** wie **fare**, **mantenere** wie **tenere** und **accogliere** wie **cogliere.**

	essere	dire
(io)	fui	dissi
(tu)	fosti	dicesti
(lui/lei/Lei)	fu	disse
(noi)	fummo	dicemmo
(voi)	foste	diceste
(loro)	furono	dissero

Ganz unregelmäßig sind außerdem **trarre, porre** und **produrre.**

	trarre	porre	produrre
(io)	trassi	posi	produssi
(tu)	traesti	ponesti	producesti
(lui/lei/Lei)	trasse	pose	produsse
(noi)	traemmo	ponemmo	producemmo
(voi)	traeste	poneste	produceste
(loro)	trassero	posero	produssero

Trarre, **porre** und **produrre** dienen als Muster für die weiteren Verben auf -**arre**, -**orre** und -**urre**.

Gebrauch

Das **Passato remoto** wird vorwiegend in der geschriebenen Sprache verwendet. In der gesprochenen Sprache ist es hauptsächlich in Süd- und Mittelitalien zu hören. Vor allem in Norditalien wird anstelle des **Passato remoto** das **Passato prossimo** gebraucht.

Alessandro Manzoni **si sposò** nel 1808.

Das **Passato remoto** schildert einen einmaligen abgeschlossenen Vorgang in der Vergangenheit ...

Giacomo Puccini **nacque** a Lucca nel 1858. Nel 1880 **si trasferì** a Milano dove **frequentò** il conservatorio. Il primo successo di Puccini **fu** «Manon Lescaut» (1893). **Seguirono** poi le opere «La Bohème», «Tosca» e «Madame Butterfly».

... sowie mehrere aufeinander folgende und jeweils abgeschlossene Vorgänge in der Vergangenheit.

Im Zusammenspiel mit dem **Imperfetto** hat das **Passato remoto** dieselben Funktionen wie das **Passato prossimo:**

Toni faceva il panettiere in una panetteria vicino a Milano. Nella stessa panetteria **lavorava** anche una bella ragazza. Toni **era** innamorato di lei e, per conquistarla, ogni giorno **sperimentava** nuove ricette che poi **dava** alla ragazza. Un giorno **mise** del burro nella solita pagnotta che **diventò** più morbida e gustosa.

Das **Imperfetto** beschreibt z. B. Situationen, Zustände und Begleitumstände eines Geschehens sowie Gewohnheiten in der Vergangenheit.
Das Passato remoto erzählt die einzelnen Ereignisse, die das Geschehen selbst ausmachten. Es dient als Erzählzeit der Vergangenheit.

Allerdings kann das **Passato remoto** auch mit dem **Passato prossimo** in Zeitungsartikeln oder in der gesprochenen Sprache vorkommen:

Quando il film «Ladri di biciclette» **uscì** nel 1948, non **piacque** al pubblico e **restò** pochissimo nelle sale di prima visione.

Handlungen und Vorgänge, die weit in der Vergangenheit zurückliegen und keinen Bezug mehr zur Gegenwart haben, werden mit dem **Passato remoto** wiedergegeben.

sposarsi – *heiraten*
il successo – *der Erfolg*
il panettiere – *der Bäcker*
la panetteria – *die Bäckerei*
conquistare – *erobern*
sperimentare – *ausprobieren*
la ricetta – *das Rezept*
solito – *gewohnt, üblich*
la pagnotta – *der Brotlaib*
morbido – *geschmeidig, weich*
gustoso – *schmackhaft*
la prima visione – *die Uraufführung*

Nel frattempo «Ladri di biciclette» **è diventato** uno dei film più importanti nella storia del cinema italiano.

Ist bei einem Ereignis in der Vergangenheit der Bezug zur Gegenwart vorhanden oder hat es für die Gegenwart eine Bedeutung, so benutzt man das **Passato prossimo.**

Das Passato remoto

1. Ergänzen Sie die drei Konjugationen mit den passenden Verbformen.*

dormisti – dovette – doveste – pagarono – dormii – dormì – pagasti
dovemmo – pagò – pagaste – dormiste – pagammo – dovettero
dormimmo – dovetti

	pagare	dovere	dormire
(io)	**pagai**	dovetti	dormii
(tu)	pagasti	**dovesti**	dormisti
(lui/lei/Lei)	pagò	dovette	dormì
(noi)	pagammo	dovemmo	dormimmo
(voi)	pagaste	doveste	dormiste
(loro)	~~pagarno~~ pagarono	dovettero	**dormirono**

2. Schreiben Sie die Formen des **Passato remoto** auf und geben Sie den Infinitiv des entsprechenden Verbs an.**

la casa editrice – *der Verlag*
lo scrittore – *der Schriftsteller*
condannare – *verurteilen*
il confino – *die Verbannung*
il diario – *das Tagebuch*

Cesare Pavese nacque nel 1908 a Santo Stefano Belbo, un paese delle Langhe. Studiò e si laureò a Torino. Dopo gli studi cominciò a lavorare per la casa editrice Einaudi e tradusse scrittori inglesi e americani. Nel 1935 venne condannato al confino in Calabria a causa delle sue attività antifasciste; lì scrisse «Il mestiere di vivere», una specie di diario che fu pubblicato nel 1952, due anni dopo la sua morte. Dopo il suo ritorno a Torino pubblicò altri libri, ma il successo definitivo arrivò con «La luna e i falò», nel 1950. Nell'agosto dello stesso anno, in un albergo di Torino, Pavese si tolse la vita.

nacque	studiò	si laureò
nascere	studiare	laurearsi
cominciò	tradusse	venne
cominciare	tradurre	venire
scrisse	pubblicò	arrivò
scrivere	pubblicare	arrivare
si tolse		
togliersi		

3. Ordnen Sie folgende Formen des **Passato remoto** ihrem Infinitiv zu.*

presero – crebbi – discusse – lessi – scese – successero – furono
piovve – si accorsero – venne – ebbe – vollero – corse – chiusero
vinsi – videro – persi – conobbe – chiese – misero

a)	chiedere	chiese	discutere	discusse
b)	chiudere	chiusero	conoscere	conosse
c)	crescere	cressi	avere	esse
d)	correre	corse	essere	furono
e)	perdere	persi	succedere	successero
f)	prendere	presero	accorgersi	si accorsero
g)	mettere	misero	scendere	scese
h)	piovere	piovve	vedere	videro
i)	leggere	lessi	vincere	vinsi
k)	volere	vollero	venire	venne

4. Krizia ist eine bekannte italienische Designerin. Folgender Text berichtet von ihrem Werdegang als Modemacherin. Wann muss das **Passato remoto** verwendet werden, wann das **Imperfetto**? Markieren Sie die jeweils passende Verbform.***

Tipp! Denken Sie daran, dass im Zusammenspiel mit dem **Imperfetto** das **Passato remoto** dieselben Funktionen hat wie das **Passato prossimo**.

Da bambina fece / faceva i vestiti alle bambole. Disegnò / disegnava modellini e poi li realizzò / realizzava. A 18 anni prese / prendeva il diploma d'insegnante e cominciò / cominciava a lavorare.

Tutti i giorni quando tornò / tornava a casa da scuola riempì / riempiva una valigia con le gonne e i golfini che aveva inventato e li andò / andava a vendere nei negozi della sua città. Nel 1953 si trasferì / si trasferiva a Milano e iniziò / iniziava un giro d'affari. Poi comprò / comprava l'appartamento di un amico e aprì / apriva il suo primo laboratorio. Investì / investiva tutti i soldi che ebbe / aveva per comprare due macchine da cucire, un tavolone e delle stoffe e si mise / si metteva a produrre. «Krizia» nacque / nasceva così.

la bambola – *die Puppe*
riempire – *füllen*
inventare – *erfinden*
il giro d'affari – *der Umsatz*
la macchina da cucire – *die Nähmaschine*
il tavolone – *der große Tisch*
la stoffa – *der Stoff*

Das **Trapassato prossimo** entspricht dem deutschen Plusquamperfekt.

Das Trapassato prossimo

1. Konntest du mit Elio sprechen? 2. Nein, als ich ankam, war er schon weggegangen.

Bildung

Das **Trapassato prossimo** bilden Sie mit dem **Imperfetto** von **essere** oder **avere** und dem Partizip Perfekt des jeweiligen Hauptverbs.

	prendere	
(io)	**avevo**	pres**o**
(tu)	**avevi**	pres**o**
(lui/lei/Lei)	**aveva**	pres**o**
(noi)	**avevamo**	pres**o**
(voi)	**avevate**	pres**o**
(loro)	**avevano**	pres**o**

Wenn das **Trapassato prossimo** mit **avere** gebildet wird, bleibt das Partizip Perfekt unverändert. Es endet dann immer auf -**o**.

	uscire	
(io)	**ero**	uscit**o, -a**
(tu)	**eri**	uscit**o, -a**
(lui/lei/Lei)	**era**	uscit**o, -a**
(noi)	**eravamo**	uscit**i, -e**
(voi)	**eravate**	uscit**i, -e**
(loro)	**erano**	uscit**i, -e**

Wird es hingegen mit **essere** gebildet, dann richtet sich das Partizip Perfekt in Geschlecht und Zahl nach dem Subjekt.

	Das Partizip Perfekt endet auf:
Elio era uscit**o**. **Laura** era uscit**a**. **I figli** erano uscit**i**. **Laura e sua sorella** erano uscit**e**.	-**o** in der männlichen Einzahl, -**a** in der weiblichen Einzahl, -**i** in der männlichen Mehrzahl, -**e** in der weiblichen Mehrzahl.

Wenn Sie die Bildung des **Passato prossimo** beherrschen, dann wissen Sie nun auch schon, wann das **Trapassato prossimo** mit **avere** und wann mit **essere** gebildet wird. Die Regeln sind nämlich dieselben.

▸ **Das Passato prossimo**, S. 93

Gebrauch

Avevo dimenticato di chiudere il finestrino e quando sono tornato, la macchina era vuota.

Eravamo stanchi morti perché **avevamo camminato** tutto il giorno.

Mit dem **Trapassato prossimo** drücken Sie – wie mit dem deutschen Plusquamperfekt – aus, dass ein Geschehen in der Vergangenheit vor einem anderen Ereignis oder Zustand in der Vergangenheit stattgefunden hat.

Ti ricordi quel ragazzo americano che ti **avevo presentato** tempo fa?

Das **Trapassato prossimo** kann auch in Verbindung mit dem Präsens benutzt werden. In diesem Fall drückt man damit aus, dass das Geschehen weit zurückliegt.

vuoto – *leer*
stanco morto – *todmüde*
presentare qu – *jdn vorstellen*

Das Trapassato prossimo

erano tornati
erano tornate
era tornato
era tornata

1. Vervollständigen Sie die Sätze mit der jeweils passenden Form des **Trapassato prossimo.***

a) Simona era stanca perché era tornata a casa tardi.

b) I miei genitori erano stanchi perché erano tornati a casa tardi.

c) Giancarlo era stanco perché era tornato a casa tardi.

d) Silvia e Luisa erano stanche erano tornate a casa tardi.

2. Frau Brezzo war einige Tage weg. Wie es bei ihrer Rückkehr zu Hause aussah, können Sie im Folgenden lesen und mit den Verben in der passenden Form des **Trapassato prossimo** ergänzen.*

litigare – *streiten*
cadere – *fallen*
rompere – *zerbrechen*
il braccio fasciato – *der verbundene Arm*

a) Anna aveva la tosse perché era uscita (uscire) senza giacca e aveva preso (prendere) freddo.

b) Andrea e Simona piangevano perché avevano litigato (litigare)

c) La nonna aveva il braccio fasciato perché era caduta (cadere) e si era fatta (farsi) male.

d) Il marito era stanco morto perché aveva lavorato (lavorare) fino a tardi tutti i giorni.

e) In cucina c'era una montagna di piatti sporchi perché nessuno li aveva lavati (lavare) e nell'entrata mancava il bel vaso cinese perché qualcuno lo aveva rotto (rompere).

f) Socrate, il cane, invece era tutto contento perché sul tavolo della cucina aveva trovato (trovare) un bell'arrosto di vitello.

3. Welche Vergangenheitszeiten enthält der Text? Tragen Sie sie in die passenden Spalten ein.**

scappare – *fliehen, entlaufen*

Fufù è un gatto che era scappato da casa otto anni fa. Ma ieri ha ritrovato il posto dove aveva vissuto per sei mesi e così è ritornato

dalla sua padrona, la signora Maria. Questa ha riconosciuto subito il suo gatto perché aveva un taglio alla coda e gli mancavano due denti.

La signora Maria racconta che Fufù sparì perché non sopportava un cane che stava nella stessa casa e che a gennaio scorso, però è morto.

Passato prossimo	Imperfetto	Trapassato prossimo	Passato remoto
____________	____________	____________	____________
____________	____________	____________	____________
____________	____________	____________	____________
____________	____________	____________	____________

4. Setzen Sie die jeweils passende Verbform ein. Verwenden Sie dabei das **Passato prossimo**, das **Imperfetto** oder das **Trapassato prossimo**.***

a) La settimana scorsa ________________(essere) terribile per Claudia. b) Lunedì mattina ________________ (perdere) il portafoglio con tutti i documenti. c) Probabilmente ________________ (succedere) mentre ________________ (correre) per prendere la metropolitana. d) Martedì ________________ (arrivare) in ufficio in ritardo, perché non ________________ (sentire) la sveglia. e) Giovedì sera ________________ (andare) in palestra e lì, mentre ________________ (fare) la doccia, qualcuno le ________________ (rubare) la sua giacca di pelle. f) Venerdì, mentre ________________ (andare) da un cliente che abita fuori città, ________________ (rimanere) ferma in piena campagna, perché ________________ (dimenticare) di fare benzina. g) Sabato mattina, mentre ________________ (tornare) a casa dalla spesa non ________________ (vedere) un gradino ed ________________ (cadere). h) Naturalmente la bottiglia d'olio che ________________ (comprare) al mercato ________________ (rompersi).

la sveglia – *der Wecker*
rubare – *stehlen*

il gradino – *die Stufe*

Das Futur I ist leicht zu lernen. Die Endungen lauten immer: -**ò**, -**ai**, -**à**, -**emo**, -**ete** und -**anno**.

Das Futur I

1. Also, was wird geschehen? 2. Die ersten Maitage werden nicht einfach sein, aber gegen Mitte des Monats wird sich alles ändern und Sie werden für Ihre Probleme eine Lösung finden.

Bildung

1. Die Verben mit regelmäßigem Futur I

Verben auf -are, -ere und -ire

	trov**are**	mett**ere**	cap**ire**
(io)	trover**ò**	metter**ò**	capir**ò**
(tu)	trover**ai**	metter**ai**	capir**ai**
(lui/lei/Lei)	trover**à**	metter**à**	capir**à**
(noi)	trover**emo**	metter**emo**	capir**emo**
(voi)	trover**ete**	metter**ete**	capir**ete**
(loro)	trover**anno**	metter**anno**	capir**anno**

Bei den Verben mit regelmäßigem Futur hängen Sie die Futurendungen anstelle der Infinitivendung **-e** an. Bei den Verben auf -**are** wird das -**a**- der Endung -**are** zu -**e**-.

dare, fare und stare

dare ▸ **darò** **fare** ▸ **farò** **stare** ▸ **starò**	Anders als die restlichen Verben auf -**are,** behalten **dare, fare** und **stare** das -**a**- bei.

Verben auf -care und -gare

	cer**care**	pa**gare**
(io)	cer**ch**erò	pa**gh**erò
(tu)	cer**ch**erai	pa**gh**erai
(lui/lei/Lei)	cer**ch**erà	pa**gh**erà
(noi)	cer**ch**eremo	pa**gh**eremo
(voi)	cer**ch**erete	pa**gh**erete
(loro)	cer**ch**eranno	pa**gh**eranno

Um die Aussprache von -**c**- und -**g**- des Infinitivs bei allen Personen beizubehalten, wird bei Verben auf -**care** und -**gare** ein -**h**- eingefügt.

Verben auf -sciare, -ciare und -giare

	la**sciare**	ba**ciare**	man**giare**
(io)	la**sce**rò	ba**ce**rò	man**ge**rò
(tu)	la**sce**rai	ba**ce**rai	man**ge**rai
(lui/lei/Lei)	la**sce**rà	ba**ce**rà	man**ge**rà
(noi)	la**sce**remo	ba**ce**remo	man**ge**remo
(voi)	la**sce**rete	ba**ce**rete	man**ge**rete
(loro)	la**sce**ranno	ba**ce**ranno	man**ge**ranno

baciare – *küssen*
sciare – *Ski laufen*

Wie Sie sehen, entfällt bei den Verben auf -**sciare**, -**ciare** und -**giare** das -**i**- des Verbstammes.
Sciare behält aber das -**i**- bei, z. B. **scierò, scierai.**

2. Die Verben mit unregelmäßigem Futur I

	essere
(io)	**sar**ò
(tu)	**sar**ai
(lui/lei/Lei)	**sar**à
(noi)	**sar**emo
(voi)	**sar**ete
(loro)	**sar**anno

Bei **essere** hängen Sie die bekannten Futurendungen an den unregelmäßigen Stamm **sar**- an.

Verben mit verkürztem Verbstamm

Eine Reihe von Verben – es handelt sich meist um häufig verwendete Verben auf **-ere** – haben einen verkürzten Stamm. Die Futurendungen, die immer dieselben bleiben, werden an diesen verkürzten Stamm angehängt. So heißt z. B. das Futur von **andare: andrò**, **andrai, andrà**, **andremo, andrete**, **andranno**.

Infinitiv	Verkürzter Verbstamm	Endungen
andare	**andr**	
avere	**avr**	
bere	**berr**	
cadere	**cadr**	
dovere	**dovr**	
godere	**godr**	-ò
potere	**potr**	-ai
rimanere	**rimarr**	-à
sapere	**sapr**	-emo
tenere	**terr**	-ete
valere	**varr**	-anno
vedere	**vedr**	
venire	**verr**	
vivere	**vivr**	
volere	**vorr**	

mantenere – *erhalten*
contenere – *enthalten*
ottenere – *erreichen*
accadere – *geschehen*
convenire – *zusammenkommen, sich lohnen*
avvenire – *geschehen*

Denken sie daran, dass Verben, die ein anderes Verb enthalten, wie dieses konjugiert werden. So bilden z. B. **mantenere**, **contenere** und **ottenere** das Futur I wie **tenere**, während **accadere** es nach dem Muster von **cadere** bildet, **convenire** und **avvenire** wie **venire.**

Gebrauch

Domani **pioverà.**
Fra due anni **andrò** in pensione.
Un giorno mi **sposerò.**

la pensione – *die Rente*

Mit dem Futur I spricht man über Vorgänge und Zustände, die in der Zukunft liegen.

Domani rimango a casa tutto il giorno.
Morgen bleibe ich den ganzen Tag zu Hause.

Wie im Deutschen wird in der Umgangssprache für Vorgänge und Zustände, die in einer nahen Zukunft liegen, anstelle des Futur I oft das Präsens vorgezogen.

+ Che ora è? ~ **Saranno** le quattro.

Mit dem Futur I kann man außerdem Vermutungen zum Ausdruck bringen, ...

Avrai fame, penso.
Sarà vero quello che dice Pia?

... Unsicherheit und Zweifel ...

Non **partirete** senza il nostro permesso.

... Verbote und Befehle, ...

Ammetterai che ho ragione.

... oder auch abgeschwächte Aussagen.

Wenn eine Handlung unmittelbar bevorsteht, können Sie das mit der Wendung **stare per** + Infinitiv ausdrücken. **Stare** steht dann im Präsens:

Il treno **sta per partire**.
Der Zug ist im Begriff wegzufahren.

Stanno per arrivare gli ospiti.
Die Gäste werden gleich ankommen.

Sta per finire il vino.
Der Wein wird bald alle sein.

! Verwechseln Sie nicht **stare per** + Infinitiv mit **stare** + Gerundium.

Das Futur I

1. Schreiben Sie die Formen des Futur I folgender Verben auf.*

a) io – vedere ____________	f) io – ottenere ____________	k) io – lasciare ____________
b) tu – avere ____________	g) tu – bere ____________	l) tu – sapere ____________
c) lui – volere ____________	h) lui – cercare ____________	m) lui – mangiare ____________
d) noi – rimanere ____________	i) noi – dovere ____________	n) noi – fare ____________
e) loro – vivere ____________	j) voi – stare ____________	o) loro – pagare ____________

2. Ergänzen Sie die Dialoge, indem Sie die angegebenen Verben in die jeweils passende Person des Futur I setzen.**

a) + Tu quando ____________ (andare) in vacanza quest'estate?
~ Purtroppo non ____________ (potere) partire prima di settembre.

b) + Che progetti avete per le prossime vacanze?
~ Probabilmente ____________ (andare) in Sardegna come ogni anno e in settembre ____________ (fare) forse un viaggetto in Spagna.

il progetto – *der Plan*
il viaggetto – *die kleine Reise*
la fidanzata – *die Verlobte*

c) + Carlo e Luca ____________ (passare) il Natale con voi, immagino.
~ Luca sì, lui ____________ (venire) da noi. Carlo invece lo ____________ (passare) con i suoi futuri suoceri. Lui e la sua fidanzata ____________ (essere) però con noi a Capodanno.

d) + Il prossimo fine settimana Mariella ed io ____________ (essere) a Zurigo.
~ Ah, allora ____________ (potere) vedere la mostra su Leonardo da Vinci.

Das Futur II

1. Sobald ich das Abitur gemacht habe (gemacht haben werde), werde ich in die USA fliegen. 2. Du wirst mir hoffentlich schreiben. 3. Aber sicher, ich werde dir eine Mail schicken, sobald ich angekommen bin (angekommen sein werde).

Bildung

Das Futur II wird mit dem Futur I von **essere** oder **avere** und dem Partizip Perfekt des jeweiligen Hauptverbs gebildet.

	fare		
(io)	**avrò**	fatto	Wenn das Futur II mit **avere** gebildet wird, bleibt das Partizip Perfekt unverändert. Es endet dann immer auf -**o**.
(tu)	**avrai**	fatto	
(lui/lei/Lei)	**avrà**	fatto	
(noi)	**avremo**	fatto	
(voi)	**avrete**	fatto	
(loro)	**avranno**	fatto	

	uscire		
(io)	**sarò**	uscito, **-a**	Wird es hingegen mit **essere** gebildet, dann richtet sich das Partizip Perfekt wie ein Adjektiv in Geschlecht und Zahl nach dem Subjekt.
(tu)	**sarai**	uscito, **-a**	
(lui/lei/Lei)	**sarà**	uscito, **-a**	
(noi)	**saremo**	usciti, **-e**	
(voi)	**sarete**	usciti, **-e**	
(loro)	**saranno**	usciti, **-e**	

	Das Partizip Perfekt endet auf:
Elio sarà uscit**o.**	-**o** in der männlichen Einzahl,
Laura sarà uscit**a.**	-**a** in der weiblichen Einzahl,
I figli saranno uscit**i.**	-**i** in der männlichen Mehrzahl,
Le ragazze saranno uscit**e.**	-**e** in der weiblichen Mehrzahl.

▶ **Das Passato prossimo**, S. 90

Da das Futur II analog zum **Passato prossimo** gebildet wird, sind die Regeln zur Veränderlichkeit des Partizip Perfekts sowie der Gebrauch von **essere** und **avere** dieselben wie beim **Passato prossimo.**

Gebrauch

appena – *sobald*

Quando arriverai, **saremo** già **partiti.**
Appena mi **sarò trasferito** a Londra, studierò l'inglese.

Das Futur II drückt aus, dass eine zukünftige Handlung vor einer anderen zukünftigen Handlung geschehen wird.

Appena **mi trasferirò** a Londra, studierò l'inglese.
Quando **smetterà** di piovere, faremo una passeggiata.

Dasselbe Zeitverhältnis kann aber in vielen Fällen auch durch das Futur I ausgedrückt werden.

scappare – *fliehen, weglaufen*

A quest'ora Viola **sarà** già **arrivata** a casa e **avrà** anche già **mangiato,** penso.
Chissà dov'è il gatto; non **sarà scappato**, spero.

Mit dem Futur II kann man außerdem eine Vermutung, eine Unsicherheit oder einen Zweifel in Bezug auf einen zurückliegenden Vorgang äußern …

Fra un'ora **avrai scritto** la lettera, chiaro?!

… oder einen Befehl erteilen.

1. Ergänzen Sie die Sätze mit dem Futur II.**

a) Mi farò viva appena ____________________ (arrivare) a casa.

b) Partiremo quando ____________________(smettere) di nevicare.

c) Quando _________________ (fare) i compiti potrai andare a giocare.

d) Nina terrà il suo discorsetto appena _________________________ (arrivare) tutti gli ospiti.

e) Quando ________________ (io – rimettersi) farò una grande festa.

farsi vivo – *sich melden*
smettere – *aufhören*
il discorsetto – *die kleine Rede*
rimettersi – *gesund werden*

2. Futur I oder Futur II? Markieren Sie die jeweils passende Verbform.**

a) Quando avrò finito / finirò gli studi sarò partita / partirò per il Messico.

b) Quando sarai tornato / tornerai a casa avremo mangiato / mangeremo già da un pezzo.

da un pezzo – *seit geraumer Zeit, längst*

c) Dopo che sarai stato /sarai in Inghilterra parlerai /avrai parlato meglio l'inglese.

d) Ti avrò prestato/presterò il libro appena lo avrò letto / leggerò.

e) I miei genitori saranno rientrati / rientreranno in Italia appena mio padre sarà andato / andrà in pensione.

3. Warum fühlen sich die Damen nicht wohl? Formulieren Sie jeweils eine passende Vermutung, indem Sie die angegebenen Verben ins Futur II setzen.*

a) Luisa ha mal di testa. ___________________ (dormire) troppo poco.

b) La signora Monelli ha il raffreddore. ___________________ (uscire) senza cappotto e _________________________ (prendere) freddo.

c) Luca ha mal di stomaco. ____________________ (mangiare) troppo.

d) A Chiara bruciano gli occhi. ___________________ (lavorare) a lungo al computer.

bruciare – *brennen*

e) Gloria ha male a un ginocchio. _____________________ (fare) troppa aerobica.

Die meisten Verben bilden das Konditional regelmäßig.

Das Konditional I

Es wäre schön, jetzt am Meer zu sein.

Bildung

! Bitte beachten Sie, dass die 1. Person Mehrzahl im Futur I nur ein **-m-** hat, im Konditional I hingegen zwei:
trove**remo** (Futur I)
trove**remmo** (Konditional I)

Beim Konditional I sind die Endungen für alle Verben gleich: **-ei, -esti, -ebbe, -emmo, -este** und **-ebbero.** Der Stamm des Verbs ist jeweils derselbe wie beim Futur.

1. Verben mit regelmäßigem Konditional I

Verben auf -are, -ere und -ire

	trov**are**	mett**ere**	cap**ire**
(io)	trover**ei**	metter**ei**	capir**ei**
(tu)	trover**esti**	metter**esti**	capir**esti**
(lui/lei/Lei)	trover**ebbe**	metter**ebbe**	capir**ebbe**
(noi)	trover**emmo**	metter**emmo**	capir**emmo**
(voi)	trover**este**	metter**este**	capir**este**
(loro)	trover**ebbero**	metter**ebbero**	capir**ebbero**

Bei den Verben mit regelmäßigem Konditional hängen Sie die Konditionalendungen anstelle der Infinitivendung -**e** an. Bei den Verben auf -**are** wird das -**a**- der Endung -**are** zu -**e**-.

dare, fare und stare

dare ▸ **darei** **fare** ▸ **farei** **stare** ▸ **starei**	Anders als die restlichen Verben auf -**are,** behalten **dare, fare** und **stare** das -**a**- bei.

Verben auf -care und -gare

	cer**care**	pa**gare**
(io)	cer**ch**erei	pa**gh**erei
(tu)	cer**ch**eresti	pa**gh**eresti
(lui/lei/Lei)	cer**ch**erebbe	pa**gh**erebbe
(noi)	cer**ch**eremmo	pa**gh**eremmo
(voi)	cer**ch**ereste	pa**gh**ereste
(loro)	cer**ch**erebbero	pa**gh**erebbero

Um die Aussprache von -**c**- und -**g**- des Infinitivs bei allen Personen beizubehalten, wird bei Verben auf -**care** und -**gare** ein -**h**- eingefügt.

Verben auf -sciare, -ciare und -giare

	la**sciare**	ba**ciare**	man**giare**
(io)	la**sce**rei	ba**ce**rei	man**ge**rei
(tu)	la**sce**resti	ba**ce**resti	man**ge**resti
(lui/lei/Lei)	la**sce**rebbe	ba**ce**rebbe	man**ge**rebbe
(noi)	la**sce**remmo	ba**ce**remmo	man**ge**remmo
(voi)	la**sce**reste	ba**ce**reste	man**ge**reste
(loro)	la**sce**rebbero	ba**ce**rebbero	man**ge**rebbero

Bei den Verben auf -**sciare,** -**ciare** und -**giare** entfällt das -**i**- des Verbstammes.
Sciare behält aber das -**i**- bei, z. B. **scie**rei, **scie**resti.

2. Verben mit unregelmäßigem Konditional I

	essere	
(io)	**sar**ei	Bei **essere** hängen Sie die Konditionalendungen an den unregelmäßigen Stamm **sar**- an.
(tu)	**sar**esti	
(lui/lei/Lei)	**sar**ebbe	
(noi)	**sar**emmo	
(voi)	**sar**este	
(loro)	**sar**ebbero	

Verben mit verkürztem Verbstamm

Eine Reihe von Verben, es handelt sich meist um häufig benutzte Verben auf **-ere**, haben einen verkürzten Stamm. Die Konditionalendungen, die immer dieselben bleiben, werden an diesen verkürzten Stamm angehängt. So heißt z. B. das Konditional von **andare: andrei, andresti, andrebbe, andremmo, andreste, andrebbero**.

Die Endungen des Konditionals werden an denselben verkürzten Verbstamm angehängt wie die Endungen des Futur I.

Infinitiv	Verkürzter Verbstamm	Endungen
andare	**andr**	
avere	**avr**	
bere	**berr**	
cadere	**cadr**	
dovere	**dovr**	-ei
godere	**godr**	-esti
potere	**potr**	-ebbe
rimanere	**rimarr**	-emmo
sapere	**sapr**	-este
tenere	**terr**	-ebbero
valere	**varr**	
vedere	**vedr**	
venire	**verr**	
vivere	**vivr**	
volere	**vorr**	

Gebrauch

Vi **farebbe** bene uscire un po'.
In montagna **staresti** meglio.

Mit dem Konditional I drückt man aus, was sein oder geschehen könnte.

▸ **Der Bedingungssatz**, S. 208

Andrei al cinema se avessi tempo.

Es wird in Bedingungssätzen verwendet, und ...

Vorrei una camera tranquilla.
Ci **piacerebbe** andare al mare.
Che ne **diresti** di invitare Rosa?
Potresti chiudere la finestra?
Lei **dovrebbe** lavorare di meno.
Dovresti andare dal dentista.

… um Aussagen in abgeschwächter Form zu formulieren.
Wünsche, Vorschläge, Bitten, Ratschläge und Aufforderungen klingen im Konditional I höflicher als im Präsens bzw. im Imperativ.

Il quadro di Picasso **costerebbe** più di un milione di dollari.
Il ministro **sarebbe** disposto ad un colloquio con il sindacalista C.
Molti parlamentari **sarebbero** contrari alla nuova legge.

Vor allem in den Medien dient das Konditional I zur vorsichtigen Wiedergabe einer Nachricht.

sarebbe disposto – *soll bereit sein*
il parlamentare – *der Abgeordnete*
sarebbero contrari – *sollen dagegen sein*

Das Konditional I

1. Im Buchstabenfeld sind von rechts nach links und von oben nach unten 12 Verben im Konditional I versteckt. Schreiben Sie sie auf und ergänzen Sie den passenden Infinitiv.*

a	s	a	r	e	b	b	e	f	m	v	e	r	r	e	s	t	e
n	d	a	r	e	i	s	t	i	b	e	r	r	e	m	m	o	a
d	o	v	r	e	b	b	e	r	o	f	t	e	r	r	e	i	v
r	s	a	p	r	e	s	t	i	v	m	v	i	v	r	e	i	r
e	o	b	b	o	v	e	d	r	e	s	t	i	n	p	e	o	e
i	r	i	m	a	r	r	e	b	b	e	r	o	r	o	b	b	i

Konditional: ____________________ Infinitiv: ____________________

____________________ ____________________

____________________ ____________________

____________________ ____________________

____________________ ____________________

____________________ ____________________

____________________ ____________________

____________________ ____________________

____________________ ____________________

____________________ ____________________

____________________ ____________________

____________________ ____________________

2. Vier Leute erzählen, was sie mit zehntausend Euro tun würden. Ergänzen Sie ihre Aussagen mit den Verben im Konditional I.*

il sogno – *der Traum*

a) Con 10.000 euro io ____________________ (realizzare) finalmente un sogno: ____________________ (prendere) un anno di vacanza e ____________________ (partire) per l'India.

b) Franco ed io ci sposiamo l'anno prossimo e i soldi ci ____________________ (servire) per il matrimonio. Io ____________________ (potere) comprarmi un bel vestito da sposa e poi ________________ (noi – potere) fare un viaggio di nozze un po' speciale.

c) Noi abbiamo comprato una casa un anno fa e 10.000 euro ci ________ ____________ (fare) molto comodo.

d) Io penso che non li ______________ (spendere), li ______________ (mettere) in banca e più tardi li ______________ (dare) a mia figlia.

il viaggio di nozze – *die Hochzeitsreise*
fare comodo a qu – *jdm gelegen kommen*

3. Drücken Sie folgende Anliegen höflicher aus, indem Sie anstelle des Präsens das Konditional I benutzen.*

a) Accompagni tu il bambino all'asilo?

____

b) Mi fa vedere la borsetta verde là in vetrina?

____

c) Mi può fare uno sconto per queste scarpe?

____

d) Ci fate vedere le foto delle vostre vacanze?

____

e) Posso provare questo vestito?

____

f) Ci porta ancora un po' di pane, per favore?

____

g) Ci aiutate a fare il trasloco?

____

h) Può dirmi che ore sono?

____

i) Mi passi il pane, per favore?

____

j) Letizia, fai un caffè, per piacere?

____

k) Signora, Le dispiace chiudere la finestra? Fa freddo.

____

accompagnare – *begleiten*
lo sconto – *der Rabatt*
il trasloco – *der Umzug*

Das Konditional II

1. Ich wäre bei diesem Wetter nie abgereist! 2. Und ich hätte dich nie heiraten sollen!

Bildung

Das Konditional II wird mit dem Konditional I von **essere** oder **avere** und dem Partizip Perfekt des jeweiligen Hauptverbs gebildet.

	parlare		
(io)	**avrei**	parlat**o**	Wenn das Konditional II mit **avere** gebildet wird, bleibt das Partizip Perfekt unverändert. Es endet dann immer auf **-o**.
(tu)	**avresti**	parlat**o**	
(lui/lei/Lei)	**avrebbe**	parlat**o**	
(noi)	**avremmo**	parlat**o**	
(voi)	**avreste**	parlat**o**	
(loro)	**avrebbero**	parlat**o**	

	partire		
(io)	**sarei**	partit**o, -a**	Wird es hingegen mit **essere** konjugiert, dann richtet sich das Partizip Perfekt wie ein Adjektiv in Geschlecht und Zahl nach dem Subjekt.
(tu)	**saresti**	partit**o, -a**	
(lui/lei/Lei)	**sarebbe**	partit**o, -a**	
(noi)	**saremmo**	partit**i, -e**	
(voi)	**sareste**	partit**i, -e**	
(loro)	**sarebbero**	partit**i, -e**	

Elio sarebbe partito. Laura sarebbe partita. I figli sarebbero partiti. Le ragazze sarebbero partite.	Das Partizip Perfekt endet auf: -o in der männlichen Einzahl, -a in der weiblichen Einzahl, -i in der männlichen Mehrzahl, -e in der weiblichen Mehrzahl.

Elio sarebbe partit**o.**
Laura sarebbe partit**a.**
I figli sarebbero partit**i.**
Le ragazze sarebbero partit**e.**

Das Partizip Perfekt endet auf:

-o in der männlichen Einzahl,
-a in der weiblichen Einzahl,
-i in der männlichen Mehrzahl,
-e in der weiblichen Mehrzahl.

Das Konditional II wird analog zum **Passato prossimo** gebildet. Für die Veränderlichkeit des Partizip Perfekts und den Gebrauch von **essere** und **avere** gelten also die gleichen Regeln wie beim **Passato prossimo.**

▸ **Das Passato Prossimo**, S. 90

Gebrauch

Ti **avrei telefonato,** ma non avevo il tuo numero.
Io **avrei detto** la verità.

Das Konditional II verwendet man um zu sagen, was in der Vergangenheit hätte sein oder geschehen können.

Mi **sarebbe piaciuto** fare il dentista.

Man verwendet es auch bei Wünschen, die unerfüllt blieben, ...

Sarei andato al cinema se avessi avuto tempo.

... in Bedingungssätzen, ...

▸ **Der Bedingungssatz**, S. 208

Avresti dovuto andare dal dentista.

... bei Aufforderungen und Bitten, denen man nicht nachgekommen ist, ...

Lei **avrebbe dovuto** lavorare di meno.

... und bei Ratschlägen, die nicht befolgt wurden.

La villa **sarebbe costata** quasi due milioni di euro.
A distanza di quattro anni e 2300 chilometri, un gatto **avrebbe ritrovato** i suoi padroni.

Die Medien benützen das Konditional II um Nachrichten und Informationen über ein vergangenes Geschehen ohne Gewähr zu formulieren.

sarebbe costata – *soll gekostet haben*
avrebbe ritrovato – *soll wiedergefunden haben*

▸ Mehr zum Gebrauch des Konditional II in:
Die indirekte Rede, S. 212
Die Zeitenfolge im Congiuntivo, S. 154

Das Konditional II

1. Was die Leute gern getan hätten, erfahren Sie, wenn Sie die Verben ins Konditional II setzen.*

a) Sarei venuto (io – venire) volentieri con te al cinema, ma purtroppo dovevo lavorare.

b) Ci dispiace molto per domenica scorsa, ci avresse fatto (fare) molto piacere fare pic-nic, ma dovevamo andare dai miei genitori.

c) Carla ed io ~~sarebbero~~ saremmo voluti (volere) partire per le vacanze sabato scorso. Poi però mia suocera si è ammalata e adesso siamo ancora qui.

d) Riccardo avrebbe preferito (preferire) passare le vacanze in Sicilia. Ma io non sopporto il caldo e così siamo andati nelle Dolomiti.

e) Ma perché non ci hai detto niente? Ti avremmo aiutato (noi – aiutare) volentieri a fare il trasloco.

f) Avresti dovuto (tu – dovere) dirmi che il pesce non ti piace. Ti avrei preparato (io – preparare) un'altra cosa.

2. Versuchen Sie sich mal als JournalistIn und formulieren Sie folgende Meldungen mit Vorsicht, indem Sie das Konditional II anstelle des **Passato prossimo** benutzen.*

a) Un cane pastore ha salvato la vita a due bambini caduti nel fiume.

un cane pastore avresse salvato la vita a due bambini.

b) Una delle opere più famose di Picasso è sparita dal «Kunstmuseum» di Basilea. una delle opere più famose di P. sarebbe sparita dal «Kunstmuseum».

c) I due uomini di stato sono giunti a un accordo.

I due uomini di stato sarebbero giunti a un accordo.

d) Molti parlamentari si sono opposti alla nuova legge.

molti parlamentari si sarebbero opposti alla nuova legge.

Der Imperativ

1. Zieh die Jacke an! 2. Sag mir nicht immer, was ich machen soll!

Im Italienischen gibt es eine Befehlsform für Dinge, die man tun soll: den sogenannten „bejahten Imperativ". Die Befehlsform für Dinge, die man nicht tun soll, nennt man dementsprechend den „verneinten Imperativ".

Der bejahte Imperativ

1. Der Imperativ der 2. Person Einzahl (tu)

1 + **Scusa**, posso entrare? 2 ~ Ma certo, **entra** pure!

1. Entschuldige, darf ich eintreten? 2. Aber sicher, komm ruhig herein.

Wenn Sie einer Person, die Sie duzen, einen Befehl erteilen, dann nehmen Sie die **tu**-Form des Imperativs.

Verben mit regelmäßigem Imperativ

Verben auf:	Infinitiv	Imperativ (tu)	Die Du-Form des Imperativs entspricht bei den:
-are	guard**are** scus**are**	guard**a**! scus**a**!	Verben auf -**are** der 3. Person Einzahl des Präsens.
-ere	prend**ere** legg**ere**	prend**i**! legg**i**!	Verben auf -**ere** und -**ire** der 2. Person Einzahl des Präsens.
-ire	sent**ire** fin**ire**	sent**i**! finisc**i**!	

Die 2. Person Einzahl Präsens wird auch bei den meisten Verben, die ein unregelmäßiges Präsens haben, für den Imperativ der Du-Form benutzt, z. B.:

Infinitiv	Präsens **(tu)**	Imperativ **(tu)**
tenere	tieni *(du hältst)*	**tieni**! *(halte!)*
uscire	esci *(du gehst hinaus)*	**esci**! *(geh hinaus!)*
venire	vieni *(du kommst)*	**vieni**! *(komm!)*
tradurre	traduci *(du übersetzt)*	**traduci**! *(übersetze!)*

Verben mit Kurzformen

andare: dare: fare: stare:	**va'**!/**vai**! **da'**!/**dai**! **fa'**!/**fai**! **sta'**!/**stai**!	**Andare, dare, fare** und **stare** haben zwei Imperativformen: eine Lang- und eine Kurzform. Die Kurzform wird sehr häufig verwendet.
dire:	**di'**!	**Dire** hingegen hat nur die Kurzform **di'**.

Verben mit unregelmäßigem Imperativ

avere: essere: sapere:	**abbi**! **sii**! **sappi**!	Nur **avere**, **essere** und **sapere** haben einen unregelmäßigen Imperativ in der Du-Form.

2. Der Imperativ der 3. Person Einzahl (Lei)

1 **Scusi**, posso entrare?

2 Ma certo, **entri** pure!

1. Entschuldigen Sie, darf ich eintreten? 2. Aber sicher, treten Sie ruhig ein.

Wenn Sie einer Person, die Sie siezen, etwas befehlen, dann nehmen Sie die **Lei**-Form des Imperativs.

Verben mit regelmäßigem Imperativ

Verben auf:	Infinitiv	Imperativ (**Lei**)	Die **Lei**-Form des Imperativs bilden Sie:
-**are**	guard**are** scus**are**	guard**i**! scus**i**!	indem Sie bei den Verben auf -**are** ein -**i** an den Verbstamm hängen.
-**ere** -**ire**	prend**ere** legg**ere** sent**ire** fin**ire**	prend**a**! legg**a**! sent**a**! finisc**a**!	indem Sie bei den Verben auf -**ere** und -**ire** ein -**a** an den Verbstamm bzw. an die Stammerweiterung (-**isc**-) hängen.

Einen regelmäßigen Imperativ haben alle Verben, die im Präsens regelmäßig konjugiert werden.

Die Verben auf -**are** weisen im Übrigen beim Imperativ der **Lei**-Form dieselben Besonderheiten auf wie im Präsens:

Infinitiv	Imperativ (**Lei**)	
cer**care** pa**gare**	cer**chi**! pa**ghi**!	Verben auf -**care** und -**gare** haben vor der Imperativendung -**i** ein -**h**-.
mang**iare** lasc**iare**	mang**i**! lasc**i**!	Verben auf -**iare** haben nur ein -**i**.

Verben mit unregelmäßigem Imperativ

Ableitbare Imperative

Infinitiv	Präsens (**io**)	Imperativ (**Lei**)
andare	vado	**vada**!
dire	dico	**dica**!
fare	faccio	**faccia**!
proporre	propongo	**proponga**!
tenere	tengo	**tenga**!
tradurre	traduco	**traduca**!
uscire	esco	**esca**!
venire	vengo	**venga**!

Bei den ableitbaren Imperativen handelt es sich in der Regel um Verben, die im Präsens unregelmäßig sind und bei denen der Imperativ der **Lei**-Form von der 1. Person Einzahl Präsens abgeleitet werden kann. Sie müssen lediglich die Präsens-Endung -**o** durch die Endung -**a** ersetzen.

Ganz unregelmäßige Formen

avere:	**abbia**!	**Avere, dare, essere, sapere** und **stare** haben einen ganz unregelmäßigen Imperativ in der **Lei**-Form.
dare:	**dia**!	
essere:	**sia**!	
sapere:	**sappia**!	
stare:	**stia**!	

3. Der Imperativ der 1. Person Mehrzahl (noi)

1 Allora, cosa facciamo, entriamo?

2 Ma certo, su, **entriamo**!

1. Also, was machen wir, gehen wir rein? 2. ~ Aber sicher, los, gehen wir rein!

Wenn Sie mehreren Personen, unter denen Sie sich selbst befinden, einen Befehl geben, so tun Sie es bei allen Verben mit der **noi**-Form des Präsens.

	Infinitiv	Imperativ **(noi)**
Verben auf -**are**	guard**are** and**are**	guard**iamo**! and**iamo**!
Verben auf -**ere**	prend**ere** legg**ere**	prend**iamo**! legg**iamo**!
Verben auf -**ire**	sent**ire** fin**ire**	sent**iamo**! fin**iamo**!

4. Der Imperativ der 2. Person Mehrzahl (voi)

1 Possiamo entrare?

2 Ma certo, **entrate** pure!

1. Dürfen wir eintreten? 2. Aber sicher, tretet/treten Sie ruhig ein.

Wenn Sie mehreren Personen, die Sie duzen oder siezen, einen Befehl erteilen, dann nehmen Sie einfach die **voi**-Form des Präsens.

Verben mit regelmäßigem Imperativ

	Infinitiv	Imperativ **(voi)**
Verben auf -**are**	scus**are** lasci**are**	scus**ate**! lasci**ate**!
Verben auf -**ere**	prend**ere** legg**ere**	prend**ete**! legg**ete**!
Verben auf -**ire**	sent**ire** fin**ire**	sent**ite**! fin**ite**!

Verben mit unregelmäßigem Imperativ

avere:	**abbiate**!	**Avere, essere** und **sapere** haben einen unregelmäßigen Imperativ in der **voi**-Form.
essere:	**siate**!	
sapere:	**sappiate**!	

Der verneinte Imperativ

Senta, **non dimentichi** di telefonare al dottor Ronchi!
E tu, Carla, **non dimenticare** di confermare la camera!

Hören Sie, vergessen Sie nicht, Dr. Ronchi anzurufen! Und du, Carla, vergiss nicht, das Zimmer zu bestätigen.

(tu)	**non aspettare!** **non venire!** **non bere!** **non parlare!**	Der verneinte Imperativ der Du-Form setzt sich aus **non** + Infinitiv des jeweiligen Verbs zusammen.
(Lei)	**non aspetti!** **non beva!**	Ansonsten setzen Sie **non** vor die Formen des bejahten Imperativs.
(noi)	**non aspettiamo!** **non parliamo!**	
(voi)	**non aspettate!** **non venite!**	

Wenn Sie den bejahten Imperativ kennen, müssen Sie beim verneinten Imperativ nur noch die Du-Form neu lernen!

Die Personalpronomen beim Imperativ

1 **Mi** dia due etti di parmigiano, per favore.

2 Di**mmi** la verità! Di**mmela** subito!

1. Geben Sie mir bitte 200 g Parmesan. 2. Sag mir die Wahrheit! Sag sie mir sofort!

1. Personalpronomen beim bejahten Imperativ

(tu)	aspetta**mi**! compra**ne** un chilo! scrivi**melo**!	Die Personalpronomen, die Pronominaladverbien **ci** und **ne** sowie die kombinierten Personalpronomen (Doppelpronomen) werden an den Imperativ von **tu, noi** und **voi** angehängt. Werden zwei Pronomen an den Imperativ angehängt, so stehen die direkten Objektpronomen (**lo, la, li, le**) und **ne** immer an 2. Stelle, d. h. nach den unbetonten Dativpronomen und nach **ce**.
(noi)	aspettiamo**lo**! andiamo**ci** subito! scriviamo**glielo**!	
(voi)	aspettate**ci**! comprate**ne** poco! scrivete**celo!**	
(Lei)	**ci** aspetti, per favore! **ne** prenda un po'! **ce lo** scriva!	Beim Imperativ der **Lei**-Form stehen die Pronomen jedoch vor dem Verb.

Personalpronomen bei Verben mit Kurzform

andare:	Va**cci** tu!	*Geh du hin!*
	Va**gli** incontro!	*Geh ihm entgegen!*
dare:	Da**nne** un po' anche a me!	*Gib mir auch ein wenig davon!*
dire:	Di**lle** tutto!	*Sag ihr alles!*
	Di**gli** tutto!	*Sag ihm alles!*
fare:	Fa**llo** per noi!	*Mach es für uns!*
stare:	Sta**mmi** bene!	*Bleib gesund!*

Beim Imperativ der 2. Person Einzahl (**tu**) von **andare, dare, dire, fare** und **stare** werden die Personalpronomen sowie **ci** und **ne** an die Kurzform angehängt. Der Konsonant des Pronomens wird dabei verdoppelt, außer bei **gli.**

2. Personalpronomen beim verneinten Imperativ

(tu)	non **ci** aspettare! non **me lo** dire!	non aspettar**ci**! non dir**melo**!
(noi)	non **lo** aspettiamo! non **glielo** diciamo!	non aspettiamo**lo**! non diciamo**glielo**!
(voi)	non **ci** aspettate! non **ce lo** dite!	non aspettate**ci**! non dite**celo**!

Beim verneinten Imperativ von **tu, noi** und **voi** werden die Pronomen vor den Imperativ gesetzt oder an den Imperativ angehängt.
Beim Infinitiv in der **tu**-Form entfällt dabei das End-**e**.

(Lei)	non **ci** aspetti! non **ce lo** dica!	Bei der **Lei**-Form müssen die Pronomen vorangestellt werden.

Gebrauch

Non bere tanto!
Aspettate!

Mit dem Imperativ gibt man Befehle ...

Entri pure!
Accomodati!
Lasciatemi lavorare, per favore!

... und man drückt Aufforderungen, Einladungen und Bitten aus.

Senta, scusi!	*Entschuldigung, darf ich Sie etwas fragen?*
Dica!	*Ja, bitte, ich höre! Sie wünschen?*
Non si preoccupi!	*Machen Sie sich keine Sorgen!*
Faccia pure!	*Aber natürlich! Bitte sehr!*
Si figuri! S'immagini!	*Selbstverständlich! Ich bitte Sie!*
Abbi pazienza!	*Hab Geduld!*
Ma **fammi** il favore!	*Also hör mal!*

Mit dem Imperativ werden auch viele Höflichkeitsfloskeln und Redewendungen formuliert.

Der Imperativ

1. Halten Sie die Imperative der **tu**-Form und der **Lei**-Form auseinander. Tragen Sie die entsprechenden Buchstaben in die jeweiligen Kästchen ein.**

a) Scusami!
b) Entri pure!
c) Si serva!
d) Stia attenta!
e) Fa' attenzione!
f) Lascia fare a me!
g) Dica pure!
h) Abbi pazienza!
i) Senti!
j) Si calmi!

Tu: A E F H I

Lei: B C D G J

2. Wie lauten folgende Aufforderungen, wenn Sie sie an eine Person richten, die Sie siezen?**

a) Aiutami, per favore! Mi aiuti, per favore!
b) Sta' tranquilla! Stia tranquilla!
c) Guarda un po'! Guardi un po'!
d) Per favore, ascoltami! Per favore, mi ascolti!
e) Aspettaci! Ci aspetti!
f) Non preoccuparti! Non si preoccupi!
g) Vieni prima delle otto. Venga prima delle otto!
h) Rispondi tu, per favore! Risponda Lei, per favore!
i) Sii gentile e fammi questo favore! Sia gentile e mi faccia questo favore!

preoccuparsi – *sich Sorgen machen*
fare un favore – *einen Gefallen tun*

3. Formen Sie folgende bejahte Imperative in verneinte Imperative um.**

a) Guarda! Non guardare!
b) Ci aspetti! Non ci aspetti!
c) Prendete il treno! Non prendete il treno!
d) Telefonami in ufficio! Non telefonarmi in ufficio!
e) Si fermi! Non si fermi!
f) Venga prima delle nove! Non venga prima delle nove!
g) Usciamo prima di cena! Non usciamo!
h) Vattene! Non andartene!

i) Lasciatemi solo! Non lasciatemi solo!

j) Passi dal centro! Non passi dal centro!

k) Prendi l'autostrada! Non prendere l'autostrada!

4. Ergänzen Sie die Dialoge mit den jeweils passenden Verben.**

faccia pure — dica — scusi — senta — entri pure

a) + Scusi, posso entrare?

~ Ma certo, entri pure! In che cosa Le posso essere utile?

+ Ecco, avrei bisogno di un consiglio.

~ Sì, mi dica!

b) + Senta, La disturba se apro un po' il finestrino?

~ Ma no, per niente, faccia pure!

5. Diese Sätze könnten nützlich sein. Übersetzen Sie sie mit der **Lei**-Form.***

a) Rufen Sie mich bitte an!

Mi telefoni, per favore!

b) Hinterlassen Sie bitte eine Nachricht!

Lasci un messaggio, per favore.

c) Warten Sie einen Moment, bitte!

Aspetti un momento, per favore.

d) Setzen Sie sich, bitte!

Si accomodi, per favore!

e) Entschuldigen Sie die Verspätung!

Scusi il ritardo!

f) Nehmen Sie die erste Straße rechts!

Prenda la prima strada a destra!

hinterlassen – lasciare
die Nachricht – il messaggio
sich setzen – accomodarsi
die Verspätung – il ritardo

! Der **Congiuntivo** wird anders gebraucht als der Konjunktiv im Deutschen.

Der Congiuntivo

Peccato che Nicola non **voglia** venire! Credevo che gli **facesse** piacere rivedere i vecchi amici.

Schade, dass Nicola nicht kommen will! Ich dachte, dass es ihn freuen würde, seine alten Freunde wiederzusehen.

Der Congiuntivo presente

1 Sandro vuole partecipare alla gara benché **abbia** la febbre.

2 Cerco qualcuno che mi **aiuti** nei lavori di casa.

1. Sandro will am Wettkampf teilnehmen, obwohl er Fieber hat. 2. Ich suche jemanden, der mir im Haushalt hilft.

Bildung

Die Formen des **Congiuntivo presente** sind leicht zu lernen, da die Formen von **io, tu, lui, lei, Lei** alle dieselbe Endung haben und die 1. Person Mehrzahl des **Congiuntivo presente** mit der entsprechenden Person des Indikativ Präsens identisch ist.

Tipp! Können Sie den Imperativ der 3. Person Einzahl schon? Dann müssen Sie für die 1., 2. und 3. Person Einzahl des **Congiuntivo presente** keine neuen Formen lernen. Diese sind nämlich mit dem Imperativ der **Lei**-Form identisch.

1. Verben mit regelmäßigem Congiuntivo

Verben auf -are

	parl**are**
io	parl**i**
tu	parl**i**
lui/lei/Lei	parl**i**
(noi)	parl**iamo**
(voi)	parl**iate**
(loro)	parl**ino**

Sie bilden den **Congiuntivo presente** der Verben auf **-are**, indem Sie die Endungen **-i, -iamo, -iate** und **-ino** an den Verbstamm anhängen.
Um die Personen **io, tu, lui, lei, Lei** auseinanderzuhalten, wird häufig das Personalpronomen hinzugefügt.

Verben, die im Präsens regelmäßig sind, sind es auch im **Congiuntivo**. Ebenso weisen sie dieselben Besonderheiten auf wie im Präsens. So haben die Verben auf -**care** und -**gare** vor dem -**i**- ein -**h**-:

	io, tu, lui/lei/Lei	(noi)	(voi)	(loro)
cer**care**:	cer**chi**	cer**chiamo**	cer**chiate**	cer**chino**
pa**gare**:	pa**ghi**	pa**ghiamo**	pa**ghiate**	pa**ghino**

Und die Verben auf -**iare** haben nur ein -**i:**

	io, tu, lui/lei/Lei	(noi)	(voi)	(loro)
stud**iare**:	stud**i**	stud**iamo**	stud**iate**	stud**ino**
mang**iare**:	mang**i**	mang**iamo**	mang**iate**	mang**ino**

Verben auf -ere und -ire

Bei den Verben auf -**ere** und -**ire** setzen Sie die Endungen -**a**, -**iamo**, -**iate** und -**ano** an den Verbstamm bzw. an die Stammerweiterung -**isc**-.

	scriv**ere**	part**ire**	cap**ire**
io	scriv**a**	part**a**	capisc**a**
tu	scriv**a**	part**a**	capisc**a**
lui/lei/Lei	scriv**a**	part**a**	capisc**a**
(noi)	scriv**iamo**	part**iamo**	cap**iamo**
(voi)	scriv**iate**	part**iate**	cap**iate**
(loro)	scriv**ano**	part**ano**	capisc**ano**

2. Verben mit unregelmäßigem Congiuntivo

Verben, die im Präsens unregelmäßig sind, haben im **Congiuntivo presente** die Endungen -**a**, -**iamo**, -**iate** und -**ano**.

Infinitiv	Indikativ Präsens	**Congiuntivo**			
	(io)	io, tu, lui lei, Lei	(noi)	(voi)	(loro)
andare	vado	vad**a**	and**iamo**	and**iate**	vad**ano**
bere	bevo	bev**a**	bev**iamo**	bev**iate**	bev**ano**
dire	dico	dic**a**	dic**iamo**	dic**iate**	dic**ano**
fare	faccio	facci**a**	facc**iamo**	facc**iate**	facc**iano**
potere	posso	poss**a**	poss**iamo**	poss**iate**	poss**ano**
tenere	tengo	teng**a**	ten**iamo**	ten**iate**	teng**ano**
uscire	esco	esc**a**	usc**iamo**	usc**iate**	esc**ano**
venire	vengo	veng**a**	ven**iamo**	ven**iate**	veng**ano**
volere	voglio	vogli**a**	vogl**iamo**	vogl**iate**	vogl**iano**

Bildung des unregelmäßigen Congiuntivo presente

Infinitiv	Indikativ Präsens		**Congiuntivo**		
	1. Person Einzahl		1., 2., 3. Person Einzahl		3. Person Mehrzahl
andare	vad**o**	▶	vad**a**	▶	vad**ano**
tenere	teng**o**	▶	teng**a**	▶	teng**ano**
uscire	esc**o**	▶	esc**a**	▶	esc**ano**

Der **Congiuntivo presente** der Einzahl und der 3. Person Mehrzahl werden von der 1. Person Einzahl des Indikativ Präsens abgeleitet. Die Endungen des **Congiuntivo presente** werden dabei anstelle der Endungen des Indikativ Präsens gesetzt.

Infinitiv	Indikativ Präsens	**Congiuntivo**
	1. Person Mehrzahl	1. Person Mehrzahl
andare	and**iamo**	and**iamo**
tenere	ten**iamo**	ten**iamo**
uscire	usc**iamo**	usc**iamo**

Die 1. Person Mehrzahl des **Congiuntivo presente** und des Indikativ Präsens sind identisch.

Infinitiv	**Congiuntivo**	**Congiuntivo**
	1. Person Mehrzahl	2. Person Mehrzahl
andare	and**iamo**	and**iate**
tenere	ten**iamo**	ten**iate**
uscire	usc**iamo**	usc**iate**

Die 2. Person Mehrzahl des **Congiuntivo presente** wird von der 1. Person Mehrzahl des **Congiuntivo presente** abgeleitet.

3. Ganz unregelmäßige Formen

Infinitiv	io, tu, lui lei, Lei	(noi)	(voi)	(loro)
avere	**abbia**	abbiamo	**abbiate**	**abbiano**
dare	**dia**	diamo	**diate**	**diano**
dovere	**debba**	dobbiamo	**dobbiate**	**debbano**
essere	**sia**	siamo	**siate**	**siano**
sapere	**sappia**	sappiamo	**sappiate**	**sappiano**
stare	**stia**	stiamo	**stiate**	**stiano**

Der **Congiuntivo presente** von **avere, dare, dovere, essere, sapere** und **stare** wird von keiner anderen Verbform abgeleitet.

Gebrauch

Der **Congiuntivo presente** wird in Hauptsätzen verwendet, die mit **che** beginnen:

Qualcuno ha suonato alla porta. **Che sia** di nuovo la vicina?

Hauptsätze mit **Congiuntivo presente** drücken eine zweifelnde Frage aus, …

che sia…? – *Ob es wohl… ist?*

Che faccia attenzione! *Er soll aufpassen!*

… eine Aufforderung …

Che Dio vi **benedica!** *Gott segne euch!*

… oder einen Wunsch.

Der **Congiuntivo presente** wird vor allem in Nebensätzen verwendet:

Ti aiuto **benché abbia** poco tempo.
Vi presto la macchina **a condizione che torniate** prima di mezzanotte.
Diglielo **prima che** sia troppo tardi.
Cerca di entrare **di modo che** nessuno ti **senta.**

benché – *obwohl*
a condizione che – *vorausgesetzt, dass*
prima che – *bevor*
di modo che – *so dass*

Der **Congiuntivo presente** steht nach einigen Konjunktionen, darunter z. B.: **benché, affinché, purché, a condizione che, a meno che, prima che, sebbene, senza che, di modo che**.

▸ **Konjunktionen**, S. 233

Parla lentamente, **di modo che** tutti **possano** capirti.
Rede langsam, so dass dich alle verstehen können.

Nach der Konjunktion **di modo che** steht der **Congiuntivo,** wenn der Nebensatz etwas Erwünschtes beinhaltet.

Ho dimenticato la carta di credito **di modo che** non **posso** pagare il conto.
Ich habe die Kreditkarte vergessen, so dass ich die Rechnung nicht bezahlen kann.

Ansonsten folgt nach **di modo che** der Indikativ.

augurarsi – *wünschen, hoffen*
non vedere l'ora – *etw kaum erwarten können*

Mio padre **non vuole che esca** tutte le sere.
Mi auguro che tutto **vada** bene.
Aspettiamo che arrivi il dott. Rota.
Spero che non **succeda** niente.
Preferiamo che tu non **parta** da solo.

Der **Congiuntivo** steht nach der Konjunktion **che** bei Verben und Wendungen, die ausdrücken, dass man etwas will, wünscht, verlangt, erwartet oder erhofft. Dazu gehören z. B.:
aspettare, augurarsi, desiderare, permettere, preferire, sperare, non vedere l'ora, volere.

! In der Umgangssprache folgt nach **penso che** und **trovo che** oft der Indikativ:
Penso/trovo che hai ragione.

Penso che sia meglio partire subito.

Penso che sia meglio partire subito.
Mi sembra che Stefano non **stia** bene.
Trovo che i tuoi genitori **abbiano** ragione.
Immagino che l'opera non vi **piaccia** tanto.
Credo che Anna **sia** in vacanza.

Der **Congiuntivo** steht auch nach der Konjunktion **che** bei Verben und Wendungen des Meinens, Denkens und Glaubens wie z. B.:
avere l'impressione, capire, credere, essere dell'opinione/ del parere, immaginare, pensare, sembra/pare a qu, supporre, ritenere, trovare.

immaginare – *vermuten, annehmen*
supporre – *annehmen*
ritenere – *halten für*
dubitare che – *bezweifeln, dass*

Dubito che Enzo **sappia** bene il tedesco.
Non so se mio marito **possa** venire.
Non sono sicuro che il film **piaccia** a tutti.

Man nimmt den **Congiuntivo** nach der Konjunktion **che** bzw. **se** *(ob)* bei Verben und Wendungen des Zweifelns und der Unsicherheit. Dazu zählen:
dubitare, non essere sicuro, non sapere, non pensare, non credere.

So che **hai** ragione tu.
Sono sicuro che Michele non **è** in casa.

Der Indikativ und **nicht der Congiuntivo** steht nach Verben und Wendungen, die Sicherheit bzw. Gewissheit wiedergeben, wie z. B. nach **sapere, essere sicuro/certo/convinto** ...

Dico che **siete** tutti matti.
Affermo che **è** la verità.
Il direttore **conferma** che non **ci sono** più camere libere.

... sowie nach Verben und Wendungen des Sagens, Versicherns und Bestätigens, also z. B. nach **dire, affermare, confermare.**

Nach **dire che** steht kein **Congiuntivo.** !

▶ **Die indirekte Rede**, S. 210

Ho paura che mia madre **venga** a sapere tutto.
Sono contento che tu non **abbia** la febbre.
Non m'importa che Rita non **venga.**
Ci dispiace che non **possiate** rimanere.
Non sopporto che nel soggiorno **ci sia** disordine.
Temo che arrivino in ritardo.

Der **Congiuntivo** steht wiederum nach der Konjunktion **che** bei Verben und Wendungen, die ein Gefühl wiedergeben, wie z. B. Angst, Freude, Gleichgültigkeit, Traurigkeit, Bedauern, Ärger, Erstaunen. Dazu zählen u. a.:
aver paura, dispiacere a qu, essere contento/felice/sorpreso/ triste, non importare a qu, far piacere a qu, non sopportare, temere.

ho paura che – *ich fürchte, dass*
non m'importa che – *es ist mir egal, dass*
ci dispiace che – *es tut uns Leid, dass*
non sopportare – *nicht ertragen*
temere che – *fürchten, dass*

È assurdo che faccia tu i compiti di tuo fratello.
Bisogna che faccia più caldo.
Basta che mi **telefoniate** stasera.
È meglio che il cane **rimanga** a casa.
Peccato che non **abbiate** tempo di venire a trovarci.
Può darsi che non **riesca** a finire la traduzione entro lunedì.
Sembra che Sandra **voglia** divorziare.

Auch nach unpersönlichen Verben und Ausdrücken, die einen Nebensatz mit **che** einleiten, folgt der **Congiuntivo**, so z. B. nach:
è assurdo che, bisogna che, basta che, è bene/meglio che, è bello che, è incredibile che, è (in)giusto che, è (im)possibile che, è necessario che, pare che, (è un) peccato che, può darsi che, sembra che, è strano che, è una vergogna che.

è evidente che – *es ist offensichtlich, dass*
si sa che – *es ist bekannt, dass*

È certo che qui non **accettano** carte di credito.
È chiaro che hai ragione tu.
È evidente che non **dici** la verità.
È sicuro che domani **è** festa.
Si sa che l'olio d'oliva **è** sano.
È vero che ci **sono** troppe macchine.

Drücken die unpersönlichen Verben und Wendungen jedoch etwas Sicheres oder Offensichtliches aus, so folgt der **Indikativ**. Z. B. nach: **è certo che, è chiaro che, è evidente che, è sicuro che, si sa che, è vero che.**

Cerchiamo **un albergo che accetti** i cani.
Mi può consigliare **un libro che piaccia** agli adulti e ai bambini?

Der **Congiuntivo** steht auch in Relativsätzen, die einen Wunsch, eine Forderung oder eine Erwartung wiedergeben …

l'unico – *der Einzige*

Il dott. Bruni è **la persona più gentile che** io **conosca**.
Carla è **l'unica che sappia** veramente bene il tedesco.
Non c'è **nessun film che** gli **piaccia**.

… oder einen Ausdruck mit Ausschließlichkeitscharakter, wie z. B. **l'unico, l'ultimo, il solo, niente, nessuno**, enthalten.

Non aprire, **chiunque sia**.
Qualunque cosa ti **offra**, tu non comprarla.
Non cambierò idea, **qualsiasi** cosa tu mi **dica**.
Dovunque tu **vada**, io ti seguirò.
Comunque vadano le cose, io ti scriverò.

Ebenso nimmt man den **Congiuntivo** nach verallgemeinernden Ausdrücken wie: **chiunque** *(wer auch immer)*, **qualunque/qualsiasi** *(welche(r, s) auch immer)*, **dovunque** *(wo(hin) auch immer)*, **comunque** *(wie auch immer)*.

Wenn Haupt- und Nebensatz dasselbe Subjekt haben, nimmt man anstelle des Nebensatzes mit dem **Congiuntivo** eine Infinitivkonstruktion:

Sono contento **di essere** a casa.	*Ich bin froh zu Hause zu sein.*
Aber:	
Sono contento **che tu sia** a casa.	***Ich** bin froh, dass **du** zu Hause bist.*
Non voglio **rimanere** qui.	*Ich will nicht hier bleiben.*
Aber:	
Non voglio **che tu rimanga** qui.	***Ich** will nicht, dass **du** hier bleibst.*

Der Congiuntivo passato

1 È bene che **abbiate raccontato** tutto.

2 Carlo non risponde. Che **sia** già **partito?**

1. Es ist gut, dass ihr alles erzählt habt. 2. Carlo antwortet nicht. Ob er wohl schon abgereist ist?

Bildung

Den **Congiuntivo passato** bilden Sie mit dem **Congiuntivo presente** von **essere** oder **avere** und dem Partizip Perfekt des jeweiligen Hauptverbs.

	prendere	
io	**abbia**	pres**o**
tu	**abbia**	pres**o**
lui/lei/Lei	**abbia**	pres**o**
(noi)	**abbiamo**	pres**o**
(voi)	**abbiate**	pres**o**
(loro)	**abbiano**	pres**o**

Wenn der **Congiuntivo passato** mit **avere** gebildet wird, bleibt das Partizip Perfekt unverändert. Es endet dann immer auf **-o.**

	partire	
io	**sia**	partit**o, -a**
tu	**sia**	partit**o, -a**
lui/lei/Lei	**sia**	partit**o, -a**
(noi)	**siamo**	partit**i, -e**
(voi)	**siate**	partit**i, -e**
(loro)	**siano**	partit**i, -e**

Wird er hingegen mit **essere** konjugiert, dann richtet sich das Partizip Perfekt in Geschlecht und Zahl nach dem Subjekt, z. B.:
Penso che Rosa sia già partita.

▶ Mehr über die Bildung und Veränderlichkeit des Partizip Perfekts sowie den Gebrauch von **essere** und **avere** erfahren Sie im Kapitel: **Das Passato prossimo**, S. 91

Gebrauch

Ho paura che sia successo qualcosa a Michele.
Può darsi che abbia perso il treno.
Pia non è ancora arrivata. **Che sia successo** qualcosa?
Barbara è **l'unica donna che** mi **abbia** veramente **amato**.

Der **Congiuntivo passato** wird nach denselben Regeln wie der **Congiuntivo presente** in einem Haupt- oder Nebensatz verwendet. Dabei bezeichnet der **Congiuntivo passato** Ereignisse, die bereits geschehen sind.

▶ Mehr zum Gebrauch des **Congiuntivo passato** erfahren Sie im Abschnitt: **Die Zeitenfolge beim Congiuntivo**, S. 153

Der Congiuntivo imperfetto

1 **Fossi** già a Parigi!	2 E se **mandassimo** un fax?	3 Parla come se **fosse** ubriaco.

1. Wäre ich doch schon in Paris! 2. Und wenn wir ein Fax schicken würden? 3. Er spricht, wie wenn er betrunken wäre.

1. Verben mit regelmäßigem Congiuntivo imperfetto

Verben auf -are, -ere und -ire

Tipp! Die 1. und 2. Person Einzahl sind im **Congiuntivo imperfetto** immer identisch.

	and**are**	av**ere**	cap**ire**
(io)	and**assi**	av**essi**	cap**issi**
(tu)	and**assi**	av**essi**	cap**issi**
(lui/lei/Lei)	and**asse**	av**esse**	cap**isse**
(noi)	and**assimo**	av**essimo**	cap**issimo**
(voi)	and**aste**	av**este**	cap**iste**
(loro)	and**assero**	av**essero**	cap**issero**

Die regelmäßigen Formen des **Congiuntivo imperfetto** bildet man, indem man die Endungen der einzelnen Personen an den jeweiligen Verbstamm, z. B. **and-**, **av-**, **cap-** anhängt.

2. Verben mit unregelmäßigem Congiuntivo imperfetto

Infinitiv		Unregelmäßiger Stamm	Endung des **Congiuntivo Imperfetto**
bere	▶	**bev**	
dare	▶	**d**	-essi
dire	▶	**dic**	-essi
fare	▶	**fac**	-esse
trarre	▶	**tra**	-essimo
porre	▶	**pon**	-este
produrre	▶	**produc**	-essero
stare	▶	**st**	

Die Verben mit unregelmäßigem **Congiuntivo imperfetto** haben für die einzelnen Personen die Endungen **-essi**, **-essi**, **-esse**, **-essimo**, **-este** und **-essero.** Diese Endungen werden an den Stamm des Imperfekts angehängt, z. B.: **dessi, dessi, desse, dessimo, deste, dessero**.

Trarre, porre und **produrre** können Sie als Muster für die Verben auf -**arre,** -**orre** und -**urre** nehmen, z. B.:

distr**arre:**	(io) distraessi, (tu) distraessi, (lui/lei/Lei) distraesse, (noi) distraessimo, (voi) distraeste, (loro) distraessero
prop**orre:**	(io) proponessi, (tu) proponessi, (lui/lei/Lei) proponesse, (noi) proponessimo, (voi) proponeste, (loro) proponessero
cond**urre:**	(io) conducessi, (tu) conducessi, (lui/lei/Lei) conducesse, (noi) conducessimo, (voi) conduceste, (loro) conducessero

	essere
(io)	**fossi**
(tu)	**fossi**
(lui/lei/Lei)	**fosse**
(noi)	**fossimo**
(voi)	**foste**
(loro)	**fossero**

Das Verb **essere** ist ein Einzelfall.

Gebrauch

Venisse almeno da solo!
Potessi partire con voi!
Sapessi le lingue come le sai tu!

Der **Congiuntivo imperfetto** steht bei Wünschen, die nicht erfüllt werden können oder deren Erfüllbarkeit unwahrscheinlich ist, …

E se andassimo al cinema?

… bei vorsichtig formulierten Vorschlägen, …

Si comporta **come se fosse** lui il direttore.

… und nach der Konjunktion **come se**, um etwas Nichtwirkliches in der Gegenwart auszudrücken.

Der **Congiuntivo imperfetto** wird vor allem in Bedingungssätzen und gemäß der Zeitenfolge bei Verben und Wendungen, die den **Congiuntivo** verlangen, sowie in der indirekten Frage benutzt.

E se andassimo …? – *Wie wär's, wenn wir … gingen?*

▶ **Der Bedingungssatz**, S. 208

▶ **Die Zeitenfolge beim Congiuntivo**, S. 155

▶ **Die indirekte Frage**, S. 214

Der Congiuntivo trapassato

1 Non l'**avessi** mai **conosciuto**!

2 E se **fossero** già **arrivati**?

3 Mi guarda come se non mi **avesse** mai **visto**!

1. Hätte ich ihn nur nie kennen gelernt! 2. Und wenn sie schon angekommen wären? 3. Er schaut mich an, als ob er mich noch nie gesehen hätte.

Bildung

Den **Congiuntivo trapassato** bilden Sie mit dem **Congiuntivo imperfetto** von **avere** oder **essere** und dem Partizip Perfekt des jeweiligen Hauptverbs.

	prendere	
(io)	**avessi**	pres**o**
(tu)	**avessi**	pres**o**
(lui/lei/Lei)	**avesse**	pres**o**
(noi)	**avessimo**	pres**o**
(voi)	**aveste**	pres**o**
(loro)	**avessero**	pres**o**

Wenn der **Congiuntivo trapassato** mit **avere** gebildet wird, dann endet das Partizip Perfekt auf **-o**.

	partire	
(io)	**fossi**	partit**o, -a**
(tu)	**fossi**	partit**o, -a**
(lui/lei/Lei)	**fosse**	partit**o, -a**
(noi)	**fossimo**	partit**i, -e**
(voi)	**foste**	partit**i, -e**
(loro)	**fossero**	partit**i, -e**

Wird er hingegen mit **essere** gebildet, richtet sich das Partizip Perfekt in Geschlecht und Zahl nach dem Subjekt, z. B.
E se Rosa fosse già partita?

▶ Mehr über die Bildung und Veränderlichkeit des Partizip Perfekts sowie den Gebrauch von **essere** und **avere** erfahren Sie im Kapitel: **Das Passato prossimo**, S. 91

Gebrauch

Fosse almeno **venuto** da solo!

Der **Congiuntivo trapassato** steht bei Wünschen, die nicht verwirklicht werden konnten, …

E se **fossimo andati** al cinema?

… bei Überlegungen über Dinge, die hätten geschehen können …

Si comporta **come se avesse** vinto al lotto.

... sowie nach der Konjunktion **come se,** um etwas Nichtwirkliches in der Vergangenheit auszudrücken.

Der **Congiuntivo trapassato** kommt außerdem in Bedingungssätzen und gemäß der Zeitenfolge bei Verben und Wendungen, die den **Congiuntivo** verlangen, sowie in der indirekten Frage vor.

▸ **Der Bedingungssatz**, S. 208

▸ **Die Zeitenfolge beim Congiuntivo**, S. 155

▸ **Die indirekte Frage**, S. 214

Die Zeitenfolge beim Congiuntivo

1 **Pensi che** Silvia **si sia arrabbiata?**

2 **Credevo che fosse successo** qualcosa di grave.

1. Meinst du, dass sich Silvia geärgert hat? 2. Ich dachte, dass etwas Schlimmes passiert war.

Um in einem Nebensatz mit dem **Congiuntivo** die richtige Zeit zu benutzen, muss man erstens wissen, ob die Handlung des Nebensatzes vor der Handlung des Hauptsatzes stattgefunden hat (vorzeitig), zur gleichen Zeit stattfindet (gleichzeitig) oder danach stattfinden wird (nachzeitig).

Zweitens richtet sich die zu wählende Zeit nach der Zeit des Verbs, das im Hauptsatz steht, z. B. Präsens, Futur, eine Zeit der Vergangenheit oder Konditional.

1. Das Verb des Hauptsatzes steht im Präsens, im Futur oder im Imperativ

1 **Credo** che Carlo **sia arrivato.**

2 **Penso** che **stia** bene.

3 **Spero** che non **parta/ partirà** già domani!

1. Ich glaube, dass Carlo angekommen ist. 2. Ich denke, dass es ihm gut geht. 3. Ich hoffe, dass er nicht schon morgen wegfährt/wegfahren wird.

Hauptsatz:		Nebensatz vorzeitig:	**Congiuntivo passato**
Präsens	Penso		
Futur I	Penserà	che **sia arrivata.**	
Imperativ	Non pensare		

Hauptsatz:		Nebensatz gleichzeitig:	**Congiuntivo presente**
Präsens	Penso		
Futur I	Penserà	che **arrivi** adesso.	
Imperativ	Non pensare		

Hauptsatz:		Nebensatz nachzeitig:	**Congiuntivo presente/Futur I**
Präsens	Penso		
Futur I	Penserà	che **arrivi/arriverà** più tardi.	
Imperativ	Non pensare		

Weitere Kombinationsmöglichkeiten

Präsens – Konditional I:

Penso che Luca **si sposerebbe** volentieri.
Ich denke, dass Luca gerne heiraten würde.

Steht im Hauptsatz das Verb im Präsens, dann kann im Nebensatz das Konditional I verwendet werden, wenn der Nebensatz aussagt, was jetzt oder später sein bzw. geschehen könnte.

Präsens – Konditional II:

Penso che Pia **si sarebbe sposata** volentieri.
Ich denke, dass Pia gerne geheiratet hätte.

Dagegen nimmt man im Nebensatz das Konditional II, wenn man damit ausdrücken will, was hätte sein bzw. geschehen können.

2. Das Verb des Hauptsatzes steht in einer Zeit der Vergangenheit

1 **Credevo** che Carlo **fosse già arrivato**.

2 **Pensavo** che **stesse** bene.

3 **Speravo** che non **sarebbe ripartito/ripartisse** troppo presto.

1. Ich glaubte, dass Carlo schon angekommen war. 2. Ich dachte, dass es ihm gut ginge. 3. Ich hoffte, dass er nicht zu bald wieder wegfahren würde.

Hauptsatz:		Nebensatz vorzeitig:	**Congiuntivo trapassato**
Imperfetto	Pensavo		
Passato prossimo	Ho pensato		
Passato remoto	Pensai	che **fosse arrivata.**	
Trapassato prossimo	Avevo pensato		

Hauptsatz:		Nebensatz gleichzeitig:	**Congiuntivo imperfetto**
Imperfetto	Pensavo		
Passato prossimo	Ho pensato		
Passato remoto	Pensai	che **arrivasse** subito.	
Trapassato prossimo	Avevo pensato		

Hauptsatz:		Nebensatz nachzeitig:	**Konditional II/ Congiuntivo imperfetto**
Imperfetto	Pensavo		
Passato prossimo	Ho pensato	che **sarebbe arrivata/arrivasse** più tardi.	
Passato remoto	Pensai		
Trapassato prossimo	Avevo pensato		

Weitere Kombinationsmöglichkeiten

Präsens – Congiuntivo imperfetto:

Mi sembra che **fosse** l'una quando è successo.
Mir scheint, dass es ein Uhr war, als es geschah.
Sembra che da bambina **andasse** ogni estate in Sardegna.
Es scheint, dass sie als Kind jedes Jahr nach Sardinien fuhr.

Steht im Hauptsatz das Verb im Präsens, dann kann im Nebensatz der **Congiuntivo imperfetto** verwendet werden, wenn ein vergangener Zustand oder eine vergangene Gewohnheit beschrieben werden.

Präsens – Congiuntivo trapassato:

Non so se nel 1945 Luisa **si fosse** già **trasferita** a Roma.
Ich weiß nicht, ob Luisa schon 1945 nach Rom umgezogen war.

Steht im Hauptsatz das Verb im Präsens, dann wird die Vorzeitigkeit im Nebensatz mit dem **Congiuntivo trapassato** ausgedrückt, wenn es sich um ein weit zurückliegendes Geschehen handelt.

3. Das Verb des Hauptsatzes steht im Konditional

1 **Mi dispiacerebbe** se non **venisse** più.

2 **Mi sarebbe dispiaciuto** se non **fosse venuto**.

1. Es würde mir Leid tun, wenn er nicht mehr kommen würde. 2. Es hätte mir Leid getan, wenn er nicht gekommen wäre.

Wenn Verben und Ausdrücke, die wie **desiderare, preferire, volere, è bene**, **è meglio, è necessario** einen Wunsch ausdrücken, im Konditional stehen, dann steht im Nebensatz der **Congiuntivo imperfetto** bzw. der **Congiuntivo trapassato**.

Hauptsatz:		Nebensatz vorzeitig:	**Congiuntivo trapassato**
Konditional I **Konditional II**	Vorrei Avrei voluto	che **fosse arrivata**.	

Hauptsatz:		Nebensatz gleichzeitig:	**Congiuntivo imperfetto**
Konditional I **Konditional II**	Vorrei Avrei voluto	che **arrivasse** subito.	

Hauptsatz:		Nebensatz nachzeitig:	**Congiuntivo imperfetto**
KonditionaI **Konditional II**	Vorrei Avrei voluto	che **arrivasse** più tardi.	

1. Markieren Sie die Verben, die in einer Form des **Congiuntivo** sind.*

a) + Senti, pensi che faccia freddo in Germania?
~ Beh, in settembre non si sa mai. Può far freddo, ma può anche far caldo.

b) + Vi dispiace se non vengo al cinema con voi? Sono troppo stanco.
~ Ma no, per niente! Se sei stanco è bene che tu vada a letto presto.

c) + Senti, dove abita adesso il professor Sangiorgi?
~ Mah, di preciso non lo so, ma credo che abbia cambiato casa e che ora stia in piazza Carlo Felice.

d) + Sai che c'è anche Teresa?
~ No, davvero?! Pensavo che dovesse rimanere a casa a studiare.

e) + Ma perché non hai detto ai tuoi che a Natale non andremo da loro?
~ Mah, mi sembrava che non fosse il momento per dirglielo.

Tipp! Möchten Sie Ihre Meinung ausdrücken, ohne den Congiuntivo zu verwenden? Nehmen Sie anstelle von **penso/credo che** einfach den Ausdruck **secondo me** *(meiner Meinung nach)*: **Secondo me è** troppo tardi per il cinema.

i tuoi – *deine Eltern*

2. Schreiben Sie den **Congiuntivo presente** und **imperfetto** folgender Verben auf.*

	Congiuntivo presente	Congiuntivo imperfetto
a) io – parlare	__________	__________
b) tu – cercare	__________	__________
c) lui – crescere	__________	__________
d) noi – vivere	__________	__________
e) voi – partire	__________	__________
f) loro – finire	__________	__________
g) io – sapere	__________	__________
h) tu – potere	__________	__________
i) lui – dovere	__________	__________
j) noi – volere	__________	__________
k) loro – andare	__________	__________
l) io – essere	__________	__________
m) tu – avere	__________	__________

3. Wann muss der Indikativ verwendet werden und wann der **Congiuntivo**? Markieren Sie die jeweils passende Form.**

a) È necessario che la gente è / sia informata.

b) So che Sergio ha / abbia ragione.

c) Non c'è nessun libro che io ho letto / abbia letto con maggior interesse.

d) Non venire, qualsiasi cosa succede / succeda.

e) Il dottore ha detto che fra due giorni puoi / possa alzarti.

f) È evidente che Maurizio sa / sappia bene l'inglese.

i miei – *meine Eltern*

g) Non è ancora sicuro che i miei possono /possano venire a Pasqua.

4. Formen Sie die Sätze in der linken Spalte in die Vergangenheit um, indem Sie die hervorgehobenen Verben in den **Congiuntivo imperfetto,** in den **Congiuntivo trapassato** oder ins Konditional II setzen.***

a)	Crede che tu **stia** male.	Credeva che tu ________ male.
b)	Penso che Ezio **sia uscito**.	Pensavo che Ezio ____________ .
c)	Credo che i miei genitori **ritorneranno** in Italia.	Credevo che i miei genitori ______ __________________ in Italia.
d)	Non so se il telefonino **sia** veramente indispensabile.	Non sapevo se il telefonino ______ ______ veramente indispensabile.
e)	Temo che Carla **abbia fatto** tanti debiti.	Temevo che Carla ____________ _______________ tanti debiti.
f)	Non vogliamo che **paghiate** voi il conto.	Non volevamo che ____________ ________________ voi il conto.
g)	Non è sicuro che l'anno prossimo io **possa** passare un mese al mare.	Non era sicuro che l'anno dopo io ______________________ passare un mese al mare.
h)	Vuoi che si **vada** al cinema?	Volevi che si _______________ al cinema?

5. Vervollständigen Sie die Sätze mit Hilfe der angegebenen Verben im **Congiuntivo presente** oder im **Congiuntivo passato.****

a) Non penso che Luca (volere) ______________ partecipare alla regata.

b) Sembra che Franco e Silvia (sposarsi) __________________________ l'anno prossimo.

c) Temo che Sandro (annoiarsi) __________________________ ieri sera.

d) Pare che Lucia e Andrea (divorziare) __________________________ già da tempo.

divorziare – *sich scheiden lassen*

e) Siamo contenti che voi due (andare) __________________ d'accordo.

f) Credo che ieri mia figlia non mi (dire) ____________________ la verità.

g) È un peccato che sabato prossimo tu e Gianna non (potere) ________ _________________ venire alla festa.

h) Bisogna che a scuola tu (fare) ____________________ più attenzione.

i) Mi dispiace che il film di ieri sera non ti (piacere) _______________ .

j) Se non potete venire, basta che mi (telefonare) _________________ .

6. **Congiuntivo presente** oder **Congiuntivo imperfetto**? Markieren Sie die jeweils passende Verbform.***

a) Secondo me sarebbe bene che tu faccia/facessi ordine nella tua stanza. Non è necessario che tu lo faccia/facessi subito, ma fallo.

b) Non vogliamo che tu esca/uscissi tutte le sere. Preferiremmo che tu rimanga/rimanessi a casa almeno il fine settimana.

c) Non è bene che tu prenda/prendessi la macchina per andare in centro. Sarebbe meglio che ci vada/andassi con i mezzi pubblici.

d) Alla nonna piacerebbe che per il suo compleanno si riunisca/si riunisse tutta la famiglia. E poi vorrebbe che Carletto suoni/suonasse qualcosa alla chitarra.

e) Sarebbe bene che qualcuno resti/restasse a casa con il nonno. Non è bene che stia/stesse solo tutto il fine settimana.

Die reflexiven Verben

Franca **si alza** alle sette. **Si lava**, **si veste**, prende un caffè ed esce.

Franca steht um sieben Uhr auf. Sie wäscht sich, zieht sich an, trinkt einen Kaffee und geht weg.

Wie im Deutschen gibt es auch im Italienischen Verben, die sowohl nicht reflexiv als auch reflexiv sein können, z. B. **lavare** (*waschen*) und **lavarsi** (*sich waschen*). Einige ändern dabei sogar ihre Bedeutung, wie z. B.:

alzare	*hochheben*	alzarsi	*aufstehen*
cambiare	*wechseln*	cambiarsi	*sich umziehen*
chiamare	*rufen, anrufen*	chiamarsi	*heißen*
sedere	*sitzen*	sedersi	*sich setzen*
trovare	*finden*	trovarsi	*sich befinden*
tenere	*halten*	tenersi	*sich (fest)halten*

In der Umgangssprache werden oft nicht reflexive Verben reflexiv verwendet. Der Sprecher gibt damit seiner Aussage einen besonders persönlichen Ton, z. B.:

Adesso **mi bevo** una bella birra.	*Jetzt trinke ich (mir) ein Bierchen.*
Ci siamo mangiati un panino.	*Wir haben (uns) ein Brötchen gegessen.*

Einige wichtige Verben sind im Italienischen reflexiv, im Deutschen hingegen nicht:

accorgersi di qc	*etw bemerken*	chiamarsi	*heißen*
addormentarsi	*einschlafen*	fermarsi	*anhalten*
alzarsi	*aufstehen*	ammalarsi	*erkranken*
mettersi qc	*etw anziehen*	andarsene	*weggehen*
svegliarsi	*aufwachen*		

Den umgekehrten Fall gibt es natürlich auch, d.h. ein Verb ist im Deutschen reflexiv und im Italienischen nicht reflexiv:

cambiare	*sich ändern*
migliorare	*sich (ver)bessern*
succedere	*sich ereignen*
peggiorare	*sich verschlechtern*

Die reflexiven Verben im Präsens

Neu bei den Reflexivpronomen sind nur die Formen der 3. Person Einzahl und Mehrzahl. Die anderen Formen entsprechen denjenigen der direkten und indirekten Objektpronomen.

1 Non **ti senti** bene?

2 No, non tanto. Forse **mi siedo** un po' all'ombra.

1. Fühlst du dich nicht wohl? 2. Nein, nicht so sehr. Vielleicht setze ich mich ein wenig in den Schatten.

1. Regelmäßige Formen

	alzar**si**	
(io)	**mi**	alzo
(tu)	**ti**	alzi
(lui/lei/Lei)	**si**	alza
(noi)	**ci**	alziamo
(voi)	**vi**	alzate
(loro)	**si**	alzano

Die reflexiven Verben haben immer ein Reflexivpronomen bei sich. Im Infinitiv, z. B. bei **alzarsi,** wird das Reflexivpronomen an den um das **-e** verkürzten Infinitiv angehängt: **alzare** ▸ **alzarsi.**

alzarsi – *aufstehen*

mettersi qc – *etw anziehen*
lavarsi – *sich waschen*
pulirsi – *sich putzen*
vestirsi – *sich anziehen*

mettersi:	Che cosa **ti metti**?	Sobald ein reflexives Verb konjugiert wird, steht das Reflexivpronomen vor dem Verb. Das Verb selbst wird wie jedes andere nicht reflexive Verb auf -**are**, -**ere** oder -**ire** konjugiert.
lavarsi:	**Ti lavi** prima tu?	
pulirsi:	**Mi pulisco** i denti.	
vestirsi:	Perché non **ti vesti**?	

▸ **Das Personalpronomen**, S. 71

Die Stellung des Reflexivpronomens folgt denselben Regeln wie die übrigen Pronomen.

2. Unregelmäßige Formen

Ist ein Verb in seiner nicht reflexiven Form unregelmäßig, ist es auch in seiner reflexiven Form unregelmäßig.

tenersi – *sich (fest)halten*
sedersi – *sich setzen*

	tenersi	sedersi
(io)	mi **tengo**	mi **siedo**
(tu)	ti **tieni**	ti **siedi**
(lui/lei/Lei)	si **tiene**	si **siede**
(noi)	ci teniamo	ci sediamo
(voi)	vi tenete	vi sedete
(loro)	si **tengono**	si **siedono**

Die reflexiven Verben in den zusammengesetzten Zeiten

1 Mia moglie ed io **ci siamo conosciuti** grazie a Internet.

2 Fabio si trasferì in Germania perché **si era innamorato** di una ragazza tedesca.

3 Appena **ti sarai separato** da Anna verrò ad abitare da te.

1. Meine Frau und ich haben uns dank des Internets kennen gelernt. 2. Fabio zog nach Deutschland, weil er sich in ein deutsches Mädchen verliebt hatte. 3. Sobald du dich von Anna getrennt haben wirst, werde ich zu dir ziehen.

Die Bildung der zusammengesetzten Zeiten, also z. B. des **Passato prossimo**, des **Trapassato prossimo**, des **Futurs II**, ist bei den reflexiven Verben ganz einfach. Sie werden immer mit dem Hilfsverb **essere** gebildet.

Sehen Sie hier als Beispiel das Verb **lavarsi** im **Passato prossimo** und **Trapassato Prossimo**:

	Passato prossimo			Trapassato prossimo		
(io)	mi	**sono**	lavat**o, -a**	mi	**ero**	lavat**o, -a**
(tu)	ti	**sei**	lavat**o, -a**	ti	**eri**	lavat**o, -a**
(lui/lei/Lei)	si	**è**	lavat**o, -a**	si	**era**	lavat**o, -a**
(noi)	ci	**siamo**	lavat**i, -e**	ci	**eravamo**	lavat**i, -e**
(voi)	vi	**siete**	lavat**i, -e**	vi	**eravate**	lavat**i, -e**
(loro)	si	**sono**	lavat**i, -e**	si	**erano**	lavat**i, -e**

Das Partizip Perfekt gleicht sich in Geschlecht und Zahl dem Subjekt an.

Wird das reflexive Verb mit **dovere, potere** oder **volere** verwendet, dann gibt es bei den zusammengesetzten Zeiten zwei Möglichkeiten:

(io)	**mi**	**sono**	**dovuto, -a**	lavare
(tu)	**ti**	**sei**	**dovuto, -a**	lavare
(lui/lei/Lei)	**si**	**è**	**dovuto, -a**	lavare
(noi)	**ci**	**siamo**	**dovuti, -e**	lavare
(voi)	**vi**	**siete**	**dovuti, -e**	lavare
(loro)	**si**	**sono**	**dovuti, -e**	lavare

Sie können das Hilfsverb **essere** nehmen**.** Das Reflexivpronomen steht dann vor dem Hilfsverb.

(io)	**ho**	**dovuto**	lavar**mi**
(tu)	**hai**	**dovuto**	lavar**ti**
(lui/lei/Lei)	**ha**	**dovuto**	lavar**si**
(noi)	**abbiamo**	**dovuto**	lavar**ci**
(voi)	**avete**	**dovuto**	lavar**vi**
(loro)	**hanno**	**dovuto**	lavar**si**

Sie können aber auch das Hilfsverb **avere** benutzen. Das jeweilige Reflexivpronomen müssen Sie in diesem Fall aber an den um das **-e** verkürzten Infinitiv anhängen.

Die reflexiven Verben

1. Vervollständigen Sie den Text mit den angegebenen Verben im Präsens. Setzen Sie sie in die jeweils erforderliche Person.*

a) La mattina mio marito ed io (svegliarsi) ____________________ alle sei. b) Lui (alzarsi) ____________________ subito e (preparare) ____________________ la colazione. c) Io invece (alzarsi) ____________________ quando tutto è pronto. d) Dopo la colazione Fabio (lavarsi) ____________________ , (farsi) ____________________ la barba e (prepararsi) ____________________ per andare in ufficio. e) Quando lui è uscito, io posso (lavarsi) ____________________ , (vestirsi) ____________________ e (occuparsi) ____________________ poi tranquillamente della casa. f) Verso le nove (mettersi) ____________________ a lavorare. g) Durante il giorno Fabio ed io (vedersi) ____________________ raramente. h) A mezzogiorno io (farsi) ____________________ un panino e Fabio (andare) ____________________ a mangiare da sua madre. i) La sera, dopo cena, Fabio ed io (uscire) ____________________ con degli amici oppure (sedersi) ____________________ davanti al televisore.

2. Setzen Sie die Sätze ins **Passato prossimo**.**

trasferirsi – *umziehen*
iscriversi – *sich einschreiben*
addormentarsi – *einschlafen*
annoiarsi – *sich langweilen*

a) Sai che Carlo si sposa? ____________________
b) I vicini devono trasferirsi a Parma. ____________________
c) Elena, ti informi tu per il treno? ____________________
d) Pia e Pietro si incontrano spesso. ____________________
e) Oggi Lucia può riposarsi un po'. ____________________
f) Luca vuole iscriversi a medicina. ____________________
g) Perché se ne va, Elena? ____________________
h) Mia figlia non si diverte con noi. ____________________
i) Luca non può addormentarsi. ____________________
j) Al mare Luca si annoia molto. ____________________
k) Rosa non vuole mettersi la gonna. ____________________

Unpersönliche Verben und Ausdrücke

1. Es ist schön, im Urlaub zu sein, nicht wahr? 2. Wenn es nicht regnet und nicht zu warm ist, ja. 3. Und wenn man nicht früh aufstehen muss, um irgendwohin einen Ausflug zu machen.

Unpersönliche Verben und Ausdrücke haben kein bestimmtes Subjekt.

Zu den unpersönlichen Verben gehören:

Oggi **piove/nevica/grandina.** **Fa bel/brutto tempo.** **Fa caldo/freddo/fresco.**	Verben und Ausdrücke, die das Wetter beschreiben.
Basta fare attenzione. **Bisogna** pagare subito. **Conviene** dire la verità. Con questo tempo **è meglio** rimanere a casa. Ma **è necessario** partire tanto presto? Non mi **piace** giocare a golf. **Sembra** strano, ma è vero. Con lui non **serve** parlare. **Ci vuole** molto per convincermi.	Verben und Ausdrücke, die im Deutschen mit *es*, *man* oder *es ist* wiedergegeben werden, z. B.: **basta** *(es genügt)*, **bisogna** *(man muss, es ist nötig)*, **conviene** *(es ist angebracht)*, **è meglio** *(es ist besser)*, **è necessario** *(es ist nötig)*, **piace** *(es gefällt)*, **sembra** *(es scheint)*, **serve** *(es ist nützlich)*, **ci vuole poco/molto** *(es gehört wenig/viel dazu)*.

nevicare – *schneien*
grandinare – *hageln*
fa caldo – *es ist warm, es ist heiß*
freddo – *kalt*
fresco – *frisch*

È bastato poco per convincerlo. Non **è servito** a niente parlare con lui. Mi **è sembrato** che tutto andasse bene.	Die zusammengesetzten Zeiten bilden die unpersönlichen Verben und Ausdrücke in der Regel mit dem Hilfsverb **essere.**

convincere qu – *jdn überzeugen*

Ha fatto bel tempo. **Ha fatto** un po' **fresco.** Quest'estate **ha fatto caldo.** Ieri **è/ha** piovuto tutto il giorno. Quest'anno non **è/ha nevicato** molto.	Atmosphärische Erscheinungen, die mit **fare** ausgedrückt werden, bilden aber die zusammengesetzten Zeiten mit **avere.** Ansonsten haben Sie bei Angaben über das Wetter die Wahl zwischen **essere** und **avere.**
Secondo te **basteranno i soldi?** **I soldi** non **sono bastati.** Qui **succedono** tante **cose** strane. **Sono successi** molti **incidenti.** Vi **piacciono gli spaghetti?** **La serata** non mi **è piaciuta.** **Ci vogliono** pochi **minuti** per fare il caffè. **C'è voluta** molta **forza** per aprire la porta.	Viele unpersönliche Verben und Ausdrücke können auch persönlich verwendet werden. Das Verb richtet sich dann in Geschlecht und Zahl nach dem Subjekt.
C'è poco **posto** per le macchine. **Ci sono** pochi **parcheggi.**	Dem deutschen *es gibt/es hat* entspricht im Italienischen **c'è,** wenn das Subjekt in der Einzahl steht...
+ **Cosa c'è** da mangiare, oggi? ~ **Ci sono le tagliatelle** alla bolognese.	... und **ci sono**, wenn es in der Mehrzahl steht.

Anders als im Deutschen werden folgende Ausdrücke im Italienischen persönlich verwendet:

Sto bene.	*Es geht mir gut.*
Ho freddo/caldo.	*Mir ist kalt/warm.*
Riesco ad arrivare in tempo.	*Es gelingt mir pünktlich anzukommen.*
Sono lieto/contento di vederti.	*Es freut mich, dich zu sehen.*

1. Setzen Sie die hervorgehobenen Verbformen ins **Passato prossimo.****

a) Oggi **fa bel tempo**, però **fa un po' fresco**.

____

b) Da noi **nevica** e **fa molto freddo**.

____

c) Qui **fa caldo** e il posto mi piace molto; purtroppo i soldi **non bastano** per rimanere ancora alcuni giorni.

____

d) Quest'estate **piove** molto qui al Nord.

____

2. Ergänzen Sie die Dialoge mit dem jeweils passenden Verb bzw. Ausdruck.***

a) ~ Secondo te ____________ un'ora per preparare le lasagne?
+ Mah, dipende. Se le compri già preparate ____________ anche venti minuti. Se però le vuoi preparare tu ______________ anche più di un'ora.

b) + Ma a voi ____________ fare campeggio?
~ Moltissimo, perché, a te no?
+ No, io preferisco la vacanza rilassante, dove non ______________ fare niente, assolutamente niente.

c) + Che cosa ______________ da mangiare, oggi?
~ Dunque, ______________ gli gnocchi e delle fettine di vitello. Ai bambini ____________________ gli gnocchi?
+ Ma certo, moltissimo!

d) + Ho letto che per mantenersi in forma ________________ almeno 30 minuti di esercizio fisico al giorno.
~ Accidenti, non è poco!
+ D'accordo, però ______________ che ____________ una passeggiata a ritmo veloce.

ci sono
sembra
basta
piace
basti
ci vogliono
ci vuole
piacciono
bisogna
bastano
c'è

mantenersi in forma – *sich in Form halten*
l'esercizio fisico – *die körperliche Betätigung*

Der Infinitiv
Der Infinitiv Präsens

Stamattina sono uscito senza **fare** colazione. Adesso sono proprio contento di **mangiare** un bel piatto di spaghetti!

Heute Morgen bin ich ohne zu frühstücken weggegangen. Jetzt bin ich richtig froh, einen großen Teller Spaghetti zu essen!

1. Formen

compr**are** vend**ere** part**ire**	Es gibt im Italienischen drei Formen des Infinitivs: Infinitive auf -**are,** -**ere** und -**ire.**
distr**arre** prop**orre** cond**urre**	In einigen wenigen Fällen hat der Infinitiv die Formen -**arre**, -**orre** oder -**urre**.

distrarre – *ablenken*
proporre – *vorschlagen*
condurre – *begleiten, führen*

2. Infinitiv + Personalpronomen

Temo di **farti** male. Sono contenta di **vedervi**. Vengono a **prendermi** alle otto.	Die Personalpronomen werden an den um das -**e** gekürzten Infinitiv angehängt.
Non vorrei **distrarti**. Avrei una soluzione da **proporvi**. Cercherò di **impormi.**	Bei den Verben auf -**arre,** -**orre** und -**urre** wird der Infinitiv um -**re** gekürzt.

imporsi – *sich durchsetzen*

Gebrauch

Der Infinitiv wird im Italienischen und im Deutschen gleich verwendet. Es gibt allerdings Unterschiede im Gebrauch der Präposition, die dem Infinitiv vorausgeht. Manchmal folgt der Infinitiv dem konjugierten Verb sogar direkt ohne Präposition.

Der Infinitiv steht ohne Präposition ...

Giovanna **deve rimanere** a casa.
Posso aprire la finestra?

... nach **dovere, potere, volere** und **sapere**, ...

Rita non **ama spendere** troppo.
Desidererei partire presto.
Ti **ho sentito telefonare.**

... nach einer Reihe weiterer Verben, z. B. **amare, desiderare, preferire, sentire** und **vedere,** ...

È facile criticare gli altri.
È meglio chiudere la porta.
Basta fare attenzione.

... und nach unpersönlichen Verben und Ausdrücken, z. B. **è facile, è meglio, basta, bisogna, mi/ti ... piace.**

▸ **Unpersönliche Verben und Ausdrücke**, S. 165

Nach **mi/ti ... dispiace, mi/ti ... pare** und **mi/ti ... sembra** wird aber der Infinitiv mit **di** angeschlossen:

Mi dispiace di non poter venire.
Mi pare di essere dimagrita.
Mi sembra di stare meglio.

Häufig wird der Infinitiv mit **a** angeschlossen. So nach ...

Mi sono abituata ad alzarmi presto.
Non **riesco ad aprire** la porta.
Tanta gente **si diverte a navigare** su Internet.

... den Verben **abituarsi a, divertirsi a, fermarsi a, riuscire a, servire a** usw., ...

Wenn nach der Präposition **a** ein Wort folgt, das mit Vokal beginnt, wird die Präposition **a** oft zu **ad.** Das **d** hat die Aufgabe die Aussprache zu erleichtern.

Vado a fare la spesa.
Ich gehe einkaufen.
Perché Luigi non **rimane a dormire**?
Warum bleibt Luigi nicht und schläft hier?
Passo a salutarti.
Ich komme vorbei um dich zu grüßen.
Veniamo a trovarvi stasera.
Wir besuchen euch heute Abend.

... nach Verben der Bewegung und des Bleibens, wie z. B.: **andare a, correre a, passare a, rimanere a, (re)stare a, venire a**, ...

Cominciamo a lavorare presto.
Continui a studiare il tedesco?
Ha iniziato a scrivere poesie.
Forse **mi metto a fare** jogging.

... nach Verben des Beginnens und Weitermachens, z. B. **cominciare a, continuare a, iniziare a, mettersi a**, ...

Non **sono abituato a stare** solo.
Non **è adatta a fare** l'insegnante.
È bravo a suonare il piano.
Siamo obbligati a cambiar casa.

... und häufig nach **essere** + Adjektiv, z. B**. essere abituato a, essere adatto a, essere bravo a, essere obbligato a** usw.

Der Infinitiv steht nach der Präposition **di** ...

Finisco di lavorare verso le sette.
Non **smette di piovere.**

... bei Verben des Beendens einer Handlung wie **finire di, smettere di**, ...

Ho bisogno di stare solo.
Hai ragione di difenderti.
Non **ho tempo di fare** la spesa.

... oft bei **avere +** Substantiv, z. B. **aver bisogno di, aver ragione di, aver tempo di, aver voglia di** usw., ...

Siamo contenti di vederti.
Sono felice di essere qui.
Sei stufo di stare in casa?

... oft bei **essere** + Adjektiv, z. B. **essere contento di, essere felice di, essere stanco di, essere stufo di, essere triste di** usw. ...

Aspettiamo di poter partire.
Cercherò di arrivare in tempo.
Credo di stare meglio.
Gli **ho promesso di telefonargli.**
Ricordati di comprare la frutta!

... und bei einer Reihe anderer Verben, z. B. **aspettare di, cercare di, credere di, decidere di, dimenticare di, promettere di, ricordarsi di, sperare di, temere di** usw.

la poesia – *das Gedicht*
mettersi a fare qc – *anfangen etw zu tun*
adatto – *geeignet*
essere obbligato – *gezwungen sein*
smettere – *aufhören*
aver ragione – *Recht haben*
sono stufo – *ich bin's leid*
promettere – *versprechen*

Der Infinitiv steht nach der Präposition **da** zur Angabe der Bestimmung …

Che cosa c'è **da mangiare?**
Vorrei **qualcosa da bere.**

… bei **che cosa?, qualcosa, niente, molto** und **poco** …

Non ho **tempo da perdere.**
Abbiamo **una proposta da farvi.**

… und bei Substantiven.

Der Infinitiv steht außerdem …

Sono qui **per scusarmi.**
Il dottor Renzi ha telefonato **per disdire** l'appuntamento.

… nach der Präposition **per** (*um zu*), …

Invece di studiare è uscito con Pia.
Telefonami **prima di partire**!
È uscito **senza salutare.**

… nach **invece di** (*anstatt*), **prima di** (*bevor*) und **senza** (*ohne*) …

Sono io **a non volere** il telefonino. (= Sono io che non voglio il …)

… sowie nach der Präposition **a** anstelle eines Relativsatzes.

la proposta – *der Vorschlag*
disdire – *absagen*

Aus einem Infinitiv entsteht ein Substantiv, wenn er von dem bestimmten Artikel **il, lo** oder **l'** begleitet wird, z. B.: **Il mangiare** era ottimo. *(Das Essen war ausgezeichnet.)*

!

Der Infinitiv Perfekt

1 Dopo **aver mangiato** abbiamo fatto una passeggiata.

2 Penso di **essere dimagrito**.

1. Nachdem wir gegessen hatten, haben wir einen Spaziergang gemacht. 2. Ich glaube abgenommen zu haben.

Bildung

Penso di **aver(e) detto** tutto. Crede di **aver(e) fatto** il necessario. Pensiamo di **esser(e) partiti** in tempo.	Den Infinitiv Perfekt bilden Sie mit dem Infinitiv von **avere** oder **essere** (die Endung **-e** kann dabei wegfallen) und dem Partizip Perfekt des jeweiligen Hauptverbs.

Carlo teme di **esser(e) stato** poco gentile.
Eva è contenta di **esser(e) venuta** con noi.
I genitori temono di **esser(e) partiti** tardi.
A Pia e Rosa dispiace di **esser(e) arrivate** tardi.

Wenn der Infinitiv Perfekt mit **essere** konjugiert wird, dann richtet sich das Partizip Perfekt in Geschlecht und Zahl nach dem Subjekt.

Infinitiv Perfekt + Personalpronomen

Unbetonte Personalpronomen werden an **esser**- bzw. **aver**- angehängt:

▸ **Die Stellung der unbetonten Objektpronomen**, S. 71

Dopo **essermi** lavata i capelli sono uscita.
Dopo **esserci** riposati un po' siamo andati a mangiare.
Ho telefonato a Enzo. Credo di **avergli** fatto piacere.
Chissà dove sono le chiavi. Pensavo di **averle** messe nella borsetta e invece lì non ci sono.

Gebrauch

A Chiara dispiace di **essersi arrabbiata**.
Penso di non **aver chiuso** la finestra del soggiorno.

Mit dem Infinitiv Perfekt bezeichnen Sie einen Vorgang, der bereits geschehen ist …

insultarsi – *sich beschimpfen, sich beleidigen*

Dopo **aver fatto** la spesa sono tornata a casa.
Dopo **essersi insultati** hanno fatto la pace.

… oder der sich vor einem anderen Vorgang ereignet hat.

1. Ergänzen Sie die Präpositionen **a, da** oder **di**, wo nötig.**

a) Vado _____ comprare il giornale.

b) Carlo ha molto _____ fare, non può _____ occuparsi dei bambini.

c) In agosto è meglio _____ prenotare il posto in treno.

d) Siamo stufi _____ sentire le vostre discussioni.

e) Hai qualcosa di fresco _____ bere?

f) Spesso basta _____ scusarsi gentilmente.

g) Monica è uscita senza _____ ringraziare.

h) Con i miei genitori non serve _____ discutere.

i) Non riesco _____ capire Pietro.

j) Siamo felici _____ rivederti.

k) Sandro è bravissimo _____ riparare la macchina.

l) Ho dimenticato _____ chiudere la porta a chiave.

m) Ci dispiace _____ non poter venire al matrimonio.

n) A che ora venite _____ prenderci?

2. Setzen Sie anstelle des Infinitiv Präsens den Infinitiv Perfekt.*

a) Siamo contenti **di incontrarvi**. ______________________________

b) Mi dispiace **di litigare** con te. ______________________________

c) Mi sembra **di lavorare** abbastanza. ______________________________

d) Eva è contenta **di andare** a teatro. ______________________________

3. Ersetzen Sie den hervorgehobenen Satzteil durch ein Objektpronomen.**

a) Non vorrei incontrare **i vicini**. ______________________________

b) Dovresti telefonare **a Pietro**. ______________________________

c) Sono felice di rivedere **i miei**. ______________________________

d) Hai promesso di scrivere **a Pia**. ______________________________

e) Mi pare di aver già visto **il film**. ______________________________

lo
le
gli
li
li

! Das Gerundium bleibt immer unverändert.

Das Gerundium

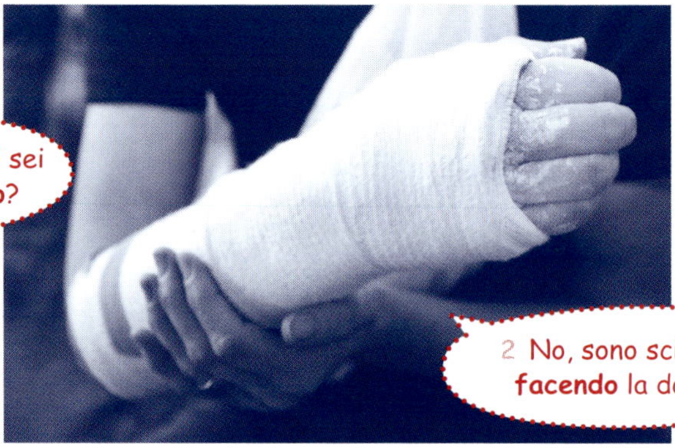

1. Was ist passiert? Hast du dich beim Skilaufen verletzt? 2. Nein, ich bin beim Duschen ausgerutscht.

Bildung

Das Gerundium bilden Sie, indem Sie:

and**are**:	**andando**	bei den Verben auf -**are** die Endung -**ando** an den Verbstamm anhängen.
prend**ere**: dorm**ire**: fin**ire**:	**prendendo** **dormendo** **finendo**	bei den Verben auf -**ere** und -**ire** die Endung -**endo** an den Verbstamm anhängen.
bere: dire: fare:	**bevendo** **dicendo** **facendo**	Einige wenige Verben bilden das Gerundium unregelmäßig. Bei diesen Verben wird die Endung -**endo** an den Imperfektstamm angehängt.
trarre: porre: produrre:	**traendo** **ponendo** **producendo**	Wie **trarre**, **porre** und **produrre** wird auch das Gerundium der anderen Verben auf -**arre**, -**orre** und -**urre** gebildet.

Stare + Gerundium

1 Ma dov'è Mario? 2 **Sta facendo** la doccia.

1. Wo ist denn Mario? 2. Er duscht gerade.

1. Bildung

(io)	**sto**	**scrivendo**	Bei **stare** + Gerundium wird **stare** in die jeweilige Form gesetzt. Das Verb der beschriebenen Handlung steht im Gerundium.
(tu)	**stai**	**leggendo**	
(lui/lei/Lei)	**sta**	**dormendo**	
(noi)	**stiamo**	**lavorando**	
(voi)	**state**	**uscendo**	
(loro)	**stanno**	**mangiando**	

2. Stellung der Personalpronomen

+ Hai già risposto a Rita?
~ **Le** sto scrivendo adesso.
Io torno a casa, **mi** sto annoiando.

Die unbetonten Personalpronomen und die Reflexivpronomen stehen meistens vor **stare.**

Gebrauch

+ Cosa **state facendo**?
~ **Stiamo guardando** le foto delle vacanze.

Mit **stare** + Gerundium können Sie eine Handlung beschreiben, die gerade passiert.

+ Cosa **stavi facendo** ieri quando ho telefonato?
~ **Stavo lavorando** in giardino.

Die beschriebene Handlung kann auch in der Vergangenheit liegen. **Stare** steht dann in den Formen des **Imperfetto**.

+ Sai dov'è Pietro?
~ Credo che **stia cercando** qualcosa in cantina.
Non sapevo che tu **stessi studiando** il tedesco.

Nach einem Verb, das den **Congiuntivo** verlangt, steht **stare** im **Congiuntivo presente** bzw. **im Congiuntivo imperfetto**.

Das Gerundium als Ersatz von Nebensätzen

1 Gianni ed io ci siamo conosciuti **chattando su Internet**.

2 **Prendendo il treno delle 7.55** siete a Roma alle 12.20.

1. Gianni und ich haben uns beim Chatten im Internet kennen gelernt. 2. Wenn ihr den Zug um 7.55 Uhr nehmt, seid ihr um 12.20 Uhr in Rom.

Das Gerundium kann anstelle von Nebensätzen benutzt werden, wenn die Handlungen von Haupt- und Nebensatz gleichzeitig verlaufen und dasselbe Subjekt haben:

Viaggiando in treno incontro tanta gente simpatica.
(= **Quando viaggio** in treno ...)
Beim Zugfahren/Wenn ich Zug fahre, treffe ich viele sympathische Leute.

Das Gerundium ersetzt Nebensätze die mit **quando** eingeleitet werden, ...

Sono caduto **scendendo** le scale.
(= ... **mentre scendevo** le scale.)
Ich bin hingefallen, als/während ich die Treppe hinunterstieg.

... Nebensätze, die mit **mentre** eingeleitet werden, ...

Mangiando di meno dimagrisci.
(= **Se mangi** di meno ...)
Wenn/Falls/Indem du weniger isst, nimmst du ab.

... Nebensätze, die eine Bedingung ausdrücken, ...

Essendo in ritardo prendiamo un taxi.
(= **Siccome siamo** in ritardo ...)
Da wir spät dran sind, nehmen wir ein Taxi.

... Nebensätze, die die Ursache angeben ...

Pur conoscendo bene l'inglese non capisco questo testo.
(= **Anche se conosco** bene ...)
Obwohl ich gut Englisch kann, verstehe ich diesen Text nicht.

... und Nebensätze, die mit **anche se** eingeleitet werden, bei **pur** + Gerundium.

Stellung der Personalpronomen

Unbetonte Personalpronomen und Reflexivpronomen werden einfach an das Gerundium angehängt.

Telefonando**gli** adesso lo disturbi.
Wenn du ihn jetzt anrufst, störst du ihn.
Offendendo**mi** non ottieni niente.
Wenn du mich beleidigst, erreichst du nichts.

1. Beantworten Sie die Fragen, indem Sie das jeweils angegebene Verb in die passende Zeit der Verlaufsform **stare** + Gerundium setzen.**

a) Ma cosa fate? giocare a carte

____

b) Sai dov'è Franca? vestirsi per uscire

____

c) Dove sono i bambini? guardare la televisione

____

d) Che cosa facevate ieri alle sette? cenare

____

e) Ti ho telefonato, ma tu non c'eri. fare la spesa

____

f) Ma perché non risponde, Carlo? ascoltare la musica.

____

2. Ersetzen Sie das Gerundium durch den jeweils passenden Nebensatz.***

a) Leggendo la lettera Maria piangeva.

Mentre ______________________________

b) Passando per il centro farai più in fretta.

____

c) Non avendo il tuo indirizzo elettronico ti ho mandato una lettera.

____

d) Ho cambiato opinione su di te vedendoti giocare con tuo figlio.

____

e) Pur avendo fretta Carla si è fermata a guardare le vetrine.

____

f) Organizzandoti bene riuscirai a fare molte cose.

____

g) Ho incontrato Piero uscendo dal cinema .

____

l'indirizzo elettronico – *die E-Mail-Adresse*
aver fretta – *in Eile sein*

Das Passiv

1 «La Repubblica» **viene letta da** molta gente.

2 «Il nome della rosa» **è stato tradotto** in molte lingue.

1. „La Repubblica" wird von vielen Leuten gelesen. 2. „Der Name der Rose" ist in viele Sprachen übersetzt worden.

Aktivsatz und Passivsatz

Einen Aktivsatz mit einem direkten Objekt kann man in einen Passivsatz umwandeln:

Aktivsatz: **I turisti** visitano **il duomo.**
Die Touristen besuchen den Dom.

Passivsatz: **Il duomo** è/viene visitato **dai turisti.**
Der Dom wird von den Touristen besucht.

Im Passivsatz kann der Urheber der Handlung unerwähnt bleiben:

Questa villa **è stata costruita** nel 1924.
I clienti **vengono trattati** bene.

Wenn der Urheber der Handlung erwähnt wird, dann schließt man ihn mit der Präposition **da** an:

Questa villa è stata costruita **da un famoso architetto francese.**
I clienti vengono trattati bene **dal personale**.

Die einfachen Zeiten

1. Das Präsens

(io)	**sono/vengo invitato, -a**
(tu)	**sei/vieni invitato, -a**
(lui/lei/Lei)	**è/viene invitato, -a**
(noi)	**siamo/veniamo invitati, -e**
(voi)	**siete/venite invitati, -e**
(loro)	**sono/vengono invitati, -e**

Das Passiv Präsens bilden Sie mit dem Präsens von **essere** oder **venire** und dem Partizip Perfekt des Hauptverbs. Letzteres richtet sich in Geschlecht und Zahl nach dem Subjekt.

2. Die anderen einfachen Zeiten

Imperfekt:	Il duomo	**era/veniva visitato.**
Futur:	La mostra	**sarà/verrà visitata.**
Passato remoto:	I musei	**furono/vennero visitati.**
Konditional I:	Le città	**sarebbero/verrebbero visitate.**

Die anderen einfachen Zeitformen werden mit der entsprechenden Zeit von **essere** oder **venire** und dem Partizip Perfekt des Hauptverbs gebildet.

Das Passiv mit **essere** drückt manchmal eher einen Zustand aus; das Passiv mit **venire** hingegen gibt immer einen Vorgang wieder. Wenn Sie also den Vorgang betonen wollen, dann bilden Sie das Passiv mit **venire**:

La finestra **viene chiusa.**	*Das Fenster wird geschlossen.*
Carla **viene invitata.**	*Carla wird eingeladen.*

Wenn Sie hingegen einen Zustand beschreiben wollen, verwenden Sie **essere**:

La finestra **è chiusa.**	*Das Fenster ist geschlossen.*
Carla **è invitata.**	*Carla ist eingeladen.*

3. Umschreibung des Passivs

Wenn der Urheber nicht genannt ist, hat man im Italienischen die Möglichkeit, das Passiv zu umschreiben. Man kann folgende Konstruktionen wählen:

Qui **si vende** frutta fresca.	*Hier wird frisches Obst verkauft.*

- **si** (*man*) + Verb in der 3. Person Einzahl bei einem Objekt in der Einzahl.

Non **si accettano** carte di credito.	*Es werden keine Kreditkarten angenommen.*

- **si** (*man*) + Verb in der 3. Person Mehrzahl bei einem Objekt in der Mehrzahl.

Qui **costruiscono** un grande centro commerciale.	*Hier wird ein großes Einkaufszentrum gebaut.*

- die 3. Person Mehrzahl des Verbs.

Die zusammengesetzten Zeiten

1 La casa **è stata costruita** due anni fa.

2 La storia **era stata pubblicata** subito.

3 Credo che il film **sia stato lodato**.

4 Senza di te non **sarei** mai **stato invitato**.

1. Das Haus ist vor zwei Jahren gebaut worden. 2. Die Geschichte war sofort veröffentlicht worden. 3. Ich glaube, dass der Film gelobt worden ist. 4. Ohne dich wäre ich nie eingeladen worden.

Beim Passiv können Sie die zusammengesetzten Zeiten nur mit **essere** und dem Partizip Perfekt des Hauptverbs bilden. **Essere** wird dabei in die erforderliche Zeit gesetzt.

1. Das Passato prossimo

(io)	**sono**	**stato, -a**	**invitato, -a**
(tu)	**sei**	**stato, -a**	**invitato, -a**
(lui/lei/Lei)	**è**	**stato, -a**	**invitato, -a**
(noi)	**siamo**	**stati, -e**	**invitati, -e**
(voi)	**siete**	**stati, -e**	**invitati, -e**
(loro)	**sono**	**stati, -e**	**invitati, -e**

2. Die anderen zusammengesetzten Zeiten

Trapassato prossimo:	(io)	**ero**	**stato, -a**	**invitato, -a**
Congiuntivo passato:	(io)	**sia**	**stato, -a**	**invitato, -a**
Congiuntivo trapassato:	(io)	**fossi**	**stato, -a**	**invitato, -a**
Konditional II:	(io)	**sarei**	**stato, -a**	**invitato, -a**

1. Welche der folgenden Sätze sind Passivsätze, welche hingegen sind Aktivsätze? Tragen Sie die entsprechenden Ziffern in die jeweiligen Kästchen ein.**

a) Il viaggio verrà organizzato dall'Istituto italiano di cultura.

b) Il documentario è stato realizzato dalla televisione tedesca.

c) Nostro figlio viene a trovarci spesso.

d) Questa villa venne costruita nel 1925.

e) Ieri è venuto Claudio con la sua ragazza.

f) Il professor Salvi è stato da noi alcune settimane fa.

g) Credo che Claudio sia venuto in treno.

h) Sembra che questo quadro sia stato dipinto da Dalì.

Aktivsätze: ☐ ☐ ☐ ☐ Passivsätze: ☐ ☐ ☐ ☐

2. Setzen Sie den Satz in die angegebenen Zeiten sowie ins Konditional und in den **Congiuntivo**.*

a) Präsens: *I turisti vengono accolti molto bene.*

b) Imperfetto: ______

c) Konditional I: ______

d) Passato prossimo: ______

d) Congiuntivo presente: *Credo che* ______

3. Ergänzen Sie die Sätze mit dem Passiv in der jeweils erforderlichen Zeit.**

a) L'anno prossimo (costruire) ______ un nuovo centro commerciale vicino alla stazione.

b) Il mese scorso (inaugurare) ______ la mostra di Mirò.

c) Ogni anno a Salsomaggiore (eleggere) ______ Miss Italia.

d) I Bronzi di Riace (trovare) ______ nel 1972.

il centro commerciale – *das Einkaufszentrum*
inaugurare – *eröffnen*
eleggere – *wählen*

Das deutsche *man* wird im Italienischen mit **si** wiedergegeben.

Die unpersönliche Form si

Wenn man mit dem Auto unterwegs ist, hat man oft zu viel Gepäck.

Die Anwendung von **si** ist leider nicht ganz so einfach wie die von *man* im Deutschen.

Gebrauch

In questo albergo **si sta** bene.
Se **si continua** per questa strada **si arriva** in centro.

Nach **si** steht das Verb in der 3. Person Einzahl.

Da qui **si ha una bellissima vista** su tutta la città.
A casa nostra **si beve poca birra.**

Nach **si** steht das Verb in der 3. Person Einzahl, wenn ein direktes Objekt in der Einzahl folgt.

Come **si preparano le lasagne** verdi?
Qui **si mangiano delle ottime trenette** al pesto.

Nach **si** steht das Verb in der 3. Person Mehrzahl, wenn es sich auf ein direktes Objekt in der Mehrzahl bezieht.

Chissà se **ci si metterà** d'accordo.
In inverno **ci si ammala** facilmente.

In Verbindung mit einem reflexiven Verb ergibt sich die Form **ci si** + Verb.

Quando **si è malati** si dovrebbe stare a casa.
Quando **si diventa padri** si cambia; **si diventa** più **pazienti.**

Bei **si** + **è** bzw. **diventa** steht das nachfolgende Adjektiv/Substantiv in der Mehrzahl der männlichen Form.

Chissà cosa fa Carlo; non **lo si** vede più.
Wer weiß, was Carlo macht; man sieht ihn nicht mehr.

In Verbindung mit einem unbetonten Personalpronomen steht **si** an zweiter Stelle.

Non **se ne** parla più.
Man spricht nicht mehr davon.

In Verbindung mit **ne** wird **si** zu **se** und steht an erster Stelle.

Si in den zusammengesetzten Zeiten

All'invito **si è mangiato** bene e **si sono fatti** discorsi interessanti.

Bei der Einladung hat man gut gegessen und interessante Gespräche geführt.

Beim unpersönlichen **si** werden die zusammengesetzten Zeiten immer mit **essere** gebildet. Die Veränderlichkeit des Partizip Perfekts hängt von drei Kriterien ab:

Si è partiti presto e **si è arrivati** verso le sei.
Durante il viaggio **ci si è fermati** solo due volte.

verso – *gegen*
durante – *während*

Wenn das Verb in der persönlichen Form mit **essere** konjugiert wird (z. B. **sono partito** und **mi sono fermato**), dann endet das Partizip Perfekt in der unpersönlichen Form auf **-i**.

Durante le vacanze **si è giocato** a tennis.
Si è mangiato molto bene, ma **si è** anche **pagato** molto.

Wenn das Verb in der persönlichen Form mit **avere** konjugiert wird (**ho giocato, ho mangiato**), dann endet das Partizip Perfekt auf **-o**.

Si è bevuto un ottimo prosecco.
Si è fatta una lunga passeggiata.
Si sono comprati alcuni souvenir.
Si sono fatte alcune fotografie.

Wenn dem unpersönlichen Verb ein direktes Objekt folgt (hier: **prosecco, passeggiata, souvenir, fotografie**), dann richten sich **essere** und das Partizip Perfekt in Zahl und Geschlecht nach diesem Objekt.

Andere Möglichkeiten, das unpersönliche *man* auszudrücken

Se **uno è prudente** non succede niente.
Wenn man vorsichtig ist, passiert nichts.

Das unpersönliche *man* können Sie mit **uno** (*einer*) ausdrücken, ...

Bisogna stare attenti.
Man muss aufpassen.

... mit **bisogna** + Infinitiv, ...

Se non **vuoi** avere problemi **devi** stare calmo.
Wenn du keine Probleme haben willst, musst du ruhig bleiben.

... mit der 2. Person Einzahl wie im Deutschen...

Stanno restaurando il duomo.
Der Dom wird gerade restauriert.

... oder mit der 3. Person Mehrzahl.

1. Was ist typisch italienisch? Schreiben Sie es, indem Sie die unpersönliche Form **si** und die jeweils passende Verbform ergänzen.**

a) (bere) ____________________ il caffè in piedi.

b) (incontrarsi) ____________________ in piazza.

c) Tra amici (salutarsi) ____________________ con un abbraccio o un bacio.

d) A tavola (usare) ____________________ lo stuzzicadenti.

e) (parcheggiare) ____________________ in doppia fila.

f) (consumare) ____________________ molte verdure.

g) (preparare) ____________________ molti sughi freschi.

h) (usare) ____________________ poco la panna e il burro.

lo stuzzicadenti – *der Zahnstocher*
la fila – *die Reihe*

2. Ergänzen Sie die Fragen mit der unpersönlichen Form **si** und der jeweils passenden Form des Präsens.**

a) Come (prepara) ____________________ gli spaghetti alle vongole?

b) Dove (mangiare) ____________________ bene senza pagare troppo?

c) Dove (comprare) ____________________ i migliori grissini?

d) Come (festeggiare) ____________________ da voi il Natale?

e) Dove (trovare) ____________________ dei prodotti biologici?

f) A che ora (andare) ____________________ a cena, da voi?

3. Markieren Sie bei folgenden Sätzen die passende Verbform und ergänzen Sie die fehlenden Endungen.**

a) Quando si è/sono giovan______ non si pensa/pensano alla vecchiaia.

b) Nel nostro quartiere si è/sono costruit______ troppo.

c) Nel centro storico si è/sono restaurat______ parecchi vecchi edifici.

d) Quando si è/sono brill______ non si dovrebbe/dovrebbero guidare.

e) Al vernissage si è/sono vist______ tanta gente dello spettacolo.

f) Se si è/sono timid______ si diventa/diventano ross______ facilmente.

la vecchiaia – *das Alter*
brillo – *beschwipst*
timido – *schüchtern*
gente dello spettacolo – *Leute aus dem Showbusiness*

Die Verneinung

Die Verneinung mit no

1 Vuoi anche tu un caffè?

2 No, io **no**.

3 Perché **no**?

4 Ne ho appena bevuto uno.

1. Willst du auch einen Kaffee? 2. Nein, ich nicht. 3. Warum nicht? 4. Ich habe soeben einen getrunken.

+ Vuoi una birra? ~ **No** grazie, sto bene così. Allora, venite sì o **no?**	**No** steht alleine oder in Sätzen bzw. Satzteilen ohne Verb oder auch am Satzende.
+ Viene anche Pietro? ~ Credo/Penso/Spero **di no.**	Nach **credere, dire, pensare** und **sperare** wird **no** mit **di** angeschlossen.
No, grazie.	**No** bedeutet auf Deutsch *nein*.
Io sto bene, lui **no**. Perché **no?**	Am Satzende bedeutet es in der Regel *nicht*.
Allora, ti decidi di telefonare **sì o no**?	Im Ausdruck **sì o no** wird es allerdings mit *nein* wiedergegeben.

! **Sì** wird auch mit **di** angeschlossen: **Credo/Penso/Spero di sì.**

Die Verneinung mit non

1 Sta lavorando Michele?

2 No, **non** sta lavorando.

3 Perché **non** lavora?

4 Perché **non** ne ha voglia.

1. Arbeitet Michele gerade? 2. Nein, er arbeitet gerade nicht. 3. Warum arbeitet er nicht? 4. Weil er (dazu) keine Lust hat.

Michele **non** lavora molto *Michele arbeitet nicht viel.*	**Non** wird im Deutschen mit *nicht* …
Non ha voglia di lavorare. *Er hat keine Lust zu arbeiten.*	… oder *kein* übersetzt.

Non kann nicht alleine stehen. Es steht:

Stasera **non esco.** Oggi **non ho fatto** colazione. Pia **non è uscita.**	vor dem konjugierten Verb bzw. vor dem Hilfsverb in zusammengesetzten Zeiten.
+ Dov'è il mio passaporto? ~ **Non lo** so, **non l'ho** visto.	vor dem Pronomen bei der Gruppe unbetontes Personalpronomen + Verb.
+ Ti è piaciuto il film? ~ **No, non** mi è piaciuto.	zusammen mit **no**, um negative Antworten zu verstärken.

Die mehrteilige Verneinung

1 **Non** capisco **niente.** 2 Pietro **non** racconta **mai niente.**

1. Ich verstehe nichts. 2. Pietro erzählt nie etwas.

1. Die Verneinungselemente

Folgende Verneinungen bestehen aus mehreren Verneinungselementen. Wie sie ins Deutsche übersetzt werden, sehen Sie hier:

Non legge	**ancora.**	▸ *noch nicht*
Non legge	**affatto.**	▸ *überhaupt nicht*
Non legge	**mai.**	▸ *nie*
Non legge	**mica.**	▸ *gar nicht, gar keine(r, s)*
Non vede	**nessuno.**	▸ *niemand, keine(r, s)*
Non legge	**niente/nulla.**	▸ *nichts*
Non legge	**neanche/nemmeno/ neppure.**	▸ *auch nicht, nicht einmal*
Non legge	**né** riviste **né** libri.	▸ *weder … noch …*
Non legge	**più.**	▸ *nicht mehr*

Mica ist ein umgangssprachlicher Ausdruck.

Die Verneinungselemente können auch kombiniert werden. Im Deutschen werden Sie nur zum Teil als Verneinung wiedergegeben, z. B.:

Non ti telefonerò **mai più.**	*Ich werde dich nie mehr anrufen.*
Non ti presterò **mai più niente.**	*Ich werde dir nie mehr etwas leihen.*
Non presterò **mai più niente a nessuno.**	*Ich werde nie mehr jemandem etwas leihen.*

2. Die Stellung der Verneinungselemente

Pierino **non** cammina **ancora.** **Non** siamo **affatto** stanchi. **Non** andiamo **mai** a teatro. **Non** è **mica** un bambino! Qui **non** conosco **nessuno.** Per Natale **non** le regalo **niente.** **Non** le regalo **neanche** un libro. A Pia **non** piace **né** il mare **né** la montagna. Carlo **non** va **più** a scuola.	Bei der Verneinung mit mehreren Verneinungselementen steht **non** vor dem konjugierten Verb bzw. vor dem unbetonten Personalpronomen. Die Verneinungspartikel stehen meist hinter dem konjugierten Verb.

Die Verneinungselemente stehen wie folgt:

Non compro **niente.**	Sie umschließen das konjugierte Verb.
Non posso comprare **niente.**	Sie umschließen das konjugierte Verb und den Infinitiv.
Non ho comprato **niente.**	Sie umschließen das Hilfsverb und das Partizip Perfekt bei den zusammengesetzten Zeiten.
Non sto comprando **niente.**	Sie umschließen **stare** und Gerundium**.**
Non viene comprato **niente.** **Non** è stato comprato **niente.**	Sie umschließen beim Passiv die konjugierte Form von **venire** bzw. **essere** und das Partizip Perfekt.

Besteht das Prädikat (die Satzaussage) aus mehreren Verbelementen, dann hat das zweite Verneinungselement bei **non ... ancora, non ... mai, non ... mica** und **non ... più** eine andere Stellung. Das zweite Verneinungselement steht:

Non posso **ancora** partire.	zwischen dem konjugierten Verb und dem Infinitiv.
Non sono **ancora** partito. **Non** ho **ancora** mangiato.	zwischen dem Hilfsverb und dem Partizip Perfekt bei den zusammengesetzten Zeiten.
Non sto **ancora** partendo.	zwischen **stare** und dem Gerundium.

Non viene **ancora** venduto. **Non** è **ancora** stato venduto.	zwischen der konjugierten Form von **venire** bzw. **essere** und dem Partizip Perfekt beim Passiv.

Mai, nemmeno/neanche/neppure, niente/nulla, né … né und **nessuno** können auch am Satzanfang stehen. Sie werden dann ohne **non** verwendet und erhalten ganz besonderes Gewicht. Dieser Gebrauch ist allerdings nicht sehr üblich, z. B.:

Mai ti lascerò solo!	*Nie werde ich dich allein lassen!*
Nessuno sarà migliore di noi!	*Niemand wird besser sein als wir!*
Nemmeno noi lasciava entrare!	*Nicht einmal uns ließ er hereinkommen.*
Niente lo convince!	*Nichts überzeugt ihn!*

Die Verneinung

1. Ergänzen Sie die Dialoge mit **no** oder **non**. Fügen Sie, wenn nötig, die Präposition **di** hinzu.**

a) + Avete visto il nuovo videoclip degli Avion Travel?

~ Io sì, loro due ______________ so.

b) + Tu ascolti la musica jazz?

~ Normalmente ________________ . E tu l'ascolti?

+ ________ , la musica jazz proprio _______________ l'ascolto mai.

c) + Hai preso la medicina, oggi?

~_______ , oggi _______ l'ho ancora presa.

d) + Secondo te è troppo tardi per telefonare al dottor Panzini?

~ Penso _________________________ .

disturbare – *stören*
ingrassare – *zunehmen*

+ _______________ lo disturbo, allora.

~ ____________ , ____________ credo.

e) + Vuoi una pasta?

~ Grazie, ma a quest'ora __________ mangio niente.

+ ____________ vuoi ingrassare, vero?

~ Ma __________ ! ________ la prendo perché stasera sono invitata a cena e se prendo una pasta adesso, stasera ____________ ho appetito.

2. Wer ist Silvia? Bringen Sie die Wörter in die richtige Reihenfolge und Sie wissen mehr über sie.**

a) Silvia – è – simpatica – molto – non

____

b) molto – non – è –nemmeno – carina

____

c) invita – nessuno – mai – non

____

d) esce – non – la sera – mai

____

e) di – interessa – niente – si – non

f) così – telefona – le – nessuno – e – va – a – nessuno – trovarla

3. Übersetzen Sie bitte folgende Sätze rund ums Essen.***

a) Heute habe ich nicht viel gegessen.

b) Sonia isst weder Fleisch noch Fisch.

c) Stefania nimmt keinen Nachtisch. Sie nimmt nicht einmal Obst.

d) Die Kinder haben noch nicht gefrühstückt.

e) Zum Frühstück esse ich nicht viel.

f) Abends esse ich nie.

g) Stefano will abends keinen Wein mehr trinken.

h) Wir haben noch nie Polenta gegessen.

i) Wir sind noch nicht am Essen.

Die Satzstellung
Der Aussagesatz

1 **I miei genitori hanno una nuova macchina.**   2 **Ieri hanno fatto una gita in montagna.**

1. Meine Eltern haben ein neues Auto. 2. Gestern haben sie einen Ausflug in die Berge gemacht.

1. Der Aussagesatz ohne Orts- und Zeitangaben

Die Satzstellung im normalen Aussagesatz lautet:

Subjekt	Prädikat	Objekte
Carlo	ha comprato	dei fiori.
Luciana	ha regalato	una cravatta a suo marito.

Wenn ein direktes Objekt und ein indirektes Objekt in einem Satz vorkommen, dann steht das direkte Objekt vor dem indirekten:

! Anders als im Deutschen werden Hilfsverb und Partizip nicht getrennt: Marco **ha studiato** lingue. *Marco hat Sprachen studiert.*

Subjekt	Prädikat	direktes Objekt	indirektes Objekt
Marco	fa	l'insegnante.	
Marco	ha studiato	lingue.	
Marco	insegna	l'italiano	agli stranieri.
Marco	scrive		ai suoi amici.

Wird das direkte Objekt oder das indirekte Objekt durch ein unbetontes Pronomen ersetzt, dann steht dieses Pronomen vor dem Prädikat:

Marco insegna **l'italiano** **agli stranieri**.

Marco **lo** insegna agli stranieri.   Marco **gli** insegna l'italiano.

▶ **Die Stellung der unbetonten Objektpronomen**, S. 71

Auch wenn beide Objekte durch ein unbetontes Pronomen ersetzt werden, stehen diese Pronomen vor dem Prädikat:

Marco **glielo** insegna da due anni.

2. Der Aussagesatz mit Orts- und Zeitangaben

Wenn in einem Satz Orts- und Zeitangaben vorkommen, dann stehen in der Regel:

Oggi ho un appuntamento.	Zeitangaben am Satzanfang.
Ho un appuntamento **al bar.**	Ortsangaben am Satzende.
Oggi ho un appuntamento **al bar.**	Dies gilt auch, wenn beide Angaben in einem Satz vorkommen.
Ho un appuntamento **al bar, oggi.**	Orts- und Zeitangabe können auch am Satzende stehen, meistens in der Reihenfolge: Ort – Zeit. Die Zeitangabe wird in diesem Fall hervorgehoben.

l'appuntamento – *die Verabredung, der Termin*

Der Nebensatz

1 **Anche se avrò molto lavoro,** domenica prossima voglio fare una gita al mare.

2 **Siccome mio marito non mangia le cipolle,** non posso mai fare il fegato alla veneziana.

1. Auch wenn ich viel Arbeit haben werde, will ich am nächsten Sonntag einen Ausflug ans Meer machen. 2. Da mein Mann keine Zwiebeln isst, kann ich nie „fegato alla veneziana" zubereiten.

Im Gegensatz zum Deutschen hat der Nebensatz im Italienischen dieselbe Satzstellung wie der Hauptsatz:

Hauptsatz:		Subjekt	Prädikat	Objekt
		Rosa	compra	un dolce
Nebensatz:	Konjunktion	Subjekt	Prädikat	Objekt
	perché	**suo marito**	**ha invitato**	**degli amici.**

Achten Sie darauf, dass auch im Nebensatz das Prädikat vor dem Objekt steht. !

Der Fragesatz

Im Italienischen können Sie, wie im Deutschen, eine Frage mit oder ohne Fragewort stellen.

1. Mama, wann kommt der Weihnachtsmann? 2. Übermorgen. 3. Und bringt er mir viele Geschenke?

Der Fragesatz ohne Fragewort

1 **Il tuo collega abita fuori città?**

2 **Lavora nel tuo ufficio, il signor Renzi?**

1. Wohnt dein Kollege außerhalb der Stadt? 2. Arbeitet Herr Renzi in deinem Büro?

Bei der Frage ohne Fragewort haben Sie die Möglichkeit, das Subjekt an den Satzanfang oder an das Satzende zu setzen.

Subjekt	Prädikat	Ergänzung	
Carla	si è sposata	in chiesa?	In einem Fragesatz ohne Fragewort kann die Satzstellung dieselbe sein wie in einem Aussagesatz. Die Frage wird lediglich durch das Anheben der Stimme ausgedrückt.

Prädikat	Ergänzung	Subjekt	
Si è sposata	in chiesa,	Carla?	Im Fragesatz ohne Fragewort kann das Subjekt aber auch am Ende des Satzes stehen.

Wenn das Subjekt Bestandteil des Verbs ist, bleibt die Satzstellung in einem Fragesatz dieselbe wie in einem Aussagesatz:

Aussagesatz:	Si è sposata in chiesa.	*Sie hat kirchlich geheiratet.*
Fragesatz:	Si è sposata in chiesa?	*Hat sie kirchlich geheiratet?/ Sie hat kirchlich geheiratet?*

Der Fragesatz mit Fragewort

1 **Quando** è tornato Gianni?

2 **Dove** hai comprato il computer?

1. Wann ist Gianni zurückgekommen? 2. Wo hast du den Computer gekauft?

1. Die Satzstellung

1 **Chi** c'era all'invito?

2 Al matrimonio chi c'era?

1. Wer kam alles zu der Einladung? 2. Wer war alles bei der Hochzeit dabei?

Wenn eine Frage mit einem Fragewort gestellt wird, haben Sie bei der Satzstellung meistens zwei Möglichkeiten.

Die meisten Fragen mit Fragewort haben die Satzstellung: Fragewort – Prädikat – Subjekt bzw. Ergänzung.

Fragewort	Prädikat	Subjekt/Ergänzung/Orts- und Zeitbestimmung
Come	stai?	
Chi	viene	stasera?
Dove	hai messo	il giornale?
Cosa	hai detto	a Franca?
Perché	è partito	Gianni?

Tipp! Bei der Frage mit **perché** können Sie unter drei Satzstellungen wählen:
Perché Pia è triste?
Perché è triste **Pia**?
Pia perché è triste?

Perché **Gianni** è partito? Perché **Carla** si è sposata a Berlino?	Bei der Frage mit **perché** kann das Subjekt auch vor dem Prädikat stehen.
Tuo marito come sta? **Gianni** perché è partito? **Stasera** chi viene? **A Franca** cosa hai detto?	Bei den meisten Fragen, die ein Subjekt bzw. eine Ergänzung haben, können diese auch am Satzanfang stehen. Sie werden damit hervorgehoben.
Il giornale quando **lo** leggi? **La spesa** chi **la** fa? **La carne** come **la** prepari? **Gli occhiali** dove **li** hai messi? **Le tue amiche** quando **le** inviti?	Wenn die Ergänzung ein direktes Objekt ist, dann muss dieses durch das entsprechende unbetonte Objektpronomen wieder aufgenommen werden.

Diese Fragewörter sind in ihrer Form unveränderlich. Ihre Bedeutung jedoch verändert sich in Verbindung mit einer Präposition und je nach nachfolgendem Verb.

2. Unveränderliche Fragewörter

1 Con **chi** sei uscito?

2 **Chi** hai incontrato ieri?

3 A **chi** hai telefonato?

1. Mit wem bist du ausgegangen? 2. Wen hast du gestern getroffen? 3. Wen hast du angerufen?

Chi

Chi è quel signore? **Chi** hai invitato?	**Chi** heißt *wer* oder *wen*.

In Verbindung mit Präpositionen übersetzt man **chi** in der Regel mit:

A chi hai scritto?	*– wem*
Con chi esci?	*– mit wem*
Di chi parlate?	*– über wen*
Per chi è il caffè?	*– für wen*

Mit **di chi è/sono** fragt man nach dem Besitzer eines Gegenstandes:

Di chi sono questi guanti?	*Wem gehören diese Handschuhe?*

Che cosa

Che cos'è questo? **Che cosa** succede?	**Che cosa** bedeutet *was*. Man fragt damit nach Sachen und Sachverhalten.

In der Umgangssprache wird **che cosa** oft zu **cosa** oder **che** verkürzt:
Cosa c'è da bere?
Che fai?

In Verbindung mit Präpositionen übersetzt man **che cosa** mit:

A che cosa pensi?	*– woran*
Con che cosa si pulisce?	*– womit*
Di che cosa parlate?	*– worüber, wovon*

pulire – *putzen*
la taglia – *die Kleidergröße*

Che

Che tipo è il nuovo direttore? **Che** taglia ha, signora?	**Che** heißt *was für ein(e)* und steht vor einem Substantiv.
Che ora è? **Che** tempo fa?	Mit **che** fragen Sie nach der Uhrzeit und nach dem Wetter.
A che ora parte il treno?	Mit **a che** fragen Sie nach einem Zeitpunkt.

Come

Come si arriva al Duomo? **Come** stai? **Come** ti chiami?	**Come** heißt *wie*.

Dove

Dove sono i bambini?	**Dove** bedeutet *wo*.
Dove andate?	Mit **andare** bedeutet es *wohin*.
Di dove sei?	Mit **di dove** fragt man nach dem Geburtsort/Heimatort.
Da dove vieni a quest'ora?	**Da dove** heißt *woher*.

Quando

Quando vai in vacanza?	**Quando** bedeutet *wann*.

In Verbindung mit Präpositionen heißt **quando**:

Da quando sei tornato?	– *seit wann*
Fino a/fin quando rimani?	– *bis wann*

Perché

+ **Perché** sei qui? ~ **Perché** ti voglio vedere.	**Perché** bedeutet *warum*. In der Antwort heißt **perché** *weil*.

3. Veränderliche Fragewörter

Es gibt zwei veränderliche Fragewörter: **quale** und **quanto**.

1 **Quali** film di Antonioni hai visto?

2 **Quale** ti è piaciuto di più?

1. Welche Filme von Antonioni hast du gesehen? 2. Welcher hat dir am besten gefallen?

Quale – quali

Einzahl	Mit **quale** fragen Sie nach einer Person bzw. Sache innerhalb einer bestimmten Menge. Übersetzt wird es mit *welche(r, s)*.
Quale pullover preferisci? **Quale** rivista leggi?	

Der Fragesatz

Tipp! Ob Sie die Frage mit **quale** oder **quali** stellen, hängt von der Zahl des Substantivs ab, nach dem Sie fragen.

Mehrzahl	Mit **quali** fragen Sie nach mehreren Personen oder Sachen. Im Deutschen wird es mit *welche* wiedergegeben.
Quali libri hai letto? **Quali** sono le Sue valigie?	

In Verbindung mit Präpositionen heißen **quale** und **quali**:

Con quale treno arrivi?	– *mit welchem*
Con quale amica viaggi?	– *mit welcher*
Per quale collega è il vino?	– *für welche(n, s)*
A quale dei tuoi amici hai prestato la macchina?	Mit **a quale** fragen Sie nach einer Person, die im italienischen Satz indirektes Objekt ist.
A quali vicini mandi una cartolina?	Mit **a quali** fragt man nach mehreren Personen, die indirektes Objekt sind.
Qual è il tuo indirizzo? **Qual era** il vostro albergo?	**Quale** wird vor **è** und **era** zu **qual** verkürzt.

In der Umgangssprache werden **quale** und **quali** vor einem Substantiv oft durch **che** ersetzt: **A quale/A che** nome? *Auf welchen Namen?*

Quanto – quanta – quanti – quante

	männlich	weiblich
Einzahl	**Quanto** vino vuoi?	**Quanta** gente c'era?
Mehrzahl	**Quanti** figli hai?	**Quante** lingue sai?

Quanto richtet sich in Geschlecht und Zahl nach dem Substantiv, auf das es sich bezieht. Sie fragen damit nach:

Quanto costa questo vestito? **Quanto costano** le scarpe verdi?	dem Preis (*wie viel*),
Quanto (tempo) rimani qui?	der Dauer (*wie lange*),
Quanti anni hai?	dem Alter (*wie alt*).

In Verbindung mit Präpositionen heißen die Formen von **quanto**:

Con quanti amici vai in vacanza?	– *mit wie vielen*
Per quante persone è la cena?	– *für wie viele*
A quanta gente hai dato l'indirizzo?	– *wie vielen*
Di quanti soldi disponete?	– *über wieviel(e)*

disporre di – *verfügen über*

1. Hier geht es um eine gewisse Claudia. Sie erfahren etwas über sie, wenn Sie die Satzteile jeweils zu einem Aussagesatz zusammenfügen.**

a) 28 anni – Claudia – ha

____

b) sposata – è – non – perché – l'uomo giusto – ha – trovato – non – ancora

____

____

c) è – innamorata – per il momento – neanche – non

____

d) quasi mai – in casa – la sera – è – non

____

e) va – il sabato – in discoteca – spesso

____

f) fa – niente – la domenica – non

____

g) una passeggiata – fa – nemmeno – non

____

h) un appartamento – da qualche mese – sta cercando – in città

____

i) abitare – più – fuori città – vuole – non – anche se – meno caro – è

____

____

2. Mit folgenden Wörtern stellen Sie nun Claudia einige Fragen.**

a) vai – la sera – dove ?

____

b) tutta la domenica – fai – a casa – che cosa?

____

c) vuoi – fuori città – non – abitare – perché – più?

____

Die Satzstellung

3. Ergänzen Sie die folgenden Fragen mit dem jeweils passenden Fragepronomen. Drei Fragepronomen bleiben übrig.**

A chi – Quando – Che – Come – Da dove – Dove – Perché – Quanto – Quanti – Qual è – Da quanto tempo – Di dove

a) ________________ ti chiami?

b) ________________ sei?

c) ________________ abiti?

d) ________________ anni hai?

e) ________________ lavoro fai?

f) ________________ sei qui a Roma?

g) ________________ il tuo numero di telefono?

rivedersi – *sich wiedersehen*

h) ________________ possiamo rivederci?

i) ________________ non vuoi rispondermi?

4. Übersetzen Sie bitte folgende Fragen.***

a) Darf ich Sie etwas fragen?

____

b) Wie viel kosten diese Schuhe?

____

c) Welcher Bus fährt zum Bahnhof?

____

d) Wie spät ist es?

____

e) Um wie viel Uhr fängt der Film an?

____

f) Gefällt Ihnen Deutschland?

____

g) Wie ist das Wetter bei euch?

____

Der Relativsatz

Haben Sie bemerkt, dass in den italienischen Beispielen kein Komma vor dem Relativsatz steht?

1. Wie heißt die Kollegin, die gestern angerufen hat? 2. Marta. 3. Ist es die Kollegin, mit der du in Mailand warst? 4. Nein, Marta ist die Kollegin, deren Ehemann das neue Einkaufszentrum gebaut hat.

Relativsätze werden durch Relativpronomen eingeleitet. Das Relativpronomen steht in der Regel unmittelbar nach dem Substantiv, auf das es sich bezieht. Dabei werden die meisten Relativsätze ohne Komma an den Hauptsatz angeschlossen.
Nur Relativsätze, deren Informationen für das Verständnis des Hauptsatzes unwichtig sind, werden durch Kommas abgetrennt, z. B.:

Ieri ho incontrato Maria, **che non vedevo da tempo.**
Gestern habe ich Maria getroffen, die ich schon seit langem nicht gesehen habe.
Marta, **che amava tanto la sua vita da single,** si è sposata un mese fa.
Marta, die ihr Leben als Single so sehr liebte, hat vor einem Monat geheiratet.

Der Relativsatz mit che

1 Ho visto il film **che** mi hai consigliato. A me però non piacciono i film **che** finiscono male.

2 Hai già letto il libro **che** ti ho regalato?

1. Ich habe den Film gesehen, den du mir empfohlen hast. Ich mag aber keine Filme, die schlecht enden. 2. Hast du das Buch, das ich dir geschenkt habe, schon gelesen?

Die meisten Relativsätze werden von dem Relativpronomen **che** eingeleitet. **Che** ist unveränderlich.

! Benutzen Sie auf keinen Fall **chi** für das Subjekt.

C'è un signore **che** vuole parlare con te. Quanto costa la borsetta nera **che** è in vetrina?	**Che** kann Subjekt sein in der Bedeutung: *der, die, das, welche(r, s).*
Le pesche **che** ho comprato al mercato sono dolcissime. Questo è il cd **che** mi ha regalato Piero.	**Che** kann auch Objekt sein in der Bedeutung: *den, die, das, welche(n, s).*

Tipp! Lernen Sie die Verben immer zusammen mit ihrer Ergänzung! Dann wissen Sie welches Relativpronomen Sie nehmen müssen. Z. B.:
aiutare qu ▸ che
dare a qu ▸ a cui
parlare di qu ▸ di cui

Der Relativsatz mit cui

1 È Mario il collega **a cui** hai venduto la macchina?

2 No, Mario è il collega **di cui** ti ho parlato ieri.

1. Ist Mario der Kollege, dem du das Auto verkauft hast? 2. Nein, Mario ist der Kollege, über den ich gestern mit dir gesprochen habe.

Wenn **in cui** eine ört-liche Bedeutung hat, können Sie es mit **dove** ersetzen: Roma è una città **dove/in cui** mi piacerebbe vivere.

Chi sono i ragazzi **con cui** esci ogni sera? Come si chiama il film **di cui** mi hai parlato ieri sera? Roma è una città **in cui** mi piacerebbe vivere. Carla è l'amica **(a) cui** mando sempre gli auguri di Natale.	**Cui** ist unveränderlich und wird in Verbindung mit einer Präposition verwendet. **Cui** kann nicht alleine stehen. Nur die Präposition **a** kann weggelassen werden.

Der Relativsatz mit il quale, la quale, i quali, le quali

1 È Mario il collega **al quale** hai venduto la macchina?

2 No, Mario è il collega **del quale** ti ho parlato ieri.

1. Ist Mario der Kollege, dem du das Auto verkauft hast? 2. Nein, Mario ist der Kollege, über den ich gestern mit dir gesprochen habe.

Il quale, **la quale**, **i quali** und **le quali** können anstelle von **cui** stehen.

il quale:	È un programma **con il quale/con cui** si lavora molto bene. È quello l'uomo **del quale/di cui** si è innamorata Chiara?
i quali:	La Francia e la Svizzera sono paesi **nei quali/in cui** si vive bene.

la quale:	La ditta **per la quale/per cui** lavoro è tedesca.
	Ecco la casa **nella quale/in cui** ho abitato tanti anni.
le quali:	Rosa e Pia sono le amiche **con le quali/con cui** sono andata in Inghilterra.

la ditta – *die Firma*

Il quale, la quale, i quali und **le quali** richten sich in Geschlecht und Zahl nach dem Substantiv, auf das sie sich beziehen.
Denken Sie daran, dass die Präpositionen **a, da, di, in** und **su** mit dem bestimmten Artikel von **il/la quale** bzw. **i/le quali** verschmelzen.

Der Relativsatz mit chi

1 **Chi** scrive molto ha bisogno del computer.

2 Non aprire la porta **a chi** non conosci!

Chi kann alleine oder mit einer Präposition verwendet werden.

1. Wer viel schreibt, braucht den Computer. 2. Öffne niemandem die Tür, den du nicht kennst!

Chi desidera partecipare alla gita lo dica al receptionist. **Chi** tornerà dopo mezzanotte troverà la porta chiusa.	**Chi** wird nur im verallgemeinernden Sinn benutzt und kann sich nicht auf eine bestimmte Person beziehen.
Non presto la macchina **a chi** non conosco. Io esco solo **con chi** mi piace. Ho saputo **per chi** lavora Enzo.	**Chi** bedeutet *wer*. Je nach Verb heißt **a chi** *wem*. **Con chi** bedeutet *mit wem* und **per chi** *für wen*.

il receptionist – *der Empfangschef*

Der Relativsatz mit quello che, ciò che

1 Pago solo **ciò che** ho mangiato e bevuto veramente.

2 È vero **quello che** raccontano gli altri?

1. Ich bezahle nur, was ich wirklich gegessen und getrunken habe. 2. Ist es wahr, was die anderen erzählen?

Ciò che vorrei sapere, è la tua opinione sul nuovo governo. È tutto **quello che** sappiamo.	**Quello che** und **ciò che** sind unveränderlich und haben dieselbe Bedeutung. **Sie** werden mit *(das,) was* ins Deutsche übersetzt.

l'opinione – *die Meinung*
il governo – *die Regierung*

ereditare – *erben*

Ho pensato **a quello che** mi hai detto ieri. Ha vissuto **con ciò che** aveva ereditato da suo zio.	**Quello che** und **ciò che** werden auch mit Präpositionen benutzt. **A quello che** heißt hier *an das, was* und **con ciò che** *mit dem, was*.

Der Relativsatz mit il che

1 Stamattina ha telefonato il dott. Renzi, **il che** mi ha fatto molto piacere.

2 Carla vuole perdere dieci chili, **il che** non sarà facile.

1. Heute Morgen hat Dr. Renzi angerufen, was mich sehr gefreut hat. 2. Carla will zehn Kilo abnehmen, und das wird nicht einfach sein.

Tipp! Statt **il che** können Sie auch **e ciò** oder **ciò che** sagen: Ha scritto Rita, **il che/ ciò che/ e ciò** è raro.

Il che ist unveränderlich. Es bezieht sich auf den ganzen vorhergehenden Satz bzw. auf die darin enthaltene Aussage und wird im Deutschen mit *was* oder *und das* übersetzt.

Der Relativsatz mit il cui, la cui, i cui, le cui

1 La prima città italiana **il cui** centro storico è stato chiuso al traffico è Bologna.

2 Visconti, **i cui** film sono conosciuti nel mondo intero, era un uomo molto affascinante.

1. Die erste italienische Stadt, deren Altstadt verkehrsfrei wurde, ist Bologna. 2. Visconti, dessen Filme weltweit bekannt sind, war ein sehr faszinierender Mann.

Il cui, la cui, i cui und **le cui** richten sich in Geschlecht und Zahl nach dem nachfolgenden Substantiv. Sie werden im Deutschen mit *dessen* oder *deren* wiedergegeben:

attirare – *anziehen*
valere – *wert sein*
la fortuna – *das Vermögen*
l'artista – *der Künstler*
privo di – *ohne*

il cui:	Bologna è la prima città italiana **il cui centro storico** è stato chiuso al traffico.
la cui:	La Sardegna è una regione **la cui bellezza** attira molti turisti.
i cui:	Van Gogh, **i cui quadri** valgono una fortuna, è morto povero.
le cui:	Heinz Spoerli è un artista **le cui coreografie** non sono prive di ironia.

Il cui, la cui, i cui und **le cui** werden auch mit Präpositionen gebraucht:

La ditta **dei cui** prodotti sto parlando si trova nel Friuli.

1. Ergänzen Sie die Fragen mit Hilfe der angegebenen Relativpronomen.*

a) C'è una città tedesca ______________ Le piacerebbe vivere?

b) Ci sono persone ______________ non telefona volentieri?

c) Ci sono cose ______________ Lei non potrebbe mai mangiare?

d) Conosce una persona ______________ può parlare di tutto?

e) Ci sono animali ______________ ha particolarmente paura?

f) C'è uno scrittore ______________ Le piace particolarmente?

che | con cui | a cui | che | in cui | di cui

2. Verbinden Sie die rechten und die linken Satzteile.*

a) Chi è la ragazza	1. che pensa solo al lavoro.
b) Non è facile vivere con qualcuno	2. della quale abbiamo tutti bisogno.
c) Ecco i libri	3. con la quale ti ho visto ieri?
d) Mi stai raccontando delle cose	4. del quale puoi essere contento.
e) C'è una cosa	5. dei quali ti ho parlato.
f) Bravo, hai fatto un esame	6. alle quali non posso credere

3. Ergänzen Sie den Text mit dem jeweils passenden Relativpronomen.***

a) Ragazzi, vi prego di non fare confusione perché visitiamo ora la chiesa di S. Vitale ____________ è molto antica. b) La chiesa ____ ______ ci troviamo è stata costruita nel VI secolo. c) Fate attenzione soprattutto ai mosaici _____________ abbiamo parlato a scuola e _______________ siamo venuti. d) I colori _______________ gli artisti hanno usato sono bellissimi. e) Spero che ricordiate la lezione _______________ abbiamo parlato di questi capolavori. f) I mosaici ________________ dovrete poi scrivere le vostre impressioni, rappresentano l'imperatore Giustiniano e l'imperatrice Teodora.

g) Quando avrete finito la visita, uscite dalla chiesa e ritornate nel piazzale ________________ siamo venuti.

la confusione – *der Lärm*
il colore – *die Farbe*
il capolavoro – *das Meisterwerk*
l'impressione – *der Eindruck*
l'imperatore – *der Kaiser*

4. Übersetzen Sie bitte.***

a) Ihr müsst sagen, was ihr wisst.

____

b) Das Buch, das du mir geschenkt hast, ist sehr interessant.

____

c) Ich weiß nicht mehr, was ich sagen wollte.

____

d) Gestern hat mich Enrico angerufen, und das hat mich sehr gefreut.

____

e) Wer müde ist, kann zu Hause bleiben.

____

f) Wem klassische Musik nicht gefällt, kann in die Disco gehen.

____

g) Am Sonntag haben wir den Film gesehen, von dem du uns erzählt hast.

____

h) Wie heißt der Junge, dessen Mutter mit dir Yoga macht?

____

i) Ist das der Mantel, für den du 500 Euro ausgegeben hast?

____

5. Und zum Schluss ein kleines Ratespiel. Was wird jeweils umschrieben?**

a) È qualcosa da cui esce l'acqua. la f ______________

b) È qualcosa con cui si fa il vino. l'u ______________

c) È un oggetto in cui si mettono i soldi. il p ______________

d) È una cosa con cui si paga senza soldi. la c ______________

e) È un oggetto per cui si può spendere molto. il q ______________

f) È una cosa davanti a cui ci si deve fermare. il s ______________

Der Bedingungssatz

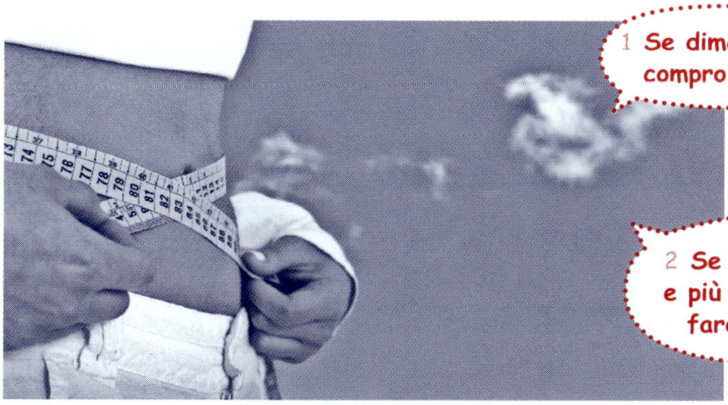

1. Falls ich abnehme, kaufe ich mir einen Bikini. 2. Wenn ich größer und schlanker wäre, könnte ich als Model arbeiten.

Es gibt reale und irreale Bedingungssätze. Sie bestehen aus Haupt- und Nebensatz. Der Nebensatz, in diesem Fall auch **se**-Satz genannt, drückt eine Bedingung aus. Die daraus resultierende Folge enthält der Hauptsatz.

Der Hauptsatz kann auch vor dem **se**-Satz stehen:
Mi compro un bikini, **se dimagrisco.**
Potrei fare la modella, **se fossi** più alta e più snella.

Der reale Bedingungssatz

1 **Se** mi **accompagni**, mi **fai** piacere.
2 **Se sai** l'inglese, **troverai** facilmente lavoro.
3 **Se** non **stai** bene, **dimmelo**.

1. Wenn du mich begleitest, freut es mich. 2. Wenn du Englisch kannst, wirst du leicht Arbeit finden. 3. Wenn es dir nicht gut geht, sag es mir.

Den realen Bedingungssatz benutzen Sie, wenn Sie von einer möglichen Bedingung ausgehen und daraus eine erfüllbare Schlussfolgerung ziehen.

Die Zeitenfolge im realen Bedingungssatz

se-Satz	Hauptsatz
Se mi **accompagni,**	mi **fai** piacere.
Se sai l'inglese,	**trovi/troverai** facilmente lavoro.
Se non **stai** bene,	**dimmelo.**

Im **se-**Satz steht das Präsens und im Hauptsatz:

- das Präsens, wenn die Folge gleichzeitig eintritt.
- das Präsens oder das Futur I, wenn die Folge in der Zukunft eintreten wird.
- der Imperativ, wenn eine Aufforderung folgt.

Der irreale Bedingungssatz

1 **Se conoscessi** la verità, te la **direi**.

2 **Se fossimo partiti** prima, adesso **saremmo** già a casa.

3 **Se ti fossi messo** il cappotto, **non ti saresti ammalato**.

1. Wenn ich die Wahrheit kennen würde, würde ich sie dir sagen. 2. Wenn wir früher abgereist wären, wären wir jetzt schon zu Hause. 3. Wenn du den Mantel angezogen hättest, wärst du nicht krank geworden.

Den irrealen Bedingungssatz benutzen Sie, wenn Sie von einer unwahrscheinlichen oder unmöglichen Bedingung ausgehen und daraus eine unwahrscheinliche oder unerfüllbare Schlussfolgerung ziehen.

Die Zeitenfolge im irrealen Bedingungssatz

se-Satz	Hauptsatz
Se conoscessi la verità,	te la **direi** / te l'**avrei detta.**
Se fossi più snella,	**metterei** il bikini.
Se tu facessi un po' di sport,	**staresti** meglio.

Wenn sich die unwahrscheinliche oder unmögliche Bedingung auf die Gegenwart bezieht, dann steht im **se-**Satz der **Congiuntivo imperfetto** und im Hauptsatz:

- das Konditional I, wenn die Folge in der Gegenwart eintreten würde.
- das Konditional II, wenn die Folge in der Vergangenheit eingetreten wäre.

In der Umgangssprache wird bei irrealen Bedingungssätzen in der Vergangenheit oft das **Imperfetto** benutzt:
Se ti mettevi il cappotto, non **ti ammalavi.**

se-Satz	Hauptsatz
Se fossimo partiti prima,	adesso **saremmo** già a casa.
Se tu avessi letto il giornale,	adesso **saresti** informato.
Se ti fossi messo il cappotto,	non **ti saresti ammalato.**
Se aveste fatto attenzione,	non **sarebbe successo** niente.

Wenn sich die Bedingung auf die Vergangenheit bezieht, dann steht im **se-**Satz der **Congiuntivo trapassato** und im Hauptsatz:

- das Konditional I, wenn die Folge in der Gegenwart eintreten würde.
- das Konditional II, wenn die Folge in der Vergangenheit eingetreten wäre.

1. Erkennen Sie die irrealen Bedingungssätze? Kreuzen Sie sie an.*

a) ☐ Non ti avrei mai detto la verità, se avessi saputo quanto ti saresti arrabbiato.

b) ☐ Se non troviamo un taxi, dobbiamo tornare a piedi.

c) ☐ Se non avessi partecipato al torneo di tennis, non ti avrei mai conosciuto.

d) ☐ Non avresti il raffreddore se ti fossi messo il cappello.

e) ☐ Appena saremo a casa ti manderemo una e-mail.

f) ☐ Che ne dite, andiamo al lago se domenica fa bel tempo?

g) ☐ Saremmo felici se tu potessi venire con noi.

h) ☐ Andrei io a fare la spesa se non dovessi andare dal medico.

i) ☐ Se mi aspettate vengo con voi.

partecipare – *teilnehmen*
il raffreddore – *der Schnupfen*

2. Vervollständigen Sie die Sätze, indem Sie die Verben in Klammern ins Präsens oder in den **Congiuntivo imperfetto** setzen. Benutzen Sie dieselbe Person, die im jeweiligen Hauptsatz steht.**

a) Se (arrivare) arrivate prima dell'una, potete mangiare con noi.

b) Cercherei un altro lavoro se (essere) fosse più giovane.

c) Se (venire) vieni con noi in piscina, non ti annoierai.

d) Eva sarebbe più snella se (rinunciare) rinunciasse ai dolci.

e) Se (prendere) prendete un taxi, arriviamo in tempo.

f) Avresti più tempo per leggere se (guardare) guardassi meno la televisione.

g) Lino non ti telefonerebbe tutti i giorni se non ti (amare) amasse.

h) Non saresti tanto stanca, se (dormire) avessi dormito di più.

i) Se non ti vedo tutti i giorni, non (essere) sono contento.

j) Cambiereste vita se (potere) poteste ?

k) Dovete dirlo se (volere) volete andare a teatro.

rinunciare – *verzichten*

Im Italienischen benutzt man in der indirekten Rede nur selten den **Congiuntivo.**

Die indirekte Rede

1 Sandro **dice che sta meglio**. 2 Sandro **disse che stava meglio**.

1. Sandro sagt, dass es ihm besser geht/gehe. 2. Sandro sagte, dass es ihm besser ginge.

Die indirekte Rede wird durch ein redeeinleitendes Verb, d.h. ein Verb des Sagens bzw. des Schreibens und **che** eingeleitet. Redeeinleitende Verben sind z. B. **dire, promettere, raccontare, rispondere, spiegare** und **scrivere.** Die Zeit, in der das redeeinleitende Verb steht, bestimmt die Zeitenfolge bei der indirekten Rede.

Indirekte Rede mit Hauptsatz im Präsens, Futur oder Passato prossimo

1 Che cosa dice Cinzia?

2 **Dice che è** contenta, **che ha trovato** lavoro e **che dovrà trasferirsi** in Belgio.

1. Was sagt Cinzia? 2. Sie sagt, dass sie zufrieden ist/sei, dass sie Arbeit gefunden hat/habe und dass sie nach Belgien werde ziehen müssen.

Direkte Rede:		
Cinzia:	„**Sono** contenta."	Präsens
	„**Ho trovato** lavoro."	Passato prossimo
	„**Dovrò** trasferirmi in Belgio."	Futur I

Indirekte Rede:		
Cinzia	**dice/dirà/ha detto**	
	che è contenta.	Präsens
	che ha trovato lavoro.	Passato prossimo
	che dovrà trasferirsi in Belgio.	Futur I

Wenn das redeeinleitende Verb im Präsens oder Futur steht, dann benutzt man in der indirekten Rede dieselbe Zeit wie in der direkten Rede.
Steht das redeeinleitende Verb im **Passato prossimo**, dann benutzt man in der indirekten Rede dieselbe Zeit wie in der direkten Rede, wenn die Aussage des Nebensatzes immer noch gültig ist. Das **Passato prossimo** gilt in diesem Fall als Zeit der Gegenwart.

1. Das Passato prossimo als Zeit der Gegenwart.

Das **Passato prossimo** gilt als Zeit der Gegenwart, wenn die Aussage im Nebensatz immer noch Gültigkeit hat, in der Zwischenzeit also nichts Neues eingetreten ist, z. B.:

Cinzia **ha detto** che adesso **è contenta.**
Cinzia hat gesagt, dass sie jetzt froh ist.

Cinzia **ha detto** che **ha trovato** lavoro. Comincerà domani.
Cinzia hat gesagt, dass sie Arbeit gefunden hat. Sie wird morgen anfangen.

Quando mio padre è andato in pensione, **ha detto** che **farà** un viaggio attraverso l'Australia. Ieri è andato in un'agenzia di viaggio.
Als mein Vater in Rente gegangen ist, hat er gesagt, dass er eine Reise durch Australien machen wird. Gestern ist er in ein Reisebüro gegangen.

2. Das Passato prossimo als Zeit der Vergangenheit

Das **Passato prossimo** zählt zu den Zeiten der Vergangenheit, wenn die Aussage im Nebensatz nicht mehr gültig ist, weil in der Zwischenzeit etwas Neues eingetreten ist. Die Aussage im Nebensatz gehört somit der Vergangenheit an, z. B.:

Cinzia **ha detto** che ieri **era contenta.** Adesso purtroppo non lo è più.
Cinzia hat gesagt, dass sie gestern froh war. Jetzt ist sie es leider nicht mehr.

Cinzia **ha detto** che **aveva trovato** lavoro. Adesso però è di nuovo disoccupata.
Cinzia hat gesagt, dass sie Arbeit gefunden hatte. Jetzt ist sie aber wieder arbeitslos.

Quando mio padre è andato in pensione, **ha detto** che **avrebbe fatto** un viaggio attraverso l'Australia. Purtroppo ha dovuto rinunciarvi per motivi di salute.
Als mein Vater in Rente gegangen ist, hat er gesagt, dass er eine Reise durch Australien machen würde. Leider musste er aus gesundheitlichen Gründen darauf verzichten.

Wie Sie sehen, verändern sich in diesem Fall die Zeiten des Nebensatzes. Sie folgen den Regeln der indirekten Rede mit Hauptsatz in einer Vergangenheitsform.

Indirekte Rede mit Hauptsatz in einer Vergangenheitsform

1 Ti ricordi cosa aveva detto Cinzia?

2 Certo, **aveva detto che era contenta, che aveva trovato** lavoro e **che avrebbe dovuto trasferirsi** in Belgio.

1. Erinnerst du dich daran, was Cinzia gesagt hatte? 2. Sicher, sie hatte gesagt, dass sie froh war, dass sie Arbeit gefunden hatte und dass sie nach Belgien würde ziehen müssen.

Zu den Vergangenheitsformen gehören das **Imperfetto,** das **Passato prossimo**, das **Passato remoto** und das **Trapassato prossimo.**

Direkte Rede:

Cinzia:	„**Sono** contenta."	Präsens
	„**Ho trovato** lavoro."	Passato prossimo
	„**Dovrò** trasferirmi in Belgio."	Futur I

Indirekte Rede:

Cinzia	**diceva/ha detto/disse/aveva detto**	
	che era contenta.	Imperfetto
	che aveva trovato lavoro.	Trapassato prossimo
	che avrebbe dovuto trasferirsi...	Konditional II

Wenn das redeeinleitende Verb in einer Vergangenheitsform steht, dann verändern sich in der indirekten Rede die meisten Zeiten.
Beim **Passato prossimo** gehört in diesem Fall die Aussage des Nebensatzes der Vergangenheit an und gilt für die Gegenwart nicht mehr.

Im Nebensatz ändern sich folgende Zeiten:

Lelio: „Mi **piace** la Germania."
Lelio diceva/ha detto/disse/aveva detto che gli **piaceva** la Germania.

Präsens wird zu **Imperfetto.**

Lelio: „**Ho** già **visitato** varie città."
Lelio diceva/ha detto/disse/aveva detto che **aveva** già **visitato** varie città.

Passato prossimo wird zu **Trapassato prossimo.**

Lelio: „Quest'anno **andrò** a Berlino."
Lelio diceva/ha detto/disse/aveva detto che quell'anno **sarebbe andato** a Berlino.

Futur I wird zu **Konditional II.**

Lelio: „Mi **piacerebbe** vivere ad Amburgo."
Lelio diceva/ha detto/disse/aveva detto che gli **sarebbe piaciuto** vivere ad Amburgo.

Konditional I wird zu **Konditional II.**

Folgende Zeiten bleiben gleich:

Lelio: „Quando **ero** piccolo mi **sarebbe piaciuto** vivere a Monaco."
Lelio diceva/ha detto/disse/aveva detto che quando **era** piccolo gli **sarebbe piaciuto** vivere a Monaco.

Imperfetto bleibt **Imperfetto** und **Konditional II** bleibt **Konditional II.**

Lelio: „**Ero stato** a Monaco con i miei genitori."
Lelio diceva/ha detto/disse/aveva detto che **era stato** a Monaco con i suoi genitori.

Trapassato prossimo bleibt **Trapassato prossimo.**

Die indirekte Frage

1 Sandro **chiede se vogliamo un aperitivo.** 2 Lara **ha domandato quanto vino deve comprare.**

1. Sandro fragt, ob wir einen Aperitif wollen. 2. Lara hat gefragt, wie viel Wein sie kaufen soll.

Die indirekte Frage wird durch **chiedere, domandare** oder **voler sapere** eingeleitet, gefolgt von **se** oder einem Fragepronomen, z. B. **(che) cosa, come, dove, quando, quanto** usw.

Die Zeitenfolge in der indirekten Frage

Für die Zeitenfolge in der indirekten Frage gelten ähnliche Regeln wie in der indirekten Rede. Die Unterscheidung beim **Passato prossimo** in der indirekten Rede zwischen noch gültiger und nicht mehr gültiger Aussage im Nebensatz entfällt jedoch. Bei der indirekten Frage kann man sowohl die eine als auch die andere Zeitenfolge wählen.

Das frageeinleitende Verb im Präsens, Futur I oder Passato prossimo

disturbare – *stören*

Lalla: „**Posso** disturbarti?"	Präsens
„Cosa **hai comprato?**"	Passato prossimo
„Quando **partirai?**"	Futur I
Lalla, mi **chiede/chiederà/ha chiesto**	
se **può** disturbarmi.	Präsens
cosa **ho comprato.**	Passato prossimo
quando **partirò.**	Futur I

Wenn das frageeinleitende Verb im Präsens, Futur I oder **Passato prossimo** steht, dann benutzt man in der indirekten Frage dieselbe Zeit wie in der direkten Frage.

Das frageeinleitende Verb in einer Vergangenheitsform

Lalla: „**Posso** disturbarti?"	Präsens
„Cosa **hai comprato?**"	Passato prossimo
„Quando **partirai?**"	Futur I

Lalla mi **chiedeva/ha chiesto/chiese/aveva chiesto**	
se **poteva** disturbarmi.	Imperfetto
cosa **avevo comprato.**	Trapassato prossimo
quando **sarei partito.**	Konditional II

Steht das frageeinleitende Verb in einer Vergangenheitsform, z. B. Imperfekt, **Passato prossimo, Passato remoto, Trapassato prossimo**, dann verändern sich im Nebensatz der indirekten Frage die Zeiten wie im Nebensatz der indirekten Rede, d. h.

- **Präsens** wird zu **Imperfetto,**
- **Passato prossimo** wird zu **Trapassato prossimo**
- und **Futur I** wird zu **Konditional II.**

Lalla mi **chiedeva/ha chiesto/chiese/aveva chiesto**	
se **potesse** disturbarmi.	Congiuntivo imperfetto
cosa **avessi comprato.**	Congiuntivo trapassato

In der gehobenen Sprache wird anstelle des **Imperfetto** der **Congiuntivo imperfetto** benutzt und anstelle des **Trapassato prossimo** der **Congiuntivo trapassato**.

Die indirekte Aufforderung

1 I genitori **mi dicono di fare attenzione.**	2 Mio padre **mi pregò di non tornare a casa troppo tardi.**	3 L'insegnante **ci raccomanderà di lavorare di più.**

1. Die Eltern sagen (mir), ich soll aufpassen. 2. Mein Vater bat mich, nicht zu spät nach Hause zu kommen. 3. Der Lehrer wird (uns) raten, mehr zu arbeiten.

Die indirekte Aufforderung ist ganz einfach. Sie wird durch **dire, pregare, ordinare** oder **raccomandare** eingeleitet, gefolgt von **di** + Infinitiv oder gefolgt von **di + non** + Infinitiv bei einer verneinten Aufforderung.

Die Zeitenfolge in der indirekten Aufforderung

Direkte Aufforderung:
Eros: „**Ascoltami**, per favore!"

Indirekte Aufforderung:
Eros mi **dice/dirà/ha detto di ascoltarlo.** Eros mi **diceva/ha detto/disse/aveva detto di ascoltarlo.**

Bei der indirekten Aufforderung mit **di** + (**non**) + Infinitiv hat die Zeitform des einleitenden Verbs keinen Einfluss auf den Nebensatz. Das Verb des Nebensatzes bleibt immer im Infinitiv.

Veränderungen bei der Umwandlung in die indirekte Rede

Bei der indirekten Rede werden im Italienischen wie im Deutschen einige Elemente der neuen Perspektive angepasst:

Carlo: „Ezio, **vieni** da **me domani** sera? **Ti** presenterò **mia** sorella.
Ezio: „Carlo mi chiede se **vado** da **lui** domani sera. **Mi** presenterà **sua** sorella."
Ezio: „Carlo mi chiese se **andavo** da **lui l'indomani** sera. Mi avrebbe presentato **sua** sorella."

l'indomani sera – *am darauf folgenden Abend*

Die Umwandlung der direkten in die indirekte Rede wirkt sich nicht nur auf die Zeitform der Verben aus, sondern auch auf Pronomen, Ortsangaben und Zeitangaben. In vielen Fällen wird **venire** zu **andare**.

Die indirekte Rede

1. Ordnen Sie die direkten Aufforderungen ihren indirekten Entsprechungen zu.**

a) Carlo: „State attenti!"
b) Carlo: „Aiutami!"
c) Carlo: „Sta' attento!"
d) Carlo: „Aiutatemi!"

1. Carlo ci ha detto di aiutarlo.
2. Carlo mi ha detto di aiutarlo.
3. Carlo ci ha detto di stare attenti.
4. Carlo mi ha detto di stare attento.

a) ☐ b) ☐ c) ☐ d) ☐

2. Berichten Sie, was Claudio erzählt, indem Sie die Sätze in die indirekte Rede umformen.**

a) Ho conosciuto una ragazza molto interessante. b) Mi sono innamorato di lei. c) Ci vediamo tutti i giorni. d) Quando non ci vediamo ci telefoniamo. e) Chissà se un giorno ci sposeremo? f) A me, comunque, piacerebbe vivere con lei.

a) Claudio racconta che

______________________________.

b) Dice che

______________________________.

c) E che

______________________________.

d) Dice anche che

______________________________.

e) Claudio si chiede se

______________________________.

f) Alla fine dice che

______________________________.

3. Einige Jahre später erinnern Sie sich noch an das, was Ihnen Claudio gesagt hat und erzählen es einem Freund.***

a) Claudio aveva raccontato che

______________________________.

b) Aveva detto che

____.

c) E che

____.

d) Aveva anche detto che

____.

e) Claudio si era chiesto se

____.

f) Alla fine aveva detto che

____.

4. Furio besuchte mit seiner Frau die Familie in Italien. Wie lauten Aussagen, Fragen und Aufforderungen seines Berichts in der direkten Rede?***

a) Mio padre ci ha detto che era contento di rivederci.

____

b) La mamma ci ha chiesto se volevamo un caffè.

____

c) La nonna voleva sapere se avevamo fatto buon viaggio.

____

d) Il nonno invece ha domandato quanto tempo saremmo rimasti.

____

e) La mia sorella maggiore ci ha detto di non partire troppo presto.

____

f) Anche la mia sorellina ci ha pregato di rimanere almeno due settimane.

____

g) Mio fratello ha chiesto se avevamo voglia di andare al mare con lui.

____

h) E poi ha detto che gli sarebbe piaciuto partire con noi per la Germania.

____

Der Gebrauch der Präpositionen ist nicht einfach. Die meisten haben mehrere Funktionen. Zwei oder mehr können aber auch dieselbe Funktion haben.

Präpositionen

1. Wenn Sie etwas Leichtes wünschen, gibt es zu Mittag das Businessmenü. 2. Oder als Tagesspezialität haben wir Leber auf venezianische Art und als ersten Gang Risotto mit Steinpilzen.

▸ **Der bestimmte Artikel**, S. 12

A, da, di, in und **su** können sich mit dem bestimmten Artikel verbinden, z. B.: **a + la ▸ alla, di + i ▸ dei.**

Die Präposition a

	A wird verwendet:
Ho scritto **a** Gianna. Che cosa regaliamo **al** nonno?	zur Angabe des indirekten Objekts.
Prima siamo andati **a** Napoli, poi **a** Capri. Ci vediamo **al** bar? Mi piace mangiare **al** ristorante. Vengo a prenderti **alla** stazione.	als Orts- und Richtungsangabe bei Städten, Ortschaften und kleinen Inseln sowie bei zahlreichen anderen Orts- und Richtungsangaben.
Accanto **al** cinema c'è un bar. Abito vicino **all'**ospedale.	zusammen mit zahlreichen Ortspräpositionen.
Il prossimo paese è **a** 20 chilometri.	um die Entfernung anzugeben.
Il risotto **ai** funghi porcini è ottimo. Vado in ufficio **a** piedi.	um die Art und Weise zu bezeichnen.
Ho comprato un vestito **a** righe. Sul lago ci sono molte barche **a** vela. Io non porto le scarpe **a** tacco alto.	zur Bildung zusammengesetzter Substantive, bei denen das zweite Substantiv ein Merkmal des ersten Substantivs angibt.
Sei riuscito **a** leggere il giornale? Carlo si è preparato **all'**esame.	nach bestimmten Verben.

a piedi – *zu Fuß*
a righe – *gestreift*
la barca a vela – *das Segelboot*
il tacco – *der Absatz*
l'esame – *die Prüfung*

A Natale e **a** Pasqua andiamo al mare. Ci vediamo **alle** quattro. Mi sono sposata **a** vent'anni.	als Zeitangabe und in Verbindung mit **anno** bzw. **anni** als Altersangabe in der Bedeutung *mit ... Jahren*.
Ci vediamo due volte **all'** anno. Il prezzo della camera è di 65 euro **al** giorno e **a** persona.	zur Angabe der Häufigkeit und im Sinne von *pro*.

Die Präposition con

Con wird verwendet:

Chi gioca a carte **con** me?	in der Bedeutung *mit*.
Ezio lavora **con** grande serietà. Vi incontro **con** piacere.	zur Angabe der Art und Weise.
Con questo chiasso io non dormo. **Con** questo tempo si sta in casa.	in der Bedeutung *bei*, wenn ein Zustand beschrieben wird.

la serietà – *die Tüchtigkeit*
il chiasso – *der Lärm*
lodare – *loben*
la conferenza – *der Vortrag*

Die Präposition da

Da wird verwendet:

Questo film è lodato **dalla** critica. La conferenza verrà tenuta **dal** dott. Renzi.	um beim Passiv den Urheber der Handlung anzugeben.
Saremo **da** voi alle sette. Alle due devo essere **dal** medico.	als Orts- und Richtungsangabe bei Personen.
Torno **dall'**ufficio verso le sette. Ho saputo **dalla** radio che ha vinto la Germania.	zur Angabe des Ausgangsortes und der Herkunft.
Per andare a Torino passiamo **dal** Gran San Bernardo. I ladri sono passati **dalla** finestra.	in Verbindung mit **passare** in der Bedeutung *über, durch*.
Ci mancano i bicchieri **da** cognac. La camera **da** letto è bella grande. Hai visto i miei occhiali **da** sole? Devo comprare delle scarpe **da** tennis.	zur Bildung zusammengesetzter Substantive, bei denen das zweite Substantiv den Verwendungszweck des ersten bezeichnet.

!
Wenn mit Herkunft der Heimatort gemeint ist, dann nimmt man die Präposition **di**:
Sono **di** Napoli.
Ich komme aus Neapel.

il ladro – *der Dieb*
il bicchiere da cognac – *das Cognacglas*
gli occhiali da sole – *die Sonnenbrille*
le scarpe da tennis – *die Tennisschuhe*

azzurro – *(himmel)blau*
la volontà di ferro – *der eiserne Wille*
la persiana – *der Fensterladen*
la gioia – *die Freude*
trattare – *behandeln*
comportarsi – *sich verhalten*
il gentiluomo – *der Gentleman*

Quella ragazza **dagli** occhi azzurri mi piace. Carlo è un ragazzo **dalla** volontà di ferro.	um bei Personen ein körperliches oder charakterliches Merkmal zu bezeichnen.
Abito in una villetta **dalle** persiane azzurre. Vorrei cambiare un biglietto **da** 500 euro.	um bei Sachen ein äußerliches oder wertbezogenes Merkmal anzugeben.
C'è gente che piange **dalla** gioia. Sto tremando **dal** freddo.	zur Angabe der Ursache.
Sono sposata **da** quattro anni.	in der Bedeutung *seit*.
La lezione è **dalle** otto **alle** nove. Ho lavorato **dalla** mattina **alla** sera.	in Verbindung mit **a** zur Angabe eines Zeitabschnittes.
Da bambino ero molto timido. **Da** studente dormivo molto.	in Bezug auf Personen in der Bedeutung *als*.
Il direttore mi tratta **da** amico. Si comporta **da** vero gentiluomo.	in der Bedeutung *wie* bei Verhaltensweisen.

Die Präposition di

la pera – *die Birne*

Di wird verwendet:

La casa **dei** nonni è nel centro. Questa è la camera **di** Emma.	um Zugehörigkeit und Besitz anzugeben.
Dov'è la chiave **della** macchina? Il professore **d'**inglese è giovane.	zur Bildung zusammengesetzter Substantive.
Mi dia un chilo **di** pere, per favore.	bei Mengenangaben.
Per il pranzo di Natale preparo qualcosa **di** speciale. Non dice niente **di** interessante.	in Verbindung mit **qualcosa** bzw. **niente** zur Wiedergabe von *etwas/nichts* + Substantiv.
Pia è **di** Pisa, il marito è **di** Parma. Lei è **del** Sud, lui **del** Nord.	um die Herkunft, d.h. den Heimatort anzugeben.
Ho un figlio **di** vent'anni. Ho bevuto un vino **di** quindici anni.	zur Altersangabe in der Bedeutung *-jährig* und ... *Jahre alt*.

Lavoro **di** notte e dormo **di** giorno. **D'**estate non mi piace viaggiare.	zur Angabe der Tages- und Jahreszeit.
Ho ricevuto un orologio **d'**oro. Leo ha messo una giacca **di** pelle.	zur Angabe des Materials.
Noi mangiamo **prima dell'**una. **A sinistra della** chiesa c'è il cimitero.	in Verbindung mit einigen örtlichen und zeitlichen Präpositionen.
Ricordati **di** telefonare al medico! Non ho voglia **di** uscire, stasera.	nach bestimmten Verben und Ausdrücken.

Die Jahreszeiten kann man ebenso mit **in** angeben:
d'estate/**in** estate
d'autunno/**in** autunno
d'inverno/**in** inverno

l'oro – *das Gold*
la pelle – *das Leder*
il cimitero – *der Friedhof*
emigrare – *auswandern*
il parente – *der Verwandte*
il bosco – *der Wald*

Die Präposition in

In wird verwendet:

Tanti italiani sono emigrati **in** America e **in** Australia. Abbiamo dei parenti **in** Francia. Quest'estate andremo **in** Sicilia. Mi piace il bosco **in** autunno.	als Orts- und Richtungsangabe bei Kontinenten, Ländern und Regionen sowie bei zahlreichen weiteren Orts- und Richtungsangaben.
In ufficio ci vado **in** bicicletta; non ci vado mai **in** macchina.	zur Angabe der Fortbewegungsart bei Verkehrsmitteln.
In agosto saremo al mare. **In** primavera può ancora nevicare.	bei Monaten und Jahreszeiten.
Mi sono sposata **nel** 1986. **Nel** '900 ci sono state due guerre mondiali.	zur Angabe von Jahreszahlen, Jahrhunderten und Epochen.
Questo piatto si fa **in** pochi minuti. **In** dieci minuti sono in ufficio.	in der zeitlichen Bedeutung *in(nerhalb)*.
Il menu è scritto **in** italiano, **in** tedesco e **in** inglese.	um anzugeben, in welcher Sprache etwas ausgedrückt wird.

Bei Monaten hat sich auch die Verwendung von **a** durchgesetzt: **In/A luglio** non ci siamo.

la guerra mondiale – *der Weltkrieg*
il piatto – *das Gericht*

Die Präposition per

l'aiuto – *die Hilfe*
il traghetto – *die Fähre*
la conferma – *die Bestätigung*

	Per wird verwendet:
+ **Per** chi è l'aranciata? ~ **Per** la bambina.	zur Wiedergabe von *für*.
Ti telefono **per** scusarmi.	zur Wiedergabe von *um zu*.
Sono a Roma **per** motivi di lavoro. La ringrazio **per** il Suo aiuto.	zur Angabe des Grundes.
Il traghetto **per** Olbia è già partito. Quando partite **per** Londra? Prima di continuare **per** la Sicilia ci fermiamo un po' a Napoli.	in Verbindung mit Verkehrsmitteln oder mit Verben wie **partire** und **continuare** zur Angabe der Zielrichtung.
Ho camminato **per** la campagna. Ha viaggiato **per** tutta l'Europa.	mit **camminare** und **viaggiare** in der Bedeutung *über/durch*.
Le mando la conferma **per** fax.	zur Angabe des Mittels.
Ho camminato **per** ore e ore. Ha piovuto **per** tutta la notte.	zur Angabe der Dauer.
La carne è **per** domani. **Per** le otto la cena sarà pronta.	zur Angabe eines Zeitpunktes.

Die Präposition su

dare su – *schauen auf*
la conferenza – *der Vortrag*
i giovani – *die jungen Leute, die Jugend*
la scimmia – *der Affe*

	Su wird verwendet:
Siamo saliti **sull'**Etna. **Sull'**autostrada c'è molto traffico. La mia camera dà **sul** giardino.	als Orts- und Richtungsangabe.
È una donna **sui** cinquant'anni. Abbiamo speso **sui** 1000 euro. Toni pesa **sugli** ottanta chili.	als ungefähre Alters-, Preis- und Maßangabe.
Ho visto un documentario **su** Roma. La conferenza è **sui** giovani. Hai letto l'articolo **sulle** scimmie?	um anzugeben, worüber gesprochen bzw. geschrieben wird.
Su, vieni! *Los, komm!* **Su,** svelto! *Los, beeil dich!* **Su** con il morale! *Kopf hoch!*	in der Umgangssprache bei Aufforderungen.

1. Ergänzen Sie die Sätze mit den angegebenen Präpositionen.**

a – al – da – da – dal – del – della
delle – di – in – in – in – sui – sulla

a) Che tempo! Piove ___da___ stamattina.

b) ___Da___ Torino ___a___ Ivrea ci vuole circa mezz'ora, ___in___ treno.

c) Il programma «Onda verde» informa ___sulla___ situazione ___del___ traffico.

il traffico – *der Verkehr*

d) Fufi è il cane ___della___ signora che sta ___al___ terzo piano.

e) La professoressa ___di___ tedesco è una signora ___sui___ quarantacinque anni.

f) Oggi mia moglie tornerà ___dal___ lavoro prima ___delle___ sette.

g) Quest'estate andremo ___in___ Spagna. Ci andremo ___in___ aereo.

2. Eine Reisegruppe irgendwo in Italien. Wie die einzelnen den letzten Ferientag verbringen, erfahren Sie, wenn Sie den Text mit **a, da** oder **in** vervollständigen und, falls nötig, den bestimmten Artikel hinzufügen.**

a) Irene è ___dal___ parrucchiere, perché stasera va ___al___ ristorante con suo marito. b) Hans vorrebbe andare ___al___ museo, ma invece deve andare ___dal___ medico, poveretto. c) Susanne è andata ___in___ città, perché vuole fare le ultime fotografie e poi deve anche andare ___alla___ posta, perché vuole assolutamente mandare un pacchetto ___a___ suo nipote ___in___ Austria.
d) Carina è ___in___ albergo e fa le valigie, mentre suo marito è ancora ___a___ letto. e) Brigitte e Rainer non sono insieme. Lei è andata ___in___ centro a fare gli ultimi acquisti, lui ha preferito andare ___al___ cinema. f) Horst è andato ___da___ Paolo ed Elena, una coppia che ha conosciuto ___in___ discoteca. g) Christiane è andata ___al___ bar di fronte ___all'___ albergo e si gode le ultime ore di vacanza mangiando un gelato. h) Domani saranno di nuovo tutti insieme ___nel___ bus che li riporterà ___a___ Düsseldorf.

poveretto! – *armer Kerl!*

la coppia – *das Paar*
godersi qc – *etw genießen*

Die Zahlen

Die Grundzahlen

Von 11-16 steht die Zehnerzahl am Ende des Wortes (un**dici**, do**dici**, ...), von 17-19 am Wortanfang (**dici**assette, **dici**otto, **dici**annove).

0	zero	**18**	diciotto	**50**	cinquanta
1	uno	**19**	diciannove	**60**	sessanta
2	due	**20**	venti	**70**	settanta
3	tre	**21**	ven**tu**no	**80**	ottanta
4	quattro	**22**	ventidue	**90**	novanta
5	cinque	**23**	ventitré	**100**	cento
6	sei	**24**	ventiquattro	**101**	cent**ou**no
7	sette	**25**	venticinque	**108**	cent**oo**tto
8	otto	**26**	ventisei	**200**	duecento
9	nove	**27**	ventisette	**360**	trecento-sessanta
10	dieci	**28**	ven**to**tto	**1 000**	mille
11	undici	**29**	ventinove	**2 000**	duemil**a**
12	dodici	**30**	trenta	**3 100**	tremil**a**cento
13	tredici	**31**	tren**tu**no	**1 000 000**	un milione
14	quattordici	**32**	trentadue	**2 000 000**	due milion**i**
15	quindici	**33**	trentatré	**1 000 000 000**	un miliardo
16	sedici	**38**	tren**to**tto	**2 000 000 000**	due miliard**i**
17	diciassette	**40**	quaranta		

Tipp! **Sessanta** (60) und **settanta** (70) werden gerne verwechselt. Merken Sie sich, dass **settanta** mit **sette** (7) zusammenhängt.

Haben Sie bemerkt, dass fast alle Grundzahlen unveränderlich sind? Veränderlich sind lediglich **mille**, **milione** und **miliardo**.

Gebrauch

Il tredici mi porta fortuna.
Il numero vincente è **il ventotto.**

Als Substantive sind die Grundzahlen männlich.

la fortuna – *das Glück*
il numero vincente – *die Gewinnzahl*
lo spumante – *der Sekt*

Io prendo **un** tè, Gianni prende **una** birra, Emma **un'**aranciata e Lucio **uno** spumante.

Wenn **uno** vor einem Substantiv steht, dann verhält es sich wie der unbestimmte Artikel, ...

Sergio ha ventu**n** anni.
Fino a Natale ci sono quarantu**n** giorni.
Il libro ha novantu**n** pagine.

... und bei Zehnerzahlen, die mit **uno** verbunden sind, entfällt in der Regel das **-o** am Ende des Zahlwortes.

1.000.000 un milione **di** macchine
4.000.000.000 quattro miliardi **di** persone

Nach **milione** und **miliardo** wird das Substantiv mit **di** angeschlossen.

3.530.000 € tre milioni cinquecentotrentamila euro

Das **di** entfällt jedoch, wenn auf **miliardo** oder **milione** Hunderter, Zehner oder Einer folgen.

Das Datum

1 Il compleanno di Marcello è **il 10** (primo) aprile, vero?

2 No, **il 10** aprile è l'onomastico. Il compleanno è **il 27** (ventisette) marzo.

1. Marcello hat am 1. April Geburtstag, nicht wahr? 2. Nein, am 1. April ist sein Namenstag. Der Geburtstag ist am 27. März.

Pasqua è **il 23** (ventitré) aprile.
Oggi è **il 31** (trentun) luglio.
Il 15 (quindici) marzo è il compleanno di Lea.

Mit dem bestimmten Artikel **il** und den Grundzahlen geben Sie das Datum an.

Das Datum wird im Italienischen anders angegeben als im Deutschen. **!**

Il 1º (primo) maggio i negozi sono chiusi.
Il 1º (primo) agosto parto per Parigi.

Nur beim Monatsersten müssen Sie wie im Deutschen die Ordnungszahl benutzen.

Parma, **2 gennaio 2001** Parma, **02/01** Parma, **02. 01.**
(due gennaio duemilauno)

Beim Datum in Briefen entfällt **il** sowohl beim Tag als auch beim Jahr.

Nel 1933 c'è stato un inverno freddissimo.
Per il passaggio **dal** 1999 **al** 2000 ci sono stati grandi festeggiamenti.

Ansonsten werden Jahreszahlen mit dem bestimmten Artikel benutzt.

il passaggio – *der Übergang*
il festeggiamento – *die Feierlichkeit*

Il **1968** (millenovecentosessantotto) è stato un anno importante.
Leo è nato nel **1986** (millenovecentoottantasei).

Jahreszahlen werden wie normale Grundzahlen gelesen.

Mengenangaben

Mi dia **mezzo chilo di** tortellini con il ripieno di zucca e **tre etti di** parmigiano grattugiato, per favore.

Geben Sie mir bitte ein halbes Kilo Tortellini mit Kürbisfüllung und 300 g geriebenen Parmesankäse.

Die Maßeinheit 100g hat im Italienischen eine besondere Bezeichnung: **un etto**.

100 g:	un etto **di** parmigiano
250 g:	due etti e mezzo **di** burro
1 kg:	un chilo **di** mele
2,5 kg:	due chili e mezzo **di** patate

Zwischen der Mengenangabe und dem nachfolgenden Substantiv steht die Präposition **di.**

1/2 kg:	**mezzo** chilo **d'**uva
1/2 l:	**mezzo** litro **di** vino

Wenn **mezzo** alleine steht, dann fällt der unbestimmte Artikel **un** weg.

Die Uhrzeit

1 **Che ora è**, per favore?

2 **Sono le cinque meno un quarto.**

1. Wie spät ist es, bitte? 2. Es ist Viertel vor fünf.

Che or**a è?**
Che or**e sono?**

Die Frage nach der Zeit können Sie in der Einzahl mit **è** oder in der Mehrzahl mit **sono** bilden.

È mezzogiorno

È mezzanotte.

È l'una.

Sono le due.

Bei Mittag und Mitternacht gibt man die Zeit mit **è** an, bei 1 Uhr mit **è** + **l'**, ansonsten gibt man sie mit **sono** + **le** an.

Sono le due
e dieci.

Sono le due
e un quarto.

Sono le due
e mezza.

Sono le due
e trentacinque.

Die Minuten werden in der Regel von der vollen Stunde bis zur 39. Minute mit **e** angeschlossen. *Viertel nach* heißt **e un quarto**, *halb* wird mit **e mezza** wiedergegeben.

Sono le tre
meno venti.

Sono le tre
meno un quarto.

Sono le tre
meno cinque.

Ab der 40. Minute werden die Minuten meist von der nächsten Stunde mit **meno** abgezogen. *Viertel vor* heißt **meno un quarto**.

Parto alle otto **del mattino** e arrivo alle tre **del pomeriggio**.
Parto alle tre **di notte** e arrivo alle otto **di sera**.

Die Uhrzeit wird mit den Grundzahlen von 1–12 angegeben.
Die Tageszeit fügt man mit **del mattino, del pomeriggio, di sera** und **di notte** hinzu.

+ **A** che ora venite? ~ **Alle** otto e mezza.

Mit der Präposition **a** können Sie einen Zeitpunkt angeben bzw. erfragen.

18:44 Il treno parte alle **18.44** (diciotto e quarantaquattro).

21:15 C'è un Intercity alle **21.15** (ventuno e quindici).

Bei offiziellen Zeitangaben werden die Stunden und Minuten wie bei einer digitalen Uhr bis 24 Stunden bzw. 60 Minuten durchgezählt.

Tipp! Denken Sie daran, dass Sie **le** bei der Zeitangabe **sono le** nie apostrophieren dürfen. Es heißt also:
Sono le undici.
Sono le otto.

a che ora ...? – *um wie viel Uhr...?*
alle otto e mezza – *um halb neun*

Die Ordinalzahlen

La nostra casa ha tre piani. Al **primo** piano c'è un commercialista, al **secondo** ci siamo noi e al **terzo** ci abita una famiglia con due bambini.

Unser Haus hat drei Stockwerke. Im ersten Stock ist ein Steuerberater, im zweiten sind wir und im dritten wohnt eine Familie mit zwei Kindern.

1º	primo	Die Ordnungszahlen haben von 1. bis 10. unregelmäßige Formen.
2º	secondo	
3º	terzo	
4º	quarto	
5º	quinto	
6º	sesto	
7º	settimo	
8º	ottavo	
9º	nono	
10º	decimo	
11º	undicesimo	Ab 11. bildet man sie, indem man **-esimo** anstelle des Endvokals setzt, z. B. **vent(i)** + **esimo** ▶ **ventesimo**.
12º	dodicesimo	
20º	ventesimo	
24º	ventiquattresimo	
25º	venticinquesimo	
23º	ventitr**ee**simo	Zahlen, die mit **tre** oder **sei** zusammengesetzt sind, behalten den Endvokal bei.
33º	trentatr**ee**simo	
46º	quarantase**ie**simo	
66º	sessantase**ie**simo	

Gebrauch

1º piano:	il **primo** piano
2ª classe:	la **seconda** classe

Scendiamo alla **terza** fermata.
Le **prime** file sono già occupate.

Wenn sich Ordnungszahlen auf ein Substantiv beziehen, dann stehen sie vor diesem Substantiv und stimmen in Geschlecht und Zahl mit diesem überein.

Carlo V	(Carlo **quinto**)
Giovanni XXIII	(Giovanni **ventitreesimo**)

Bei Königen und Päpsten sind die römischen Ziffern zwar nicht als Ordnungszahl gekennzeichnet, werden aber trotzdem als solche gelesen.

il IV secolo a. C. (il **quarto** secolo avanti Cristo)
il II secolo d. C. (il **secondo** secolo dopo Cristo)
il XXI secolo (il **ventunesimo** secolo)

Dasselbe gilt bei den Jahrhunderten.

Vom 13. – 20. Jahrhundert gibt es neben der Angabe mit der Ordnungszahl noch zwei weitere, sehr häufig verwendete Möglichkeiten, z. B.:

13. Jahrhundert:	**il '200 / il Duecento**
14. Jahrhundert:	**il '300 / il Trecento**
19. Jahrhundert:	**l' 800 / l'Ottocento**
20. Jahrhundert:	**il '900 / il Novecento**

avanti Cristo – *vor Christus*
dopo Cristo – *nach Christus*

Die Zahlen

1. Schreiben Sie die Zahlen in Ziffern bzw. in Buchstaben auf.*

a) 16 sedici

b) 67 sessantasette

c) 76 settantasei

d) 113 centotredici

e) 119 centodiciannove

f) 1212 milleduecentododici

g) 2217 duemiladuecentodiciassette

h) 11315 undicimilatrecentoquindici

i) 15414 quindicimilaquattrocentoquattordici

j) 1.619.788 un milione e seicentodiciannovemila-settecentoottantotto

2. Schreiben Sie die angegebenen Zahlen jeweils als Wort auf.*

a) Ho (4) quattro figli. b) Nicola ha (7) sette anni e frequenta la (2ª) seconda elementare. c) Daniela ha (10) dieci anni ed è in (5ª) quinta elementare. d) Matteo ha già (16) sedici anni e fa la (3ª) terza liceo, mentre Simona, la più grande è al (4º) quarto anno di ingegneria, anche se ha già (28) ventotto anni.

3. Übertragen Sie diesen Einkaufszettel ins Italienische. Schreiben Sie dabei die Mengenangaben in Worten aus.**

a) ½ kg Spinat mezzo chilo di spinaci

b) 1 kg Äpfel un chilo di mele

c) 2 ½ kg Trauben due chili e mezzo di uva

d) 1 Flasche Olivenöl una bottiglia di olio d'oliva

e) 250 g Parmesan due etti e mezzo di parmigiano

f) 300 g Rohschinken tre etti di prosciutto crudo

Konjunktionen

Mit einer Konjunktion verbinden Sie zwei Satzteile oder Sätze miteinander.

1. Kommst du mit in die Pizzeria oder gehst du lieber nach Hause? 2. Nein, nein, ich komme mit euch, auch wenn ich noch lernen müsste.

Nebenordnende Konjunktionen

1 Hai comprato il giornale?

2 Sì, **ma** non l'ho ancora letto.

1. Hast du die Zeitung gekauft? 2. Ja, aber ich habe sie noch nicht gelesen.

Nebenordnende Konjunktionen fügen zwei gleichrangige Teile wie z. B. Substantive, Adjektive und Hauptsätze zusammen. Dazu gehören:

Luca **e** Giorgio sono fratelli.	**e** *(und)*,
Ho comprato il giornale, **ma/però** non l'ho ancora letto.	**ma/però** *(aber)*,
Vuoi un caffè **o/oppure** un tè?	**o/oppure** *(oder)*,
A Pia regalo **o** un libro **o** un disco.	**o … o** *(entweder … oder)*,
Oggi non fa **né** caldo **né** freddo.	**né … né** *(weder … noch)*,
Se mi inviti tu, **allora** vengo.	**allora** *(dann)*,
Allora, dov'è il problema?	**allora** *(also)*,
Lucio è un tipo molto socievole, **infatti** è simpatico a tutti.	**infatti** *(tatsächlich, nämlich)*,

il disco – *die Schallplatte*
socievole – *gesellig, aufgeschlossen*

il pranzo – *das Mittagessen*

Piove**, e tuttavia** non fa freddo.	**(e) tuttavia** *(trotzdem)*,
Simona non c'è, **perciò/quindi/dunque** prepari tu il pranzo.	**perciò/quindi/dunque** *(deshalb, folglich)*.

Unterordnende Konjunktionen

1 **Quando** mi vede gira la testa.

2 Sandro cammina **come se** avesse bevuto un po' troppo.

1. Wenn er mich sieht, schaut er weg. 2. Sandro läuft, als ob er zu viel getrunken hätte.

Unterordnende Konjunktionen leiten einen Nebensatz ein.

1. Konjunktionen, die den Indikativ verlangen

dimmelo! – *sag es mir!*
stare con qu – *mit jdm zusammensein*
andare/venire a trovare qu – *jdn besuchen*

Quando avrai finito, dimmelo!	**quando** *(wenn)*,
Quando esco con te non mi annoio.	**quando** *(jedesmal wenn)*,
Quando mi ha visto si è girato.	**quando** *(als)*,
Da quando sta con te è più calmo.	**da quando** *(seitdem)*,
Appena sarò libero, verrò a trovarti.	**appena** *(sobald)*,
Leo è arrivato **dopo che** eri uscito.	**dopo che** *(nachdem)*,
Potete stare qui **finché** volete.	**finché** *(solange)*,
Aspettateci **finché non** arriviamo.	**finché non** *(bis)*,
Mentre andavo a scuola, ho incontrato Furio.	**mentre** *(während)*,
Non esco **perché** ho mal di testa.	**perché** *(weil)*
Siccome/Dato che/Visto che è il tuo compleanno, andiamo a Roma.	**siccome/dato che/visto che** *(da)*,
Il film piace, **anche se** è difficile.	**anche se** *(obwohl)*,
La storia è **così/tanto/talmente** triste **che** ci si mette a piangere.	**così/talmente/tanto... che** *(so ..., dass)*,

! Wenn Haupt- und Nebensatz das gleiche Subjekt haben, wird *nachdem* mit **dopo** + Infinitiv Perfekt wiedergegeben: **Dopo essere stata** in banca/**Dopo aver fatto** la spesa, sono andata a casa.

triste – *traurig*
mettersi a – *anfangen zu*
piangere – *weinen*

C'era **un tale** vento **che** si faceva fatica a camminare.	**un tale ... che** *(solch ein ..., dass)*,
Sto male **di modo che/in modo che/per cui** non posso partecipare alla riunione.	**di modo che/in modo che/per cui** *(so dass)*.

fare fatica – *Mühe haben*
partecipare a – *teilnehmen an*
la riunione – *die Versammlung*
parlare piano – *langsam sprechen*
nascondere – *verstecken*
il cioccolatino – *die Praline*

2. Konjunktionen, die den Congiuntivo verlangen

Parla piano, **di modo che/in modo che** tutti ti capiscano.

di modo che/in modo che *(so dass)*, wenn der Nebensatz etwas Erwünschtes beinhaltet,

Ho nascosto i cioccolatini **affinché/perché** Giorgio non li mangi.

affinché/perché *(damit)*,

Benché/Malgrado/Nonostante/Sebbene dorma poco, non sono stanco.

benché/malgrado/nonostante/sebbene *(obwohl)*,

Ho preparato il dessert **prima che** arrivassero gli ospiti.

prima che *(bevor)*,

Ti presto la macchina **purché/a condizione che/a patto che** tu sia a casa prima di mezzanotte.

purché/a condizione che/a patto che *(vorausgesetzt, dass)*,

Ti portiamo noi all'aeroporto, **a meno che non** lo faccia Giorgio.

a meno che non *(es sei denn, dass; außer wenn)*,

Luca si comporta **come se** fosse lui il padrone di casa.

come se *(als ob)*,

Siamo usciti **senza che** gli altri se ne siano accorti.

senza che *(ohne dass)*.

!

Wenn Haupt- und Nebensatz das gleiche Subjekt haben, nimmt man für *bevor* **prima di** + Infinitiv:
Prima di uscire mi trucco.

prestare qc a qu – *jdm etw (aus)leihen*
il padrone di casa – *der Hausherr*
accorgersi di qc – *etw bemerken*

3. Konjunktionen, die in bestimmten Fällen den Indikativ und in anderen hingegen den Congiuntivo verlangen

Che

Sappiamo **che siete** arrivati ieri sera.

che *(dass)* + Indikativ, wenn der Nebensatz von einem Verb eingeleitet wird, das eine Sicherheit ausdrückt, z. B. **sapere**.

Carlo dice **che** non **ha** tempo.

che *(dass)* + Indikativ, wenn der Hauptsatz eine indirekte Rede einleitet.

▶ **Die indirekte Rede**, S. 210

Con questo tempo non penso **che si possa** partire in macchina.

che *(dass)* + **Congiuntivo**, wenn der Nebensatz von einem Verb eingeleitet wird, das z. B. Zweifel ausdrückt, wie **non pensare.**

▶ **Der Congiuntivo**, S. 146

Se

Non so **se** il ristorante **sia** aperto anche la domenica.

se *(ob)* + **Congiuntivo**, wenn der Nebensatz von einem Verb eingeleitet wird, das Unsicherheit ausdrückt, wie **non sapere.**

la mostra – *die Ausstellung*

Se abbiamo tempo andiamo a vedere la mostra del Perugino.

se *(wenn, falls)* + Indikativ bei realen Bedingungssätzen.

Se avessimo tempo andremmo a vedere la mostra del Perugino.

se *(wenn, falls)* + **Congiuntivo** bei irrealen Bedingungssätzen.

▶ **Der Bedingungssatz**, S. 208

1. **Congiuntivo** oder Indikativ? Markieren Sie die jeweils passende Verbform.**

a) Non ti ho scritto perché non avevo / avessi il tuo indirizzo.
b) Vi abbiamo telefonato, affinché siete / siate informati.
c) L'ingegner Rossi è sempre molto gentile quando mi telefona / telefoni.
d) Vorrei vedervi prima che partite / partiate.
e) Anche se ho studiato / abbia studiato molto, l'esame non è andato bene.
f) Vi accompagno io alla stazione se volete / voleste.
g) Roberto guida come se è / fosse un campione di formula 1.
h) Ho fatto la spesa dopo che eri uscito / tu fossi uscito.
i) Vado io a prendere la nonna, a meno che non vuoi / voglia andarci tu.

l'indirizzo – *die Adresse*
l'esame – *die Prüfung*
il campione – *der Champion*
la formula 1– *die Formel 1*

2. Ergänzen Sie die Sätze mit den angegebenen Konjunktionen.**

a) ________________ il vino mi piaccia, non ne bevo più di un bicchiere.
b) Sono tornato a casa ______________ avevo dimenticato il biglietto.
c) Il negozio era ancora chiuso ________________ erano già le 10.
d) ____________________ avrò fatto l'esame partirò per il Canada.
e) La lettera è arrivata ____________________ eri uscito.
f) Mio padre ci ha lasciato andare in Australia ______________________ gli telefonassimo almeno tre volte alla settimana.
g) Abbiamo incontrato i Mazza ________________ andavamo a teatro.

dopo che
anche se
mentre
benché
a patto che
perché
appena

3. Unter den angegebenen Konjunktionen finden Sie für jeden Satz eine, welche die benutzte Konjunktion ersetzen kann. Schreiben Sie sie auf.***

a) Carlo continua a fumare, sebbene gli faccia male. _______________
b) Visto che è domenica, rimango a letto più a lungo. _______________
c) C'era tanto traffico, di modo che ho perso il treno. _______________
d) Ti do le chiavi di casa perché tu ti senta più libero. _______________
e) Ti compro il telefonino purché tu non lo usi a scuola. _______________

appena
affinché
per cui
anche se
a patto che
nonostante
siccome
senza che

Bedeutungsverändernde Vor- und Nachsilben

2 Hai ragione; ma lo sai che il direttore ogni tanto sragiona. ... Adesso però ci beviamo un bicchier**ino** e non ne parliamo più.

1 Ma che giornat**accia**, oggi!

1. Was für ein schrecklicher Tag, heute! 2. Du hast Recht, aber du weißt, dass der Direktor ab und zu dumm daherredet. ... Jetzt aber trinken wir ein Gläschen (Grappa) und sprechen nicht mehr darüber.

Mit Hilfe von Vor- und Nachsilben kann die Bedeutung eines Substantivs, eines Adjektivs oder auch eines Verbs verändert werden.

Nachsilben bei Substantiven und Adjektiven

1 Che bel vestit**ino**!

2 Ti piace? L'ho trovato da «Moda Eva». Hanno delle cos**ette** abbastanza carine e per niente care.

1. Was für ein schönes Kleidchen! 2. Gefällt es dir? Ich habe es bei „Moda Eva" gefunden. Sie haben recht nette Sachen und gar nicht teuer.

Im Italienischen gibt es zahlreiche Nachsilben, die der Grundbedeutung eines Substantivs oder eines Adjektivs eine bestimmte Note hinzufügen. Es gibt Verkleinerungsformen, Vergrößerungsformen, verniedlichende Formen und abwertende Formen.

1. Die Verkleinerungsformen -ino, -ina, -etto, -etta, -uccio, -uccia

il ragazzo	il ragazz**ino**	*der kleine Junge*
la ragazza	la ragazz**ina**	*das junge Mädchen*
l'uccello	l'uccell**ino**	*das Vögelchen*
bello, -a	bell**ino,-a**	*ziemlich schön, nett*
brutto, -a	brutt**ino, -a**	*relativ hässlich*
giallo	giall**ino, -a**	*gelblich*
piccolo, -a	picco**lino, -a**	*ziemlich klein*

Als Verkleinerungsform wird die Endung **-ino** bzw. **-ina** am häufigsten benutzt. In Verbindung mit einem Adjektiv wird die Grundbedeutung des Adjektivs entschärft.

il pacco	il pacch**etto**	*das Päckchen*
la cosa	la cos**etta**	*die kleine Sache*
il lavoro	il lavor**etto**	*die kleine, unbedeutende Arbeit*
il gioco	il gioch**etto**	*das kleine Spiel, die Bagatelle*
fresco, -a	fresch**etto, -a**	*etwas frisch*

Die Endung -**etto** bzw. -**etta** ist auch sehr beliebt. Je nach Wort, mit dem sich diese Nachsilbe verbindet, und je nach Zusammenhang, in dem die neue Wortbildung benutzt wird, kann zum verkleinernden auch ein leicht verschlechternder Sinn hinzukommen.

la casa	▶	la cas**etta**	▶	la cas**ettina**
la cosa	▶	la cos**etta**	▶	la cos**ettina**
la villa	▶	la vill**etta**	▶	la vill**ettina**
il pacco	▶	il pacch**etto**	▶	il pacch**ettino**
il libro	▶	il libr**etto**	▶	il libr**ettino**

Die Endungen **-etto** und **-ino** lassen sich auch kombinieren. Die verkleinernde Bedeutung wird dadurch verstärkt, was man im Deutschen mit *ganz klein* wiedergeben könnte.

la bocca	la bocc**uccia**	*der kleine, hübsche Mund*
il letto	il lett**uccio**	*das (niedliche) Bettchen*
il caldo	il cald**uccio**	*die wohlige Wärme*
la cosa	la cos**uccia**	*die kleine, bescheidene Sache*
la casa	la cas**uccia**	*das kleine, bescheidene Haus*
l'avvocato	l'avvocat**uccio**	*der unbedeutende Anwalt*
l'attore	l'attor**uccio**	*der unbedeutende Schauspieler*
il medico	il medic**uccio**	*der unbedeutende Arzt*
caro	car**uccio**	*etwas, ziemlich teuer*
debole	debol**uccio**	*etwas, leicht schwach*
lontano	lontan**uccio**	*relativ weit entfernt*

Die Nachsilbe **-uccio, -uccia** ist grundsätzlich eine Verkleinerungsform. Sie kann aber auch, je nach Wort und Zusammenhang, eine verniedlichende Bedeutung haben. Bei Personen- und Berufsbezeichnungen kann sie sogar abwertenden Charakter annehmen.

2. Die abwertende Form -accio, -accia

il ragazzo	il ragazz**accio**	*der Gassenjunge*
la donna	la donn**accia**	*die Schlampe, die Nutte*
il film	il film**accio**	*der miserable Film*
il giornale	il giornal**accio**	*die schlechte Zeitung*
il tempo	il temp**accio**	*das Hundewetter*
la parola	la parol**accia**	*das Schimpfwort*

! Warum sich ein Wort eher mit der einen als mit der anderen Nachsilbe verbindet, bestimmt der Gebrauch. Als Nichtmuttersprachler ist es also ratsam, sich auf das Verstehen von bestehenden Wortbildungen zu beschränken.

Die Nachsilbe **-accio** bzw. **-accia** fügt der Grundbedeutung einen abwertenden und verschlechternden Sinn hinzu.

3. Die Vergrößerungsform -one, -ona

il libro	il libr**one**	*das große, dicke Buch*
il bacio	il baci**one**	*der riesige Kuss*
la donna	il donn**one** la donn**ona**	*die große, korpulente Frau*
la nuvola	il nuvol**one** la nuvol**ona**	*die riesige Wolke*
la borsa	il bors**one** la bors**ona**	*die große Tasche*

Was im Deutschen mit den Adjektiven *groß, riesig, mächtig* ausgedrückt wird, kann im Italienischen mit der Nachsilbe **-one** bzw. **-ona** wiedergegeben werden. Die männliche Endung **-one** wird auch an ein weibliches Substantiv angehängt. Das neu entstandene Wort ist dann männlichen Geschlechts und wird der weiblichen Variante auf **-ona** vorgezogen.

4. Lexikalisierte Ableitungen

Es gibt Wörter, die ursprünglich mit Hilfe von Nachsilben gebildet wurden, mittlerweile aber zu eigenständigen Begriffen geworden sind, bei denen die „Nachsilben" nicht immer als bedeutungstragend empfunden werden, z. B.:

le manette	(la mano)	*die Handschellen*
l'ombrellone	(l'ombrello)	*der Sonnenschirm*
la lampadina	(la lampada)	*die Glühbirne*
il padrino	(il padre)	*der Taufpate*
la madrina	(la madre)	*die Taufpatin*
gli orecchini	(l'orecchio)	*die Ohrringe*

Vorsilben bei Substantiven und Adjektiven

1 La **dis**occupazione è più alta nel sud che nel nord del Paese.

2 La **stra**grande maggioranza degli italiani è contro la guerra.

1. Die Arbeitslosigkeit ist im Süden des Landes höher als im Norden. 2. Die überwältigende Mehrheit der Italiener ist gegen den Krieg.

1. Die Vorsilben dis-, in-, im-, s-

l'interesse	**il dis**interesse	*die Interesselosigkeit*
l'attenzione	**la dis**attenzione	*die Unachtsamkeit*
occupato	**dis**occupato	*unbeschäftigt, arbeitslos*
abitato	**dis**abitato	*unbewohnt, menschenleer*
la capacità	**l'in**capacità	*die Unfähigkeit*
la possibilità	**l'im**possibilità	*die Unmöglichkeit*
naturale	**in**naturale	*unnatürlich*
morale	**im**morale	*unmoralisch*
il vantaggio	**lo s**vantaggio	*der Nachteil*
contento	**s**contento	*unzufrieden*

Die Vorsilben **dis-, in-, im-** und **s-** kehren die Bedeutung des Ausgangswortes um. Wenn ein Wort mit **b, p,** oder **m** beginnt, dann steht **im-** anstelle der Vorsilbe **in-.**

2. Die Vorsilben arci- und stra-

il vescovo	**l'arci**vescovo	*der Erzbischof*
il duca	**l'arci**duca	*der Erzherzog*
noto	**arci**noto	*überall bekannt*
contento	**arci**contento	*überglücklich*
ricco	**stra**ricco	*steinreich*
pieno	**stra**pieno	*knallvoll*
carico	**stra**carico	*überbeladen, überfüllt*
cotto	**stra**cotto	*verkocht*

Vor einem Substantiv hat **arci-** die Bedeutung *Erz-*, vor einem Adjektiv hingegen steigert die Vorsilbe **arci-** die Bedeutung des Ausgangswortes ins Übermäßige. Ebenso drückt **stra-** einen sehr hohen Grad einer Eigenschaft aus. Die Anwendung von **arci-** und **stra-** bei Adjektiven ist meist auf die Umgangssprache beschränkt.

Vorsilben bei Verben

Mi **dis**piace molto che non ci possiamo **ri**vedere prima di Pasqua.

Es tut mir sehr Leid, dass wir uns nicht vor Ostern wiedersehen können.

1. Die Vorsilbe ri-

! Verwechseln Sie nicht **risposarsi** *(wieder heiraten)* mit **riposarsi** *(sich ausruhen)*.

sposarsi	**ri**sposarsi	*wieder heiraten*
cominciare	**ri**cominciare	*erneut anfangen*
dare	**ri**dare	*zurückgeben*
avere	**ri**avere	*zurückbekommen, wieder haben*

Die Vorsilbe **ri-** wird sehr häufig benutzt. Sie kann die Wiederholung einer Tätigkeit ausdrücken oder die Bedeutung *zurück* wiedergeben.

2. Die Vorsilben dis-, s- und de-

Tipp! Die Verben mit Vorsilbe werden wie das jeweilige Grundverb konjugiert.

dire	**dis**dire	*absagen*
fare	**dis**fare	*auseinander nehmen, zerlegen*
approvare	**dis**approvare	*missbilligen*
caricare	**s**caricare	*abladen, entladen*
consigliare	**s**consigliare	*abraten*
parlare	**s**parlare	*lästern, dumm daherreden*
ragionare	**s**ragionare	*faseln, dummes Zeug reden*
colorare	**de**colorare	*entfärben, bleichen*
comporre	**de**comporre	*auseinander nehmen*

Mit den Vorsilben **dis-, s-** und **de-** wird die Bedeutung des Ausgangsverbs ins Gegenteil gekehrt. Je nach Verb kann die Vorsilbe **s-** eine negative Färbung hinzufügen, wie bei **sparlare** und **sragionare**. Bei neueren Wortbildungen ist die Vorsilbe **de-** sehr beliebt.

3. Die Vorsilbe stra-

fare	**stra**fare	*zu viel tun, übertreiben*
vincere	**stra**vincere	*haushoch gewinnen*
cuocere	**stra**cuocere	*zu lange kochen*
pagare	**stra**pagare	*überbezahlen, zu viel bezahlen*
parlare	**stra**parlare	*irrereden, fantasieren*

Mit **stra-** als Vorsilbe wird die Bedeutung des Ausgangsverbs bis zu einem Übermaß verstärkt.

1. Können Sie bei folgenden Verben das Grundverb erkennen? Schreiben Sie es auf.*

a) costruire ricostruire
b) invitare disinvitare
c) innamorarsi disinnamorarsi
d) concentrare deconcentrare
e) bloccare sbloccare
f) perdere straperdere
g) mettere rimettere
h) piovere spiovere
i) vendere rivendere
k) formare deformare

2. Ordnen Sie die italienischen Wörter der passenden deutschen Entsprechung zu.**

schiudere – rivisitare – la disattenzione – la riscoperta
lo strapotere – disimparare – struccarsi – strabere – lo stradone
stragrande – la stradina – stravolere – il disaccordo – la stradaccia

a) zu viel wollen
stravolere

b) wieder besuchen
rivisitare

c) riesengroß
stragrande

d) die Uneinigkeit
il disaccordo

e) das Sträßchen
la stradina

f) die Unachtsamkeit
la disattenzione

g) sich abschminken
struccarsi

h) die schlechte Straße
la stradaccia

i) die breite Straße
lo stradone

j) die Wiederentdeckung
la riscoperta

k) zu viel trinken
strabere

l) verlernen
disimparare

m) die Allmacht
lo strapotere

n) (halb) aufmachen
schiudere

Bedeutungsverändernde Vor- und Nachsilben

3. Die Zwillingsschwestern Silvia und Rosa sind zwei ganz unterschiedliche Persönlichkeiten. Ergänzen Sie deren Beschreibung mit dem Gegenteil des jeweils hervorgehobenen Wortes. Benutzen Sie dabei die Vorsilben **dis-, in-** und **s-**.***

a) Silvia è una ragazza **onesta**, Rosa invece tende ad essere ________ disonesto.

b) La camera di Silvia è molto **ordinata**, mentre quella della sorella è sempre inordinata.

c) Rosa è una persona piuttosto **sicura** di sé; Silvia purtroppo si sente spesso insicura.

d) Passare la serata con degli amici per Silvia è una cosa molto **piacevole**, per Rosa invece fa parte delle cose che trova ________________.

e) Rosa vorrebbe diventare una persona molto **conosciuta**, a Silvia non importa di rimanere del tutto ________________.

f) A scuola Silvia era molto **attenta**, Rosa era spesso ________________.

g) Quando escono insieme Rosa è sempre **elegante**, mentre Silvia si veste spesso in modo piuttosto ________________.

4. Drücken Sie bei folgenden Sätzen den hervorgehobenen Satzteil mit einem einzigen Wort aus. benutzen Sie dabei die Endungen **-one, -ino, -etto** und **-accio**.***

a) Secondo me Rosa ha un **brutto carattere** ________________.

b) L'anno prossimo il mio **fratello più piccolo** ________________ andrà all'asilo.

l'asilo – *der Kindergarten*
il mazzo di fiori – *der Blumenstrauß*
la prima – *die Premiere*

c) Non voglio che tu dica delle **brutte parole** ________________.

d) Ho comprato un **piccolo mazzo** ________________ di fiori per Roberta.

e) La prima dell'*Aida* è stata un **grande successo** ________________.

f) Sembra che faccia bene fare una **breve passeggiata** ________________ dopo aver mangiato.

g) I nonni ti hanno mandato un **piccolo pacco** ________________.

h) Se parti senza salutare farai una **gran brutta figura** ________________.

Lösungen

Artikel (S. 16 – 17)

1. **männlich Einzahl:**
un caffè – uno spumante – l'aceto – il gelato – lo zucchero
männlich Mehrzahl:
gli spaghetti – i panini
weiblich Einzahl:
la città – un'aranciata – l'uva – una birra – un'insalata
weiblich Mehrzahl:
le uova – le mele

2. al/a+il – alle/a+le – dei/di+i – delle/di +le – alle/a+le – all'/a+l' – nel/in+il – dal/da+il – della/di+la -del/di+il – dalla/da+la

3. un libro/il libro – uno scialle/lo scialle – una borsetta/la borsetta – un'agenda/l'agenda – un pigiama/il pigiama, un abbonamento/l'abbonamento – una sciarpa/la sciarpa – una camicia/la camicia

4. a) –
b) le
c) la, il, il
d) il, i, gli
e) la, il, la
f) il, l', il, lo

Substantiv (S. 26 – 27)

1. **il** vestito – i vestiti, il cinema – i cinema, il ristorante – i ristoranti, il caffè – i caffè
lo specchio – gli specchi, lo sciopero – gli scioperi, lo zio – gli zii, lo sport – gli sport
l'ufficio – gli uffici, l'arancia – le arance, l'albergo – gli alberghi, l'uovo – le uova
la valigia – le valigie, la radio – le radio, la stazione – le stazioni, la città – le città

2. a) la, collega
b) figlie
c) una ragazza, amiche, medico, madre
d) una bambina
e) l'attrice

3. a) gli uffici informazioni
b) i marciapiedi
c) le madri modello
d) i libri di cucina
e) le camere da letto
f) i pianoforti
g) gli asciugamani
h) gli anni record

4. a) il foglio
b) la banca
c) la fine
d) la capitale
e) la porta
f) il capitale

5. a) la professoressa
b) l'autrice
c) l'insegnante
d) la moglie
e) la donna
f) la lavoratrice
g) l'impiegata
h) la farmacista
i) la tedesca
j) la studentessa
k) la psicologa
l) la parrucchiera

männliche Substantive		weibliche Substantive	
il computer	il fax	la e-mail/la mail	la chat
Internet	il monitor	la home-page	la web-cam
lo scanner	il modem		
il software	l'hardware		
il mouse	il display		
il file	il CD-Rom		
il laptop	l'hacker		
l'SMS	l'euro		

Bei Substantiven, wie **l'aceto**, **l'olio**, **l'uva**, **l'insalata** können Sie anhand des bestimmten Artikels **l'** das Geschlecht des Substantivs nicht erkennen. In solchen Fällen erkennen Sie es an seiner Endung.

Sprachen sind immer männlichen Geschlechts.

Tipp! Lernen Sie ein Substantiv immer zusammen mit seinem unbestimmten Artikel. So lernen Sie das Geschlecht gleich mit, z. B.:
un amico, **un'**amica, **un** elefante, **un'**idea

Tipp! Denken Sie daran, dass der Superlativ auf **-issimo** keinen Vergleich herstellt, sondern nur einen sehr hohen Grad einer Eigenschaft ausdrückt. Als Eselsbrücke könnten Sie sich das **s** merken, das sowohl im Deutschen als auch im Italienischen vorkommt:
sehr ▶ -i**ss**imo
Ich bin sehr traurig.
Sono tristissimo.

Tipp! Wenn jemand eine Tätigkeit gut kann, wird *gut* mit **bene** wiedergegeben:
Er schwimmt gut. – **Nuota bene.**
Ebenso heißt es **va bene** für *es ist okay* und **sto bene** für *es geht mit gut.*

Adjektiv (S. 37 – 38)

1. a) lunghi, corti
b) italiana, francese
c) tranquille, attive
d) bianco, rosso
e) moderni, antichi
f) stretti, larghi
g) rossi, viola
h) bianchi, verdi

2.

bello:	buono:
a) bella	a) buon
b) belle	b) buona
c) bei	c) buono
d) bel	d) buoni
e) bell'	e) belle
f) bello	f) buona
g) begli	g) buoni

3.

a) di	d) che
b) che	e) del
c) che	f) che

4. b) Ho incontrato alcune persone molto interessanti.
c) Ho visto un ottimo film francese.
d) Ho rotto il bel vaso antico di mia nonna.
e) Ho passato una serata molto divertente con alcuni vecchi amici.
f) Ho fatto una lunga telefonata con un caro amico d'infanzia.
g) Ho fatto una breve passeggiata nel bosco.
h) Ho comprato un motorino blu.

5. a) Emma è la mia migliore amica.
b) È più giovane di me e molto carina.
c) È un'ottima traduttrice.
d) Ha tre sorelle maggiori, Rita, Maria e Lucia.
e) Emma però è la più grande di tutte.

Adverb (S. 45 – 46)

1. a) normalmente
b) raramente
c) leggermente
d) felicemente
e) follemente
f) male
g) violentemente
h) direttamente

2. a) facile
b) facilmente
c) difficile
d) naturalmente, bene, buon, puntuale, regolarmente

3. a) I clienti sono appena arrivati.
b) Il film non è ancora cominciato.
c) Carlo suona anche il pianoforte. Anche Carlo suona il pianoforte.
d) Non riesco a finire il lavoro per venerdì, purtroppo. Purtroppo non riesco a finire il lavoro per venerdì.
e) Sandra è uscita tardi.
f) Cerca di non stancarti tanto.
g) Sono già partiti gli ospiti?
h) Dovresti rispondere subito.
i) Ines non vuole mai uscire il sabato sera.

4. a) peggio, malissimo
b) meglio, benissimo
c) meno, pochissimo
d) più, moltissimo
e) più tardi, tardissimo
f) più rapidamente, molto rapidamente

Possessivpronomen (S. 52 – 53)

1.

a) i miei	d) il nostro
b) la tua	e) le vostre
c) i suoi	f) i loro

2.

a) il suo	d) le sue
b) suo, la loro	e) i loro
c) le loro	f) la loro, il loro

3. mio, la mia, mia, la mia, i miei, la mia, mio
i tuoi, la tua, il tuo, la tua, le tue, la tua
suo, la sua, i suoi, suo, le sue, il suo

4. a) mia, la mia
b) i miei; i suoi, i miei
c) mio, il mio
d) mia, il suo, sua, la mia, il suo
e) i miei, i tuoi, i miei
f) mio, il tuo, il mio

5. a) a casa mia
b) da parte nostra, di mio padre
c) è colpa tua
d) in camera sua, suo cugino

Verwandtschaftsbezeichnungen			
männlich		**weiblich**	
il padre	lo zio	la madre	la zia
il figlio	il cugino	la figlia	la cugina
il fratello	il suocero	la sorella	la suocera
il nonno	il genero	la nonna	la nuora
il nipote	la nipote		

Besonderheiten bei Verwandtschaftbezeichnungen			
il nipote	*Neffe, Enkel*	la nipote	*Nichte, Enkelin*
i figli	*Söhne, Kinder*		
i fratelli	*Brüder, Geschwister*		
i nonni	*Großväter, Großeltern*		
gli zii	*Onkel, Onkel und Tanten*		
i suoceri	*Schwiegerväter, Schwiegereltern*		
i nipoti	*Enkel, Neffen, Enkelkinder, Nichten und Neffen*		

Demonstrativpronomen (S. 57)

1. a) quell' e) quello
b) quella f) quel
c) quei g) quegli
d) quell'

2. a) questa, quella, quella
b) quel
c) quei, quello
d) quest'
e) questi, quelli, quelli
f) quegli, quelli, quelli, quelli

Unbestimmte Pronomen (S. 64)

1. a) ogni e) tutti gli
b) ognuno f) troppa
c) qualche g) nessuno
d) qualsiasi h) niente

2. a) nessun g) nessuno
b) nessun h) nessun'
c) nessuno i) nessun
d) nessuno j) nessun'
e) nessuna k) nessuno
f) nessuna l) nessuna

Personalpronomen (S. 76 – 78)

1. io, voi
io, loro, Ci, Ci
tu
ci, ci, io, lei

2. a) Le d) Le
b) La e) La
c) Le f) Le

3. a) 3) e) 2)
b) 5) f) 7)
c) 4) g) 1)
d) 8) h) 6)

4. a) ci g) le
b) li h) lo
c) La i) Ne
d) Gli j) gli
e) Ne k) le
f) le l) ne

5. a) Quando vieni a prenderci?
b) Posso telefonarLe stasera?
c) Ne posso assaggiare un po'?
d) Dobbiamo vederci stasera.
e) Carlo si deve trasferire a Roma.
f) Vorrei scusarmi per ieri sera.
g) Al cinema non voglio andarci.
h) Vi vorrei presentare un mio collega.
i) Purtroppo non ti so spiegare niente.

6. a) Mi scuso.
b) La posso aiutare/posso aiutarLa, signora Nuti?
c) Gli telefono domani.
d) Vi mando una mail/e-mail.
e) La ringrazio, signor Carli.
f) L'aspetto, signora Lanzi.

7. a) glielo c) ce lo, ve lo
b) me li d) glieli

Folgende Wörter gelten nicht als Verwandtschaftsbezeichnung:
il ragazzo/la ragazza, l'amico/l'amica, il compagno/ la compagna (*Partner/Partnerin*), **la famiglia**

Tipp! Achten Sie auf die Wiedergabe von *Freund/Freundin*: Es heißt **amico/ amica** bei Kameradschaft und **ragazzo/ ragazza** bei einer intimen Beziehung.

Tipp! Vergessen Sie nicht, dass die Formen von **suo** benutzt werden, wenn es um einen Besitzer bzw. eine Besitzerin geht. Bei mehreren Besitzern bzw. Besitzerinnen nimmt man **loro.**

Tipp! Wie können Sie sich die unregelmäßigen Verben am besten merken? Fertigen Sie eine Liste dieser Verben an und konjugieren Sie sie immer wieder laut durch.

Präsens (S. 88 – 89)

1. io: bevo
tu: leggi, tieni
lui/lei/Lei: è, vuole, parte
noi: mangiamo
voi: cercate
loro: dicono

2. **avere**: ho, hai, ha, abbiamo, avete, hanno
dare: do, dai, dà, diamo, date, danno
essere: sono, sei, è, siamo, siete, sono
sapere: so, sai, sa, sappiamo, sapete, sanno

3. andiamo, vado, va, vanno, fate, andate
rimaniamo

4. a) rimango, rimanere
b) spengono, spegnere
c) salgono, salire
d) tiene, tenere
e) tengono, tenere
f) piacciono, piacere
g) vogliono, volere
h) scelgono, scegliere
i) produce, produrre

5. a) vado
b) stanno
c) dormo, faccio, vado
d) incontro
e) rimaniamo, giochiamo, chiacchieriamo, andiamo, facciamo
f) decidiamo
g) sono, preferisco, leggo, guardo
h) esco, devo

Passato prossimo (S. 96 – 97)

1. **lavorare:** ho/ hai/ ha/ abbiamo/ avete/ hanno lavorato
partire: sono/ sei/ è partito, -a siamo/ siete/ sono partiti,-e
capire: ho/ hai/ ha/ abbiamo/ avete/ hanno capito
sapere: ho/ hai/ ha/ abbiamo/ avete/ hanno saputo

2. a) risposto, mosso, visto
b) rotto, dovuto, deciso, messo
c) venuto, promesso, vissuto, rimasto

Tipp! Nicht vergessen:
Es hat mir gefallen wird mit **mi è piaciuto** wiedergegeben. Wenn Ihnen etwas bzw. jemand Bestimmtes gefallen hat, dann richtet sich **piaciuto** in Geschlecht und Zahl nach dieser Sache bzw. Person:
Il film mi è piaciut**o**.
La cantante mi è piaciut**a**.
Le lasagne mi sono piaciut**e**.
I tuoi amici mi sono piaciut**i**.

3. a) comprato, comprati
b) fatto, fatta, trovato
c) prese, comprate

4. a) ho conosciuto, ho aperto, ho disdetto
b) sono stato/-a, ho prodotto, ho bevuto, ho chiesto
c) ho discusso, ho offerto, ho letto, sono nato/-a

5. a) Pia è andata in città.
b) Pia ha comprato ...
c) Le scarpe sono costate molto.
d) I soldi non sono bastati.
e) Ha dovuto pagare con la ...
f) Paola e Maria sono uscite ...
g) Rosa e Enzo sono andati al bar.
h) Gino e Elena hanno mangiato ...
i) Orazio è andato al cinema.
j) Il film è cominciato alle 7. 30 ed è finito alle 8.
k) Il film gli è piaciuto.
l) .... Orazio è dovuto tornare ...
m) Ha fatto molto caldo.
n) Chiara non è voluta uscire.

Imperfetto (S. 104)

1. **stare:** stavo, stavi, stava, stavamo, stavate, stavano
sapere: sapevo, sapevi, sapeva, sapevamo, sapevate, sapevano
partire: partivo, partivi, partiva, partivamo, partivate, partivano
capire: capivo, capivi, capiva, capivamo, capivate, capivano

2. a) avevo, piacevano
b) compravo, tornavo, ascoltavo
c) erano, studiavo, ero

3. a) ero
b) piaceva
c) detestavo, era
d) è arrivato
e) era, piaceva, ho cominciato, sono diventata

Passato remoto (S. 110 – 111)

1. **pagare:** pagai, pagasti, pagò, pagammo, pagaste, pagarono

dovere: dovetti, dovesti, dovette, dovemmo, doveste, dovettero
dormire: dormii, dormisti, dormì, dormimmo, dormiste, dormirono

2. nacque – nascere, studiò – studiare, si laureò – laurearsi, cominciò – cominciare, tradusse – tradurre, venne – venire, scrisse – scrivere, fu – essere, pubblicò – pubblicare, arrivò – arrivare, si tolse – togliersi

3. a) chiese, discusse
b) chiusero, conobbe
c) crebbi, ebbe
d) corse, furono
e) persi, successero
f) presero, si accorsero
g) misero, scese
h) piovve, videro
i) lessi, vinsi
j) vollero, venne

4. faceva, disegnava, realizzava, prese, cominciò, tornava, riempiva, andava, si trasferì, iniziò, comprò, aprì, investì, aveva, si mise, nacque

Trapassato prossimo (S. 114 – 115)

1. a) era tornata
b) erano tornati
c) era tornato
d) erano tornate

2. a) era uscita, aveva preso
b) avevano litigato
c) era caduta, si era fatta male
d) aveva lavorato
e) aveva lavati, aveva rotto
f) aveva trovato

3. **Passato prossimo:**
ha ritrovato, è ritornato, ha riconosciuto, è morto
Imperfetto:
aveva, mancavano, sopportava, stava
Trapassato prossimo:
era scappato, aveva vissuto
Passato remoto:
sparì

4. a) è stata
b) ha perso
c) era successo, correva
d) è arrivata, aveva sentito
e) è andata, faceva, ha rubato

f) andava, è rimasta, aveva dimenticato
g) tornava, ha visto, è caduta
h) aveva comprato, si è rotta

Futur I (S. 120)

1. a) vedrò
b) avrai
c) vorrà
d) rimarremo
e) vivranno
f) otterrò
g) berrai
h) cercherà
i) dovremo
j) starete
k) lascerò
l) saprai
m) mangerà
n) faremo
o) pagheranno

2. a) andrai, potrò
b) andremo, faremo
c) passeranno, verrà, passerà, saranno
d) saremo, potrete

Futur II (S. 123)

1. a) sarò arrivata
b) avrà smesso
c) avrai fatto
d) saranno arrivati
e) mi sarò rimesso, -a

2. a) avrò finito (finirò), partirò
b) tornerai, avremo mangiato
c) sarai stato, parlerai
d) presterò, avrò letto
e) rientreranno, sarà andato (andrà)

3. a) avrà dormito
b) sarà uscita, avrà preso
c) avrà mangiato
d) avrà lavorato
e) avrà fatto

Konditional I (S. 128 – 129)

1.

Konditional	**Infinitiv**
sarebbe	essere
verreste	venire
darei	dare
berremmo	bere
dovrebbero	dovere
terrei	tenere
sapresti	sapere
vivrei	vivere
vedresti	vedere
rimarrebbero	rimanere
andrei	andare
avrei	avere

Tipp! Denken Sie daran, dass die reflexiven Verben alle zusammengesetzten Zeiten mit dem Hilfsverb **essere** bilden.

Tipp! Das mit **avere** gebildete **Trapassato prossimo** verändert sich nach denselben Regeln wie das **Passato prossimo**, wenn ein direktes Objektpronomen (**lo, la, li, le**) oder **ne** vor dem Hilfsverb **avere** steht.

2. a) realizzerei, prenderei, partirei
b) servirebbero, potrei, potremmo
c) farebbero
d) spenderei, metterei, darei

3. a) Accompagneresti tu ...?
b) Mi farebbe vedere ...?
c) Mi potrebbe fare ...?
d) Ci fareste vedere...?
e) Potrei provare ...?
f) Ci porterebbe ...?
g) Ci aiutereste a fare ...?
h) Potrebbe dirmi ...?
i) Mi passeresti il pane ...?
j) Letizia, faresti un caffè ...?
k) Signora, Le dispiacerebbe ...?

Konditional II (S. 132)

1. a) sarei venuto, -a
b) avrebbe fatto
c) saremmo voluti partire
d) avrebbe preferito
e) avremmo aiutato
f) avresti dovuto dirmi, avrei preparato

2. a) avrebbe salvato
b) sarebbe sparita
c) sarebbero giunti
d) si sarebbero opposti

Imperativ (S. 140 – 141)

1. tu: a, e, f, h, i **Lei:** b, c, d, g, j

2. a) Mi aiuti,...!
b) Stia ...!
c) Guardi...!
d) ..., mi ascolti!
e) Ci aspetti!
f) Non si preoccupi!
g) Venga ...!
h) Risponda Lei, ...!
i) Sia gentile e mi faccia ...!

3. a) Non guardare!
b) Non ci aspetti!
c) Non prendete ...!
d) Non telefonarmi ...!
e) Non si fermi!
f) Non venga ...!
g) Non usciamo ...!
h) Non andartene!
i) Non lasciatemi/Non mi lasciate!
j) Non passi ...!
k) Non prendere ...!

Tipp! Merken Sie sich bei den Verben mit regelmäßigem Imperativ für jede Konjugation eine Befehlsform in der Du-Form, z. B.:

scusare ▶ scusa!
rispondere ▶ rispondi!
sentire ▶ senti!

Von diesen Formen aus können Sie auf den Imperativ der **Lei**-Form schließen. Die Endungen sind jeweils entgegengesetzt:

TU	LEI
scusa!	scusi!
rispondi!	risponda!
senti!	senta!

4. a) Scusi, entri pure, dica
b) Senta, faccia pure

5. a) Mi telefoni, per favore!
b) Lasci un messaggio, per favore!
c) Aspetti un momento, per ...!
d) Si accomodi/si sieda, per ...!
e) Scusi il ritardo!
f) Prenda la prima strada a destra!

Congiuntivo (S. 157 – 159)

1. a) faccia
b) vada
c) abbia cambiato, stia
d) dovesse
e) fosse

2.

	Cong. presente	Cong. imperfetto
a)	parli	parlassi
b)	cerchi	cercassi
c)	cresca	crescesse
d)	viviamo	vivessimo
e)	partiate	partiste
f)	finiscano	finissero
g)	sappia	sapessi
h)	possa	potessi
i	debba	dovesse
j)	vogliamo	volessimo
k)	vadano	andassero
l)	sia	fossi
m)	abbia	avessi

3. a) sia
b) ha
c) abbia letto
d) succeda
e) puoi
f) sa
g) possano

4. a) stessi
b) fosse uscito
c) sarebbero ritornati/ritornassero
d) fosse
e) avesse fatto
f) pagaste
g) avrei potuto/potessi
h) andasse

5. a) voglia
b) si sposino
c) si sia annoiato
d) abbiano divorziato
e) andiate
f) abbia detto
g) possiate
h) faccia
i) sia piaciuto
j) telefoniate

6. a) facessi, faccia
b) esca, rimanessi
c) prenda, andassi
d) si riunisse, suonasse
e) restasse, stia

Reflexive Verben (S. 164)

1. a) ci svegliamo
b) si alza, prepara
c) mi alzo
d) si lava, si fa, si prepara
e) lavarmi, vestirmi, occuparmi
f) mi metto
g) ci vediamo
h) mi faccio, va
i) usciamo, ci sediamo

2. a) si è sposato
b) hanno dovuto trasferirsi/si sono dovuti trasferire
c) ti sei informata
d) si sono incontrati
e) ha potuto riposarsi/si è potuta riposare
f) ha voluto iscriversi/si è voluto iscrivere
g) se n'è andata
h) non si è divertita
i) non ha potuto addormentarsi/ non si è potuto addormentare
j) si è annoiato
k) non ha voluto mettersi/non si è voluta mettere

Infinitiv (S. 173)

1. a) a
b) da, -
c) –
d) di
e) da
f) –
g) –
h) –
i) a
j) di
k) a
l) di
m) di
n) a

2. a) di avervi incontrati ,-e
b) di aver litigato
c) di aver lavorato
d) essere andata

3. a) Non vorrei incontrarli/Non li vorrei incontrare.
b) Dovresti telefonargli/Gli dovresti telefonare.
c) Sono felice di rivederli.
d) Hai promesso di scriverle.
e) Mi pare di averlo già visto.

Gerundium (S. 177)

1. a) Stiamo giocando a carte.
b) Si sta vestendo per uscire.
c) Stanno guardando la televisione.
d) Stavamo cenando.
e) Stavo facendo la spesa.
f) Sta ascoltando la musica.

2. a) Mentre leggeva la lettera, Maria piangeva.
b) Se passi per il centro farai ...
c) Siccome non ho/ non avevo il tuo indirizzo elettronico, ti ...
d) Ho cambiato opinione su di te quando ti ho visto giocare ...
e) Anche se aveva fretta Carla ...
f) Se ti organizzi bene, riuscirai ...
g) Ho incontrato Piero mentre uscivo dal cinema.

Denken Sie daran, dass nach **sembra che** der **Congiuntivo** folgt.

Nicht vergessen! Die reflexiven Verben bilden das **Passato prossimo** und die anderen zusammengesetzten Zeiten mit dem Hilfsverb **essere**.

Ho visto Chiara uscendo dal cinema. *Ich habe C. gesehen, als ich aus dem Kino kam.* (gleiches Subjekt)

Ho visto C. uscire/ che usciva dal cinema. *Ich habe C. aus dem Kino kommen sehen/Ich habe C. gesehen, als sie aus dem Kino kam.*

Das Verb **andarsene** *weggehen*	
Präsens:	(io) me ne vado, (tu) te ne vai, (lui/lei/Lei) se ne va (noi) ce ne andiamo, (voi) ve ne andate, (loro) se ne vanno
Passato prossimo:	(io) me ne sono andato,-a; (tu) te ne sei andato, -a; (lui/lei/Lei) se n'è andato, -a; (noi) ce ne siamo andati, -e; (voi) ve ne siete andati, -e; (loro) se ne sono andati, -e

Unpersönliche Verben (S. 167)

1. a) ha fatto bel tempo, ha fatto un po' fresco
b) è/ha nevicato, ha fatto molto freddo
c) ha fatto caldo, non sono bastati
d) è/ha piovuto

2. a) basta, bastano, ci vuole
b) piace, bisogna
c) c'è, ci sono, piacciono
d) ci vogliono, sembra, basti

Passiv (S. 181)

1. Aktivsätze: c, e, f, g
Passivsätze: a, b, d, h

2. b) I turisti venivano accolti bene.
c) I turisti verrebbero accolti bene.
d) I turisti sono stati accolti bene.
e) Credo che ...vengano accolti ...

3. a) verrà costruito
b) è stata inaugurata
c) viene eletta
d) sono stati trovati/ vennero trovati

Unpersönlich Form si (S. 185)

1. a) si beve
b) ci si incontra
c) ci si saluta
d) si usa
e) si parcheggia
f) si consumano
g) si preparano
h) si usano

2. a) si preparano
b) si mangia
c) si comprano
d) si festeggia
e) si trovano
f) si va

3. a) si è giovani, si pensa
b) si è costruito
c) si sono restaurati
d) si è brilli, si dovrebbe
e) si è vista
f) si è timidi, si diventa

Verneinung (S. 190 – 191)

1. a) non
b) no, no, non
c) no, non
d) di no, non, no, non
e) non, non, no, non, non

2. a) Silvia non è molto simpatica.
b) Non è nemmeno molto carina.
c) Non invita mai nessuno.
d) La sera non esce mai./Non esce mia la sera.
e) Non si interessa di niente.
f) Così nessuno le telefona e nessuno va a trovarla.

3. a) Oggi non ho mangiato molto.
b) Sonia non mangia né la carne né il pesce.
c) Stefania non mangia il dessert. Non prende nemmeno la /della frutta.
d) I bambini non hanno ancora fatto colazione.
e) A colazione non mangio molto.
f) La sera non mangio mai.
g) Stefano non vuole più bere vino, la sera.
h) Non abbiamo ancora mai mangiato la polenta.
i) Non stiamo ancora mangiando.

Satzstellung (S. 199 – 200)

1. a) Claudia ha 28 anni.
b) Non è sposata, perché non ha ancora trovato l'uomo giusto.
c) Per il momento non è neanche innamorata./Non è neanche innamorata, per il momento.
d) La sera non è quasi mai in casa. Non è quasi mia in casa, la sera.
e) Il sabato va spesso in discoteca./ Va spesso in discoteca, il sabato.
f) La domenica non fa niente./ Non fa niente, la domenica.
g) Non fa nemmeno una passeggiata.
h) Da qualche mese sta cercando un appartamento in città.
i) Non vuole più abitare fuori città, anche se è meno caro.

2. a) La sera dove vai?/Dove vai la ...
b) Che cosa fai tutta la domenica a casa?
c) Perché non vuoi più abitare fuori città?

3. a) Come
b) Di dove
c) Dove
d) Quanti
e) Che
f) Da quanto tempo
g) Qual è
h) Quando
i) Perché

4. a) Posso chiederLe qualcosa?/ Le posso chiedere qualcosa?
b) Quanto costano queste scarpe?
c) Quale bus va alla stazione?
d) Che ora è?/Che ore sono?
e) A che ora comincia il film?
f) Le piace la Germania?
g) Com'è il tempo da voi?

Relativsatz (S. 205 – 206)

1. a) in cui
b) a cui
c) che
d) con cui
e) di cui
f) che

2. a) 3. d) 6.
b) 1. e) 2.
c) 5. f) 4.

3. a) che
b) in cui/nella quale
c) di cui/dei quali, per cui/ per i quali
d) che
e) in cui/nella quale
f) su cui/sui quali
g) da cui/dal quale

4. a) Dovete dire quello che/ciò che sapete.
b) Il libro che mi hai regalato è molto interessante.
c) Non so più quello che/ciò che volevo dire.
d) Ieri mi ha telefonato Enrico, il che/ e ciò/ ciò che mi ha fatto molto piacere.
e) Chi è stanco può rimanere a casa.
f) A chi non piace la musica classica può andare in discoteca.
g) Domenica abbiamo visto il film di cui/del quale ci hai parlato.
h) Come si chiama il ragazzo la cui madre fa yoga con te?
i) È questo il cappotto per cui/per il quale hai speso 500 euro?

5. a) la fontana e) il quadro
b) l'uva f) il semaforo
c) il portafoglio
d) la carta di credito

Bedingungssatz (S. 209)

1. irreale Bedingungssätze:
a, c, d, g, h

2. a) arrivate
b) fossi
c) vieni
d) rinunciasse
e) prendiamo
f) guardassi
g) amasse
h) dormissi
i) sono
j) poteste
k) volete

Indirekte Rede (S. 216 – 217)

1. a) 3. c) 4.
b) 2. d) 1.

2. a) ha conosciuto ...
b) si è innamorato di lei.
c) si vedono tutti i giorni.
d) quando non si vedono si telefonano.
e) Si chiede se un giorno si sposeranno.
f) a lui, comunque, piacerebbe vivere con lei.

3. a) aveva conosciuto
b) si era innamorato
c) si vedevano
d) quando non si vedevano, si telefonavano
e) se un giorno si sarebbero sposati
f) a lui, comunque, sarebbe piaciuto vivere con lei

4. a) Sono contento di rivedervi.
b) Volete un caffè?
c) Avete fatto buon viaggio?
d) Quanto tempo rimanete/ rimarrete?
e) Non partite troppo presto!
f) Rimanete almeno due settimane!
g) Avete voglia di venire con me al mare?
h) Mi piacerebbe partire con voi per la Germania.

> **Tipp!** Nach **dire che** und **raccontare che** steht kein **Congiuntivo.**

Präpositionen (S. 223)

1. a) da
b) da, a, in
c) sulla, del
d) della, al
e) di, sui
f) dal, delle
g) in, in

2. a) dal, al
b) al, dal
c) in, alla, a, in
d) in, a
e) in, al
f) da, in
g) al, all'
h) nel, a

> **Tipp!** Viele Fehler beim Gebrauch der Präpositionen können Sie vermeiden, wenn Sie sich bei den Orts- und Richtungsangaben drei Regeln merken:
> - **andare/essere a** + Stadt/Ortschaft,
> - **andare/essere in** + Land/Region,
> - **andare/essere da** + Person

Tipp! Denken Sie daran, dass **mille** nur für (ein)tausend, also von 1000 – 1999, verwendet werden kann. Ab 2000 wird *tausend* mit **mila** wiedergegeben: **duemila, tremila, quattromila, ...**

Zahlen (S. 230)

1. a) sedici
b) sessantasette
c) 76
d) 113
e) centodiciannove
f) 1212
g) duemiladuecentodiciassette
h) 11'315
i) 15'414
j) un milione seicentodiciannove-milasettecentoottantotto

2. a) quattro
b) sette, seconda
c) dieci, quinta
d) sedici, terza, quarto, ventotto

3. a) mezzo chilo di spinaci
b) un chilo di mele
c) due chili e mezzo d'uva
d) una bottiglia di olio d'oliva
e) due etti e mezzo di parmigiano
f) tre etti di prosciutto crudo

Tageszeiten	
Vengo ...	Ich komme ...
stamattina.	heute Morgen.
oggi a mezzogiorno.	heute Mittag.
oggi pomeriggio.	heute Nachmittag
stasera	heute Abend.
domani mattina.	morgen Vormittag.
domani pomeriggio.	morgen Nachmittag.
domani sera.	morgen Abend.
domenica mattina	Sonntagvormittag.
lunedì pomeriggio	Montagnachmittag.
martedì sera.	Dienstagabend.
la mattina	morgens.
il/nel pomeriggio	nachmittags.
la sera	abends.

Konjunktionen (S. 235)

1. a) avevo
b) siate
c) telefona
d) partiate
e) ho studiato
f) volete
g) fosse
h) eri uscito
i) voglia

2. a) Benché
b) perché
c) anche se
d) appena
e) dopo che
f) a patto che
g) mentre

3. a) nonostante
b) Siccome
c) per cui
d) affinché
e) a patto che

Bedeutungsverändernde Vor- und Nachsilben (S. 241–242)

1. a) costruire
b) invitare
c) innamorarsi
d) concentrare
e) bloccare
f) perdere
g) mettere
h) piovere
i) vendere
k) formare

2. a) stravolere
b) rivisitare
c) stragrande
d) il disaccordo
e) la stradina
f) la disattenzione
g) struccarsi
h) la stradaccia
i) lo stradone
j) la riscoperta
k) strabere
l) disimparare
m) lo strapotere
n) schiudere

3. a) disonesta
b) disordinata
c) insicura
d) spiacevoli
e) sconosciuta
f) disattenta
g) inelegante

4. a) caratteraccio
b) fratellino
c) parolacce
d) mazzetto
e) successone
f) passeggiatina
g) pacchetto
h) figuraccia

Index

Bildnachweis

Seite 9: istockphoto.com/Rakoskerti

Seite 13: istockphoto.com/1001nights

Seite 15: istockphoto.com/Andrea Leone

Seite 18: 1. fotolia.de/andreas reimann, 2. fotolia.de/spuno, 3. fotolia.de/photo25th, 4. fotolia.de/April D, 5. istockphoto.com/Vladimirs Prusakovs, 6. fotolia.de/leprechaun, 7. fotolia.de/Birgit Reitz-Hofmann, 8. istockphoto.com/Olga Kolos, 9. istockphoto.com/Antonio Nunes

Seite 28: fotolia.de/Galina Barskaya

Seite 39: istockphoto.com/Alex Bramwell

Seite 47: istockphoto.com/Sally Llanes

Seite 50: istockphoto.com/Juan Collado

Seite 54: istockphoto.com/Sergey Tumanov

Seite 65: istockphoto.com/Don Bayley

Seite 72: istockphoto.com/Sergey Tumanov

Seite 79: istockphoto.com/fabphoto

Seite 90: istockphoto.com/paul kline

Seite 98: istockphoto.com/Melissa Carroll

Seite 112: istockphoto.com/Jacob Hellbach

Seite 116: istockphoto.com/pidjoe

Seite 121: fotolia.de/Sunny Images

Seite 124: istockphoto.com/james knighten

Seite 130: fotolia.de/Anatolijs Kivrins

Seite 133: istockphoto.com/Brad Killer

Seite 142: istockphoto.com/Scott Dunlap

Seite 160: istockphoto.com/fred goldstein

Seite 165: istockphoto.com/uniseller

Seite 168: istockphoto.com/ynamaku

Seite 174: istockphoto.com/Nikki Lowry

Seite 182: fotolia.de/Kalani

Seite 194: istockphoto.com/Diane Diederich

Seite 201: istockphoto.com/Carmen Martínez Banús

Seite 207: istockphoto.com/Andresr

Seite 218: istockphoto.com/Brian Jackson

Seite 231: istockphoto.com/lillisphotography

Seite 236: istockphoto.com/Ewald Grabenbauer